ARKANA

W0191171

Buch

Diese Geschichten erfreuen das Herz jedes Tierfreundes. Sie erzählen von Liebe, Treue und Abschied und legen Zeugnis ab von der wunderbaren Beziehung zwischen Mensch und Tier. Gerade in schweren Lebenssituationen erweisen sich Tiere oft als unsere besten Freunde. Sie bewegen uns zu einem Lächeln und verbreiten Optimismus und Lebensfreude. Ob es ein Blindenhund ist, der blinden Menschen ihre Bewegungsfreiheit und damit ihre Freude am Leben zurückgibt, eine Frau, die ihr Herz und Heim einem Hund öffnet, den niemand haben will, oder ein verletztes Kätzchen, das einer enttäuschten Frau neuen Lebensmut schenkt – alle Geschichten zeigen, dass unsere größten Helfer und Lehrer pelzig, gefiedert oder vierbeinig sind.

Autoren

Jack Canfield ist Präsident der bekannten Foundation for Self Esteem im kalifornischen Culver City und veranstaltet Seminare zu persönlichem Wachstum.

Mark Victor Hansen ist Karriereberater. Seine Seminare und Vorträge befähigen die Zuhörer, ihre angeborenen Fähigkeiten im Leben optimal einzusetzen.

Dr. Marty Becker, ist Tierarzt, Kolumnist des amerikanischen Tiermagazins »PetLife« und Dozent an tierärztlichen Schulen.

Carol Kline ist freie Schriftstellerin und Kodirektorin des Hunderettungsprogramms der Stiftung Arche Noah. Darüber hinaus führt sie Workshops und Selbsterfahrungsprogramme für Erzieher und Eltern durch.

*Bei Goldmann sind von Jack Canfield und
Mark Victor Hansen bereits erschienen:*
Hühnersuppe für die Seele (13209)
Noch mehr Hühnersuppe für die Seele (13239)
Mehr Hühnersuppe für die Seele (21588)
Hühnersuppe für die Seele – Für Mütter (21543)
Hühnersuppe für die Seele – Für Tierfreunde (21563)
Hühnersuppe für die Seele – Für Frauen (21564)
Hühnersuppe für die Seele – Für Partner (21565)
Hühnersuppe für die Seele – Für Kinder (21589)
Hühnersuppe für die Seele – Für Jugendliche (21590)

Jack Canfield
Mark Victor Hansen
Marty Becker
Carol Kline

HÜHNERSUPPE FÜR DIE SEELE

FÜR TIERFREUNDE

Aus dem Amerikanischen
von Burkard Hickisch

ARKANA
GOLDMANN

Die amerikanische Originalausgabe erschien 1998
unter dem Titel »Chicken Soup for the Pet Lover's Soul«
bei Health Communications Inc., Deerfield Beach, Florida, USA

Umwelthinweis:
Alle bedruckten Materialien dieses Taschenbuches
sind chlorfrei und umweltschonend.

Vollständige Taschenbuchausgabe Juni 2000
© 2000 der deutschsprachigen Ausgabe
Wilhelm Goldmann Verlag, München
in der Verlagsgruppe Random House GmbH
© 1998 der Originalausgabe Jack Canfield,
Mark Victor Hansen, Marty Becker, Carol Kline
Published by arrangement with Health Communications Inc.,
Deerfield Beach, Florida, USA
Umschlaggestaltung: Design Team München
Illustration: Design Team
Satz: Uhl + Massopust, Aalen
Druck: Elsnerdruck, Berlin
Verlagsnummer: 21563
Redaktion: Ulrike Schöber
WL · Herstellung: Stefan Hansen
Made in Germany
ISBN 3-442-21563-3

2. Auflage

Dieses Buch ist in Liebe den Millionen leidenschaftlicher Tierliebhaber gewidmet sowie *allen* Tieren, die diese Erde mit uns teilen, besonders den Haustieren auf der ganzen Welt, die uns immer wieder bedingungslose Liebe vorleben.

Wir widmen dieses Buch auch allen Tierärzten und ihren Mitarbeitern, deren Herzlichkeit und hingebungsvolle Arbeit wir sehr schätzen und unterstützen.

Wir widmen es dem unvergesslichen Tierarzt aus Yorkshire, James Herriot, der Millionen von Menschen im Herzen berührt und ihnen gezeigt hat, dass zwischen den Menschen und den Tieren eine besondere Beziehung besteht. Wir hoffen, dass sein Vorbild niemals verblasst.

Und zu guter Letzt legen wir dieses Buch Gott zu Füßen, von dem aller Segen ausströmt und dessen Liebe sich täglich durch unsere vierbeinigen Freunde zeigt, die unsere guten Engel, unsere Freunde, unsere Lehrer und unsere Heiler sind.

Inhalt

3. Tiere als Heiler

4. Das unsichtbare Band

5. Erstaunliche Tiere

6. Tiere als Gefährten

7. Abschied nehmen

8. Weitere bemerkenswerte Geschichten

Einleitung

Wir freuen uns, ein ganz besonderes Geschenk an Sie weiterreichen zu können: *Hühnersuppe für die Seele – Für Tierfreunde.* Die Geschichten, aus denen diese nahrhafte Suppe besteht, wurden nicht nur ausgesucht, um Ihre Beziehung zu den Tieren, mit denen Sie zusammenleben, zu vertiefen. Wir hoffen, dass sie auch Ihre Einstellung gegenüber dem gesamten Tierreich auf positive Weise verändern.

Jede Geschichte, die wir erhalten haben, empfanden wir als Geschenk. Die Auswahl war schwierig, aber alle Geschichten, die schließlich in der Hühnersuppe landeten, zeigen, wie sehr eine liebevolle und auf Gegenseitigkeit beruhende Beziehung zu einem Tier das eigene Leben bereichert.

Die vielen Geschichten haben uns sehr berührt, denn sie spiegeln die überschwängliche Liebe wider, die zwischen den Tieren und ihren Besitzern fließt. Wenn wir uns um unsere Haustiere kümmern und uns voll auf sie einlassen, schenken sie uns bedingungslose Liebe, uneingeschränkte Zuneigung und eine Loyalität, für die sie sogar bereit sind zu sterben. Sie lieben uns, vertrauen uns und begrüßen uns unaufhörlich mit grenzenlosem Enthusiasmus, egal was auch geschehen mag.

Beim Durchlesen all dieser Geschichten fiel uns auf, dass die meisten um bestimmte Themen kreisen. Die häufigste und stärkste Aussage war: Haustiere sind heutzutage ein Teil der Familie! Die überwiegende Mehrzahl der Tierbesitzer betrachtet ihre nicht menschlichen Gefährten als Familienmitglieder, wenn nicht gar als Kinder. Das Band zwischen Mensch und Tier ist sehr stark!

Es wurde auch deutlich, dass die Tiere dem Menschen mehr anbieten als bloße Anwesenheit. Manch einen erfüllt die Sorge für ein Tier mit Lebenssinn: Es ist am Morgen der Grund zum Aufstehen und am Abend der Grund, um nach Hause zurückzukehren. Tiere befriedigen das zeitlose und immer spürbare Bedürfnis der Menschen nach Liebe. Menschen und Tiere wollen beide lieben und geliebt werden. Wir brauchen den anderen und werden selbst gern gebraucht.

Viele Geschichten, die wir erhalten haben, künden von dem positiven Einfluss der Tiere auf ihre Besitzer. Tiere lassen uns über uns selbst hinauswachsen und stimulieren in uns wahre Menschlichkeit. Sie verbinden uns mit der Natur und dem Rest der nicht menschlichen Welt und machen uns bewusster für das göttliche Mysterium, das allen Dingen innewohnt. Unsere Tiere erschließen uns einen tiefen Bereich unseres Wesens – und in diesem Bereich sind wir mitfühlender, weniger arrogant und nicht so gehetzt. Wir sind in ihm eher gewillt, unser Leben uneingeschränkt mit anderen Wesen zu teilen. Wenn die Tür zu diesem Bereich offen ist, fällt es uns leichter, wirklich glücklich zu sein.

Wir bekamen auch viele Geschichten, die davon handelten, dass Tiere den Menschen trösten oder sogar heilen. Wenn wir Haustiere haben, werden wir nicht mehr so oft krank, oder wenn wir krank sind, werden wir schneller wieder gesund.

Alle Geschichten zusammen enthalten eine überwältigende Botschaft. Das Zusammenleben mit Tieren ist gut für unser Herz, unseren Körper und unsere Seele.

Vielleicht schwelgen Sie, nachdem Sie diese Geschichten gelesen haben, in der herzlichen Erinnerung an ein geliebtes Tier. Wir hoffen auch Ihnen mit diesem Buch eine neue Perspektive zur bedingungslosen Liebe Ihrer nicht menschlichen Gefährten zu eröffnen und Sie zu ermutigen, die einfachen Dinge, die die Tiere in unser Leben bringen, zu schätzen. Und wenn sie noch kein Haustier haben, inspirieren Sie diese Geschichten vielleicht so sehr, dass sie zum nächsten Tierheim gehen und ein Tier adoptieren, das Ihre Liebe braucht und sie Ihnen tausendfach zurückgeben wird. Sollten Sie nicht in der Lage sein, ein Tier zu adoptieren, können Sie das Leben Ihrer Mitgeschöpfe auch dadurch ein wenig freudiger machen, dass Sie freiwillig – und sei es auch nur für eine Stunde in der Woche – ein verwaistes Tier aus Ihrem örtlichen Tierheim spazieren führen oder es füttern und ihm einfach nur Ihre liebende Aufmerksamkeit schenken.

Letztlich ist es unser Herzenswunsch, dass dieses Buch das Leben von Millionen von Tieren und Menschen auf der ganzen Welt auf positive Weise beeinflussen möge.

1

Die Liebe zwischen Mensch und Tier

Liebt die ganze Schöpfung Gottes,
das gesamte All wie auch jedes Sandkörnchen.
Jedes Blättchen liebt, jeden Sonnenstrahl Gottes!
Liebt die Tiere, liebt die Pflanzen, liebt jegliches Ding.
Wer jegliches Ding liebt, wird auch das Geheimnis
Gottes in den Dingen erfassen.
Hat er es einmal erfasst, so wird er es auch
Tag für Tag immer mehr erkennen.
Und schließlich wird er die ganze Welt lieben
in ungeteilter, allumfassender Liebe.

Fjodor M. Dostojewski

Das vorzeitige Geschenk

Stella war darauf vorbereitet gewesen, dass ihr Mann sterben würde. Seit der Arzt bei Dave einen unheilbaren Krebs festgestellt hatte, versuchten beide sich dem unentrinnbaren Schicksal zu stellen, aus ihrer verbleibenden gemeinsamen Zeit das Beste zu machen. In Sachen Geld war Dave immer sehr genau gewesen, sodass auch nach seinem Tod keine unvorhergesehenen finanziellen Belastungen auf Stella zukommen würden. Das Einzige, was ihr zu schaffen machte, war die schreckliche Einsamkeit und der fehlende Lebensinhalt.

Stella und Dave waren bewusst kinderlos geblieben, aber ihr Leben war auch ohne Kinder reich und erfüllt gewesen. Sie waren zufrieden mit ihrem beruflichen Weg und mit dem, was sie einander geben konnten. Sie hatten viele Freunde gehabt. Hatten. Dieses Wort fiel immer häufiger. Als wäre es nicht schlimm genug, den Menschen zu verlieren, den man aus ganzem Herzen liebt, mussten sie und Dave sich in den letzten Jahren mit dem Tod von vielen Freunden oder Bekannten abfinden. Sie waren alle ungefähr gleich alt gewesen, in einem Alter, in dem der menschliche Körper zerfällt und stirbt. Es führte kein Weg daran vorbei – sie waren alt geworden!

Nun, da das erste Weihnachtsfest ohne Dave bevorstand, fühlte Stella mehr als sonst, wie allein sie war. Mit zittrigen Fingern drehte sie das Radio leiser, sodass die weihnachtliche Musik nur noch sanft im Hintergrund zu hören war. Überrascht stellte sie fest, dass der Postbote schon da gewesen war. Es waren hauptsächlich Weihnachtskarten. Traurig sah sie sich die gewohnten Motive an und freute sich über die lieben Mitteilungen und Grüße. Nachdem sie alle betrachtet und gelesen hatte, stellte sie sie zu den anderen Weihnachtskarten auf das Klavier. Diese Karten waren die einzige Dekoration im gesamten Haus, die auf das bevorstehende Weihnachtsfest hindeuteten. Die Weihnachtsfeiertage würden in einer Woche anfangen, aber sie hatte noch nicht den Drang verspürt, einen kleinen Baum aufzustellen oder gar den Stall mit der Krippe hervorzuholen, den Dave eigenhändig gebaut hatte.

Plötzlich überkam Stella eine große Einsamkeit. Sie vergrub ihr Gesicht in den Händen und ließ ihren Tränen freien Lauf. Wie sollte sie das Weihnachtsfest und den ganzen Winter überstehen?

Die Türklingel schellte so unerwartet, dass sie vor Überraschung einen kurzen Schrei ausstieß. Wer konnte das nur sein? Sie öffnete die Haustür und schaute durch das Fenster in der Tür des Windfangs. Draußen auf der Veranda erblickte sie einen fremden jungen Mann, der hinter dem großen Karton, den er trug, kaum zu sehen war. Das kleine Auto hinter ihm in der Einfahrt gab keinen Anhaltspunkt, wer dieser Fremde sein konnte. Die alte Dame nahm allen Mut zusammen und öffnete die Tür einen Spalt. Der fremde Mann trat zur Seite und fragte: »Mrs. Thornhope?«

Sie nickte.

»Ich habe ein Paket für Sie.«

Neugier verdrängte ihre Vorsicht. Sie öffnete die Tür und ließ den fremden Mann eintreten. Mit einem Lächeln stellte er seine Last vorsichtig ab und holte dann einen Umschlag aus seiner Jackentasche. Als er ihn Stella überreichte, kam ein Geräusch aus dem Karton. Stella zuckte zusammen. Der Mann entschuldigte sich lachend, öffnete den Karton und hielt die Deckelhälften einladend auseinander, damit sie einen Blick auf den Inhalt werfen konnte.

Es war ein Hund! Genau genommen ein goldbrauner Labradorwelpe. Der junge Mann nahm den kleinen Hund behutsam auf den Arm und erklärte: »Er ist für Sie, Mrs. Thornhope!« Der junge

Welpe war sichtlich froh, endlich aus seinem Gefängnis befreit zu sein. Er wedelte freudig mit dem Schwanz und versuchte aufgeregt, das Gesicht des jungen Manns zu lecken. »Eigentlich hätten wir ihn erst am Heiligabend ausliefern sollen«, sagte der junge Mann und konnte der kleinen nassen Zunge nur schwer entkommen, »aber die Mitarbeiter des Hundezüchters gehen morgen in die Ferien. Ich hoffe, Sie haben nichts gegen ein vorzeitiges Geschenk.«

Stella war so geschockt, dass sie nicht mehr klar denken konnte. Unfähig, einen zusammenhängenden Satz zu formulieren, stotterte sie: »Aber… ich habe doch gar nicht… ich meine… wer hat denn…?«

Der junge Mann setzte das Tier auf die Fußmatte und zeigte auf den Umschlag, den sie noch immer in der Hand hielt.

»In diesem Brief wird alles erklärt. Der Hund wurde gekauft, als er noch im Bauch seiner Mutter war. Er soll ein Weihnachtsgeschenk sein.«

Der Fremde drehte sich um und wollte gehen. Verzweifelt stammelte Stella: »Aber wer… wer hat ihn gekauft?«

Der junge Mann blieb einen Moment in der Tür stehen und antwortete: »Ihr Mann.« Und dann verschwand er.

Alles Weitere stand in dem Brief. Beim Anblick der vertrauten Handschrift vergaß Stella den kleinen Welpen völlig. Wie im Traum ging sie zu ihrem Stuhl am Fenster. Mit Tränen in den Augen zwang sie sich, die Worte ihres Mannes zu lesen. Er hatte den Brief drei Wochen vor seinem Tod geschrieben und mit dem Hundezüchter vereinbart, dass er seiner Frau zusammen mit dem Welpen als letztes Weihnachtsgeschenk von ihm überreicht werden sollte. Seine Worte waren voller Liebe und Ermutigung. Dave ermahnte sie, stark zu sein, und versprach ihr, auf den Tag zu warten, an dem sie wieder bei ihm sein würde. Bis dahin sollte dieser kleine Hund ihr Weggefährte sein.

Erst jetzt erinnerte sie sich wieder an das kleine Geschöpf und war überrascht, dass der Welpe sie ruhig und freundlich anschaute – mit einem komischen Lächeln auf seiner kleinen Schnauze, so schien es. Stella legte den Brief beiseite und ergriff das goldbraune Fellbündel. Sie hatte ihn sich schwerer vorgestellt, aber er wog nur so viel wie ein Sofakissen. Der kleine Hund war weich und warm. Sie wiegte ihn in ihren Armen und er leckte sie am Kinn. Dann kuschelte er sich an ihren Hals und in einem Anflug von Gefühlen fing Stella wieder an zu weinen. Der kleine Hund ließ ihre Tränen regungslos über sich ergehen.

Schließlich ließ Stella den Welpen auf ihren Schoß sinken, wo sie ihn eingehend betrachtete. Sie wischte sich über die nassen Wangen und begann zu lächeln.

»Nun gut, du kleiner Bursche, ich schätze, wir zwei haben uns gefunden.« Der kleine Hund hechelte zustimmend mit seiner rosafarbenen Zunge. Stellas Gesichtsausdruck erhellte sich und ihr Blick fiel beiläufig aus dem Fenster. Es war dunkel geworden. Große Schneeflocken schwebten durch die Luft und sie sah bunte Lichterketten an den Dächern der Nachbarhäuser. Die Klänge von »Joy to the World« drangen von der Küche her ins Haus.

Plötzlich überkam Stella ein unbeschreibliches Gefühl von Frieden und Gesegnetsein. Es fühlte sich an wie eine liebende Umarmung. Ihr Herz schlug zwar weiterhin voller Schmerz, aber jetzt mit Freude und Verwunderung, nicht mehr mit Kummer und Einsamkeit. Sie brauchte sich nie mehr einsam zu fühlen.

Sie wandte sich dem Hund zu und sagte: »Weißt du, Kleiner, im Keller habe ich noch einen großen Karton, der dir sicher gefallen wird. In ihm sind ein Baum und Weihnachtsschmuck und Lichter, die bestimmt großen Eindruck auf dich machen werden. Ich hoffe, dass ich dort unten auch den alten Stall zu Bethlehem finde. Was hältst du davon, wenn wir zusammen runtergehen und alles aufstöbern?«

Der kleine Welpe bellte zustimmend, als ob er jedes Wort verstanden hätte. Stella stand auf und setzte den Hund auf den Boden. Zusammen gingen sie hinunter in den Keller – bereit, Weihnachten gemeinsam zu feiern.

Cathy Miller

Becky und der Wolf

> Er ist kein wilder Hund mehr,
> sondern unser bester Freund für
> immer und immer und immer.
> *Rudyard Kipling*

Seit ihre älteren Geschwister zur Schule gingen, wurde die Ranch für unsere dreijährige Tochter Becky zu einem einsamen Ort. Sie sehnte sich nach Spielkameraden. Kühe und Pferde waren zum Kuscheln zu groß und die landwirtschaftlichen Geräte und Maschinen waren für ihr Alter zu gefährlich. Wir versprachen ihr einen Welpen zu kaufen und in der Zwischenzeit erfand sie fast täglich kleine Hunde.

Ich hatte gerade das Geschirr gespült, als die Tür mit dem Fliegengitter schepperte und Becky hereingestürmt kam, ihre Wangen rot vor Aufregung. »Mama!«, rief sie, »komm mit und schau dir meinen neuen Hund an! Ich habe ihm schon zweimal Wasser gebracht. Er hat so viel Durst!«

Ich seufzte. Wieder einer von Beckys Hunden aus dem Reich der Phantasie.

»Bitte komm mit, Mama!« Sie zerrte an meinem Hosenbein und ihre braunen Augen sahen mich flehend an. »Er weint und kann nicht laufen!«

»Kann nicht laufen«? Das war eine neue Version. Bislang konnten ihre erfundenen Vierbeiner die wunderbarsten Dinge tun. Einer balancierte einen Ball auf der Nasenspitze und ein anderer buddelte ein Loch durch die ganze Erde und fiel auf der anderen Seite auf einen Stern. Wieder ein anderer tanzte auf einem Seil. Warum jetzt ein Hund, der nicht laufen konnte?

»Nun gut, Liebling«, sagte ich. Als ich ihr folgen wollte, war Becky bereits zwischen den Büschen verschwunden. »Wo bist du?«, rief ich. »Hier drüben beim Stumpf der alten Eiche. Beeil dich, Mama!« Ich schob die dornigen Äste aus dem Weg und hielt meine Hand vor die Augen, als Schutz vor der grellen Arizonasonne. Mein Herzschlag stockte: Da war sie. Becky hockte auf ihren Fersen, die Zehen tief im Sand vergraben und auf ihrem Schoß lag unzweifelhaft der Kopf eines Wolfes! Hinter seinem Kopf erhoben sich große schwarze Schultern. Der übrige Körper lag vollständig verborgen in dem hohlen Stumpf einer umgestürzten Eiche.

»Becky!« Mein Mund wurde plötzlich trocken. »Beweg dich nicht!« Ich ging näher heran und wurde von blassgelben Augen fixiert. Schwarze Lefzen spannten sich an und dahinter kamen zwei mächtige Zahnreihen zum Vorschein. Plötzlich begann der Wolf zu zittern. Seine Zähne klapperten und ein Mitleid erregendes Jaulen entwich seiner Kehle.

»Alles in Ordnung«, beruhigte ihn Becky. »Hab keine Angst! Das ist meine Mutter und sie hat dich genauso lieb wie ich.« Dann geschah das Unglaubliche: Als ihre zierlichen Hände den großen struppigen Kopf streichelten, hörte ich, wie der Schwanz des Wolfes tief hinten im Baumstumpf ausschlug.

»Was mag dem Tier wohl fehlen?«, fragte ich mich. »Warum kann es nicht aufstehen?« Ich wusste es nicht, wagte aber auch nicht, näher heranzukommen.

Ich betrachtete die leere Wasserschale und erinnerte mich an die fünf Stinktiere, die erst letzte Woche – bei dem verzweifelten Versuch, im Endstadium der Tollwut an Wasser zu kommen – die Sackleinentücher von einer undichten Leitung gerissen hatten. Natürlich! Tollwut! Überall waren Warnschilder aufgestellt und hatte Becky nicht gesagt, er habe so viel Durst?

Ich musste Becky da rausholen. »Liebling.« Meine Kehle schnürte sich zu. »Leg seinen Kopf auf den Boden und komm zu Mama. Wir holen Hilfe.«

Zögernd erhob sich Becky und küsste den Wolf auf die Nase, bevor sie langsam in meine ausgestreckten Arme kam. Traurige Blicke aus gelben Augen folgten ihr. Dann sank der Kopf des Wolfs zu Boden.

Becky war sicher in meinen Armen. Ich lief zu den Scheunen, wo Brian, einer unserer Hilfscowboys, gerade in den Sattel stieg, um die Jungkühe auf der Nordweide zu überprüfen. »Brian, komm schnell! Becky hat einen Wolf in der Eiche nahe der Wasserstelle entdeckt. Ich glaube, er hat Tollwut!«

»Bin sofort da«, sagte er, während ich zum Haus ging, um Becky zum Mittagsschlaf hinzulegen. Ich wollte nicht, dass sie Brian aus seiner Unterkunft kommen sah, denn ich wusste, dass er dort sein Gewehr holte.

»Aber ich will meinem Hund noch Wasser geben«, weinte Becky. Ich küsste sie und gab ihr ein paar Stofftiere zum Spielen. »Liebling, Mami und Brian werden sich jetzt um ihn kümmern«, beruhigte ich sie.

Es dauerte nicht lange und ich war wieder am Baumstumpf. Brian stand da und schaute hinunter auf das Tier. »Es ist ein mexikanischer Lobo«, meinte er, »und zwar ein ziemlich großer!« Der Wolf jaulte. Der Geruch von Wundbrand zog uns in die Nase. »Es ist nicht Tollwut«, sagte Brian. »Aber er ist sehr schwer verletzt. Meinst du nicht auch, dass es das Beste wäre, ihn von seinem Elend zu erlösen?«

Das Wort »Ja« lag mir auf den Lippen, als Becky aus den Büschen auftauchte. »Macht Brian ihn wieder gesund, Mama?« Wieder hob sie den Kopf des Tieres auf ihren Schoß und vergrub ihr Gesicht in seinem schwarzen, struppigen Fell. Dieses Mal war ich nicht die Einzige, die hörte, wie der *Lobo* mit dem Schwanz wedelte.

Am Nachmittag sahen sich mein Mann Bill und unser Tierarzt den Wolf an. Als der Arzt spürte, welch großes Vertrauen das Tier in unser Kind setzte, sagte er zu mir: »Becky und ich werden ihn schon wieder auf die Beine bringen.« Das Kind und der Veterinär beruhigten das verwundete Tier und schließlich gab der Arzt ihm eine Spritze. Die gelben Augen schlossen sich. »Er schläft jetzt«, sagte der Tierarzt. »Fass mal mit an, Bill.« Gemeinsam zogen sie den wuchtigen Körper aus dem Baumstumpf. Das Tier musste anderthalb Meter lang sein und wog bestimmt über 100 Pfund. Hüfte und Bein waren von Kugeln arg in Mitleidenschaft gezogen. Der Doktor tat, was er konnte, um die Wunde zu säubern, und gab dem Patienten hinterher eine ordentliche Dosis Penicillin. Am nächsten Tag kam er wieder und legte dem Wolf eine Metallschiene an, um den verletzten Knochen zu stützen.

»Nun, es sieht so aus, als hättet ihr jetzt einen mexikanischen Lobo«, sagte der Doktor. »Er wird wohl drei Jahre alt sein und selbst als Welpen sind die Lobos nicht leicht zu zähmen. Ich bin erstaunt, wie dieser große Bursche Kontakt zu deinem kleinen Mädchen gefunden hat. Aber oft gibt es etwas zwischen Kindern und Tieren, was wir Erwachsenen nicht verstehen.«

Becky gab dem Wolf den Namen Ralph und brachte ihm jeden Tag Futter und Wasser. Ralphs Genesung war nicht einfach. Drei Monate lang schleppte er sein verletztes Hinterteil nur mühsam vorwärts, indem er sich mit den Vorderpfoten in die Erde krallte. Wir sahen, wie seine Augenlider sich leicht schlossen, wenn wir seine verkümmerten Glieder massierten, und wussten, dass er große Schmerzen hatte. Trotzdem hat er nie nach den Menschen geschnappt, die sich um ihn kümmerten.

Auf den Tag genau vier Monate, nachdem wir ihn gefunden hatten, konnte Ralph schließlich wieder ohne fremde Hilfe stehen. Seine riesige Gestalt wankte, als er die Muskeln zum ersten Mal benutzte, die so lange Zeit außer Gebrauch waren. Bill und ich tätschelten und lobten ihn. Er aber wandte sich immer an Becky, um von ihr Zuspruch, einen Kuss oder ein Lächeln zu erhalten. Er antwortete auf ihre Gesten der Liebe, indem er seinen buschigen Schwanz wie ein Pendel hin und her schwang.

Ralph kam wieder zu Kräften und folgte Becky in jeden Winkel der Ranch. Zusammen durchstreiften sie die verlassenen Weiden und das Kind mit den goldenen Haaren beugte sich oft nach unten, um flüsternd Geheimnisse über die Wunder der Natur mit dem großen lahmen Wolf auszutauschen. Wenn der Abend hereinbrach, kehrte er wie ein lautloser Schatten zum hohlen Baumstumpf zurück, der zu seinem Lieblingsplatz geworden war. Obwohl dieses scheue Geschöpf die meiste Zeit im Unterholz verbrachte, wuchs es allen durch seine liebenswerte Art immer mehr ans Herz.

Seine Reaktion auf Menschen, die nicht zu unserer Familie gehörten, ist allerdings eine andere Geschichte. Fremde machten ihm Angst, aber seine Zuneigung zu Becky und ihre Fürsorge ließen ihn immer wieder zurückkommen, wenn er vor irgendeinem unbekannten Pick-up oder Auto davongelaufen war. Ab und zu kam er näher heran, mit angespannten Lefzen, einem scheinbar nervösen Lächeln und klappernden Zähnen. Meistens jedoch lief er einfach nur umher, bis er sich schließlich wieder zu seinem Baumstumpf schlich, vielleicht um sich seine eigenen Gedanken zu machen.

Beckys erster Schultag war ein trauriger Tag für Ralph. Nachdem der Bus davongefahren war, weigerte er sich, zum Hof zurückzukommen. Er legte sich stattdessen an den Straßenrand und wartete. Als Becky zurückkam, humpelte und taumelte er in wilden, freudigen Kreisen um sie herum. Dieses Willkommensritual begleitete sie ihre ganze Schulzeit hindurch.

Obwohl es Ralph auf der Ranch gut zu gehen schien, verschwand er im Frühling zur Paarungszeit für mehrere Wochen in die umliegenden Wüsten und Berge. Wir machten uns dann große Sorgen um seine Sicherheit, weil es die Zeit war, in der die Jungtiere zur Welt kamen und die anderen Rancher nach Kojoten, Pumas, Wildhunden und natürlich auch nach einsamen Wölfen Ausschau hielten. Aber Ralph hatte Glück.

Während der zwölf Jahre, die Ralph auf unserer Ranch lebte, veränderte er seine Gewohnheiten nicht. Er blieb immer auf Distanz und tolerierte andere Haustiere. Er ertrug die Aktivitäten unserer geschäftigen Familie und seine Liebe für Becky blieb so wie am ersten Tag. Schließlich kam der Frühling, in dem unser Nachbar uns erzählte, dass er eine Wölfin erschossen und ihren Gefährten verletzt hatte. Wenig später kehrte Ralph wieder mit einer Schusswunde nach Hause zurück.

Becky, inzwischen fast 15 Jahre alt, saß da mit Ralphs Kopf auf ihrem Schoß. Er musste jetzt auch so ungefähr 15 Jahre alt sein und war grau geworden. Während Bill die Kugel entfernte, wanderte meine Erinnerung durch die Jahre zurück. Noch einmal sah ich ein pummeliges dreijähriges Mädchen den Kopf eines großen schwarzen Wolfs streicheln. Ich hörte eine Kinderstimme flüstern: »Alles in Ordnung, hab keine Angst! Das ist meine Mama und sie hat dich genauso lieb wie ich.«

Obwohl die Verletzung nicht ernsthaft war, wurde Ralph diesmal nicht wieder gesund. Er verlor wertvolle Pfunde und sein prächtiges Fell wurde stumpf und trocken. Er kam immer seltener auf den Hof, um Beckys Nähe zu suchen. Stattdessen lag er oft den ganzen Tag und ruhte sich aus.

Bei Einbruch der Nacht verschwand er, alt und steif wie er war, in die Wüste und umliegenden Berge. Bei Tagesanbruch war sein Fressnapf leer.

Der Morgen kam, an dem wir ihn tot auffanden. Seine gelben Augen waren geschlossen. Er lag ausgestreckt vor dem Eichenstumpf und schien nur noch der Schatten des stolzen Tieres zu sein, das er einst gewesen war. Es schnürte mir die Kehle zu, als ich sah, wie Becky Tränen übers Gesicht liefen, als sie seinen struppigen Kopf streichelte. »Ich werde ihn so vermissen«, schluchzte sie.

Als ich eine Decke über ihn legte, erschreckte uns ein seltsames Rascheln im Innern des Baumstumpfs. Becky wollte herausfinden, woher das Rascheln kam, und schaute in den Stumpf. Zwei kleine gelbe Augen starrten ihr entgegen und kleine Zähne schimmerten im Halbdunkel. Es war Ralphs Welpe!

Hatte ihm sein Instinkt, bevor er starb, eingegeben, dass ein mutterloser Nachwuchs hier genauso sicher war, wie er es einst selbst gewesen ist bei denen, die ihn liebten? Heiße Tränen fielen auf das weiche Welpenfell, als Becky das zitternde Bündel in ihre Arme nahm. »Alles in Ordnung, kleiner ... Ralphie«, flüsterte sie. »Hab keine Angst! Das ist meine Mama und sie hat dich genauso lieb wie ich.«

Penny Porter

Freunde

Vor 21 Jahren schenkte mir mein Mann Sam einen acht Wochen alten Schnauzer, der mir helfen sollte, über den Verlust unserer Tochter hinwegzukommen, die tot geboren wurde. Zwischen Sam und mir entwickelte sich im Laufe von 14 Jahren eine sehr spezielle Beziehung, die scheinbar durch nichts auf der Welt beeinträchtigt werden konnte.

Irgendwann entschlossen sich mein Mann und ich, unsere New Yorker Wohnung aufzugeben und nach New Jersey zu ziehen. Nachdem wir dort schon eine Weile gelebt hatten, fragte unser Nachbar uns, ob wir ein kleines Kätzchen haben wollten, weil seine Katze gerade Junge bekommen hatte. Wir machten uns ein wenig Sorgen, ob Sam nicht eifersüchtig werden würde und sein Territorium bedroht sehen könnte. Aber schließlich entschlossen wir uns, ein Kätzchen zu nehmen und zu sehen, was passiert.

Wir entschieden uns für ein kleines, graues, verspieltes Pelzknäuel. Es war, als hätten wir einen Road Runner im Haus: Die kleine Katze jagte hinter eingebildeten Mäusen und Eichhörnchen her und sprang so schnell vom Tisch auf den Stuhl, dass wir sie Lightning (Blitz) nannten.

Zuerst gingen Sam und Lightning sehr vorsichtig miteinander um und ließen sich gegenseitig in Ruhe. Aber nach und nach begann Lightning Sam hinterherzulaufen – Treppe hoch, Treppe runter; in die Küche, um ihn beim Fressen zu beobachten; ins Wohnzimmer, um ihn schlafen zu sehen. Im Laufe der Zeit wurden die beiden unzertrennlich. Sie schliefen und fraßen nur noch gemeinsam. Wenn ich mit dem einen spielte, kam der andere dazu. Wenn Sam bellte, war Lightning sofort zur Stelle, um zu sehen, was los war. Nahm ich einen von ihnen mit nach draußen, wartete der andere schon hinter der Tür, wenn ich zurückkam. So ging es viele Jahre lang.

Dann plötzlich, ohne Vorwarnung, bekam Sam Schüttelkrämpfe. Der Doktor meinte, Sam hätte ein schwaches Herz. Ich hatte keine andere Wahl, als ihn einschläfern zu lassen. Der Schmerz, diese Entscheidung fällen zu müssen, war jedoch noch nicht alles. Am schlimmsten war, Sam in der Tierklinik zurücklassen zu müssen und ohne ihn nach Hause zu kommen. Jetzt gab es keinen Sam mehr, den Lightning begrüßen konnte, und ich konnte ihr nicht erklären, dass sie ihren Freund niemals wieder sehen würde.

In den nachfolgenden Tagen schien Lightnings Herz gebrochen. Sie hatte zwar keine Möglichkeit, es mir in Worten mitzuteilen, aber immer, wenn jemand die Haustür öffnete, konnte ich den Schmerz und die Enttäuschung in ihren Augen sehen – oder die Hoffnung, wenn sie einen Hund bellen hörte.

Die Wochen vergingen und die »Trauer« der Katze schien langsam nachzulassen. Eines Tages kam ich ins Wohnzimmer und schaute zufällig neben das Sofa auf die künstliche Nachbildung von Sam, die wir vor Jahren hatten anfertigen lassen. Lightning lag neben der Statue, eine Pfote sanft um deren Nacken geschlungen. So schlief sie zufrieden mit ihrem besten Freund.

Karen Del Tufo

27

Als Schneeball schmolz

»Hoffnung« ist das Federding,
das in der Seele schwingt
Und die Lieder ohne Worte
Ohne Ende singt.

Emily Dickinson

»Turteltauben«. So nannten uns unsere Freunde zu Beginn unserer Ehe. Ich glaube, Don und ich hatten diese Bezeichnung auch verdient. Das Geld war knapp, denn als Vollzeitstudenten hatten wir nur wenig Zeit, uns den Lebensunterhalt zu verdienen. Manchmal konnten wir uns eine Eistüte nur an bestimmten Tagen leisten. Dennoch war unsere kleine, dunkle Wohnung für uns das reinste Paradies, denn die Liebe verwandelt alles.

Je öfter wir als »Turteltauben« bezeichnet wurden, desto mehr mussten wir an Vögel denken. Bis wir schließlich eines Tages damit anfingen, Geld für ein paar eigene »Turteltauben« zu sparen, die wirklich Federn hatten. Da das Geld nicht für Vögel *und* einen schönen Käfig reichte, baute Don in seinen wenigen freien Minuten selbst einen Vogelbauer.

Wir stellten den Käfig vor ein schattiges Fenster und warteten, bis der zerknitterte Umschlag mit der Aufschrift »Turteltauben« voller Geldscheine und Münzen war. Schließlich kam der Tag, an dem wir zur nächsten Zoohandlung gehen konnten, um unsere kleine Familie »aufzustocken«.

Bislang mochten wir besonders die Sittiche, aber als wir zum ersten Mal die Kanarienvögel singen hörten, schlossen wir sie sofort ins Herz. Wir wählten ein lebhaftes gelbes Männchen und ein hübsches weißes Weibchen und nannten die beiden Jungvögel Sunshine und Snowball.

Da wir sehr beschäftigt waren, konnten wir am Anfang nicht viel

Zeit mit unseren neuen Freunden verbringen, aber wir liebten es, wie sie uns jeden Abend überschwänglich mit ihrem Gesang begrüßten. Offensichtlich waren sie miteinander sehr glücklich.

Die Zeit verging und als unsere kleinen Turteltauben alt genug waren, um eine eigene Familie zu gründen, bereiteten wir ihnen eine Stelle für ihr Nest vor und sorgten für genügend Nistmaterial. Und tatsächlich: eines Tages machten sich beide an den Nestbau. Snowball überwachte die Form und das Aussehen des Nestes mit äußerster Sorgfalt und Sunshine schaffte alles liebevoll an den Platz, den sie dafür bestimmte.

Eines Tages lag dann ein Ei im Nest. Der Gesang der beiden Vögel war unbeschreiblich! Ein paar Wochen später, nachdem das Küken geschlüpft war, kannte ihr Glück scheinbar keine Grenzen mehr. Ich weiß nicht, wie es genetisch geschehen konnte, aber die Federn des Babykanarienvogels waren leuchtend orange: Wir nannten ihn Pumpkinhead.

Die unbeschwerten Tage gingen schnell dahin. Wie stolz wir alle waren, als unser kleiner Grünschnabel aus dem Nest tapste und auf die größte Stange kletterte!

Dann geschah es eines Tages, dass Pumpkinhead ohne Vorwarnung kopfüber von der Stange stürzte. Der kleine orangefarbene Vogel blieb reglos auf dem Käfigboden liegen. Sowohl seine Vogeleltern als auch ich eilten ihm sofort zur Hilfe.

Aber er war tot. Einfach tot. Wir werden niemals wissen, ob er einen Herzanfall bekam, bevor er fiel, oder ob er sich durch den Fall das Genick gebrochen hatte. Nur eins war gewiss: Pumpkinhead hatte uns verlassen.

Beide Vogeleltern trauerten, aber besonders untröstlich war seine Mutter. Sie ließ weder Sunshine noch mich in die Nähe des leblosen kleinen Körpers. Statt der freudigen Melodien, die ich sonst von Snowball kannte, gab sie jetzt nur noch entsetzliches Weinen und Wehklagen von sich. Ihr Herz, ihre Freude und ihre Zuversicht schienen völlig von Trauer erstickt zu sein.

Der arme Sunshine wusste gar nicht, was er mit Snowballs Verhalten anfangen sollte. Er versuchte ununterbrochen sie aus ihrem traurigen Zustand herauszuholen, aber Snowball rührte sich nicht vom Fleck. Stattdessen versuchte sie unaufhörlich ihr geliebtes Kind wieder zu beleben.

Schließlich schien Sunshine sich einen Plan zurechtgelegt zu haben. Er brachte Snowball immer wieder dazu, hochzufliegen und ein paar Samen zu picken, während er an ihrer Stelle Totenwache hielt. Jedes Mal wenn sie wegflog, legte er schweigend einen Strohhalm aus dem Nest über Pumpkinheads leblosen Körper. Und zwar immer nur eins, Stück für Stück. Nach wenigen Tagen schon war der Körper vollständig bedeckt.

Zuerst schien Snowball die Orientierung verloren zu haben, aber sie versuchte nicht den toten Jungvogel freizulegen. Stattdessen flog sie zu ihrem angestammten Platz auf der Stange und blieb dort sitzen. Erst jetzt konnte ich behutsam den Käfig greifen und den kleinen Körper mitsamt dem Leichentuch aus Stroh herausholen.

Von nun an verbrachte Sunshine seine ganze Zeit damit, Snowball zu trösten. Irgendwann gab sie schließlich wieder normale Töne von sich und eines Tages zerrann ihre Trauer endgültig und sie fing wieder an zu singen.

Ich kann nicht sagen, ob Snowball jemals erkannte, wie behutsam und mit welch großer Liebe Sunshine zu ihrer Heilung beigetragen hatte. So lange sie lebten, blieben sie einander in Freude zugetan, denn die Liebe verwandelt alles. Besonders bei Turteltauben.

Bonnie Compton Hanson

Tiefe Gefühle

Hunde geben uns alles, was sie haben.
Wir sind der Mittelpunkt ihres
Universums und sie schenken uns
ihre Liebe und ihr Vertrauen. Als
Gegenleistung für das, was am Tisch
übrig bleibt, dienen sie uns treu
ergeben. Das ist zweifellos der beste
Tausch, den der Mensch jemals
gemacht hat.

Roger Caras

Wir Menschen suchen das ganze Leben nach Liebe. Ich war keine
Ausnahme, bis ich mich eines Tages entschloss, dem Tierheim
einen Besuch abzustatten. Dort gab es genug Liebe, die auf mich
wartete.

Das Tierheim hatte einen alten, mageren Hund aufgenommen,
eine Mischung aus Beagle und Terrier, von dem es hieß, dass niemand ihn haben wolle. Er wurde aufgelesen, als er auf drei Beinen
den Straßengraben entlanghumpelte. Später stellte sich heraus,
dass er einen Eingeweidebruch, ein kaputtes Ohr und Schrot-
kugeln im Hinterlauf hatte.

Aufgrund seines freundlichen Charakters verbrachte er im Tierheim schon mehr als die sieben Tage, die jedem Neuankömmling
zugestanden werden. Man hoffte, dass ihn jemand, der das Geld für
die Amputation des Beines übernahm, auch adoptieren würde.
Aber bislang war ein solcher Mensch nicht aufgetaucht.

Ich traf ihn am zehnten Tag nach seiner Einlieferung. Ich
brachte gerade gestiftete Decken zum Tierheim, als ich zufällig an
seinem Käfig vorbeilief und durch den Maschendraht schaute. Ich
hielt ihn für einen netten kleinen Kerl und schloss ihn in mein
Herz. Aber ich konnte unmöglich einen weiteren Hund mit nach

Hause nehmen, denn ich hatte dort bereits vier. »Ich muss irgendwo eine Grenze setzen«, dachte ich. »Ich kann nicht alle aufnehmen.«

Als ich nach Hause fuhr, wurde mir klar, dass der Hund nicht überleben würde, wenn ich ihn nicht zu mir nahm. Ich wusste nicht, was ich tun sollte. Als ich an einer Kirche vorbeifuhr, fiel mir ein Plakat auf, das für die Predigt warb. Es war kurz vor Weihnachten und so las ich auf dem Schild: »Gibt es noch Platz in der Herberge?« Ich fühlte in diesem Moment, dass es immer genug Platz für noch einen gab, besonders wenn er meine Liebe brauchte.

Sobald das Tierheim am nächsten Morgen geöffnet hatte, rief ich dort an und sagte: »Ich komme und hole den armen alten Hund. Haltet ihn bitte für mich zurück.«

Kaum hatte ich ihn »reserviert«, hatte er seinen Platz in meinem Herzen, sodass ich nicht schnell genug bei ihm sein konnte.

Für mich geht nichts über das Gefühl, einen Hund zu retten. Hunde sind immer voller Liebe und wenn Dankbarkeit hinzukommt, weil man ihr Leiden lindert, zerschmelzen sie in wahrer Hingabe. Aus ihr heraus entsteht eine äußerst intensive Gefühlsbindung, die ich niemals zu einem jungen Hund herstellen könnte.

Ich gab dem Hund, der diese tiefen Gefühle in mir hervorrief, den Namen Tugs und tat alles, um sein Leben glücklich zu machen. Tugs schenkte mir seinerseits seine Liebe. Überall, wo ich hinging, wollte er mich begleiten. Er ließ mich nie aus den Augen und kaum schaute ich in seine Richtung, bebte sein ganzer Körper vor Glück. Trotz seiner vielen Behinderungen und der sich verschlechternden Gesundheit erfüllte ihn eine erstaunliche Lebensfreude. Es gab keinen Abend, an dem mich Tugs nicht an der Tür mit strahlenden Augen und aufgeregtem Schwanzwedeln begrüßte.

Wir waren etwas länger als ein Jahr zusammen. Während dieser Zeit strömte seine tiefe und dauerhafte Liebe unaufhörlich zu mir hin. Als es an der Zeit war, dass der Tierarzt sein Leiden beendete, hielt ich seinen Kopf in meinen Händen. Tränen fielen auf die alte

Schnauze, als ich zusehen musste, wie er sanft einschlief. Selbst in diesem Moment, inmitten meiner Trauer, war ich dankbar für das Geschenk seiner Liebe.

Wer niemals eine ähnliche Erfahrung mit einem Tier gemacht hat, wird dies nicht so leicht verstehen. Wer aber jemals ein Tier in ähnlicher Weise geliebt hat und von ihm so rückhaltlos geliebt worden war, versteht, was ich meine. Menschen mit ähnlichen Erfahrungen werden nachvollziehen können, dass meine Angst vor dem Tod nachgelassen hat, seit Tugs gegangen ist. Wenn es dazu führt, Tugs wiederzusehen, kann der Tod kommen, wann er will.

In der Zwischenzeit mache ich mit meiner Arbeit weiter. Ich rette verlassene Tiere und finde für sie ein Zuhause, wo sie geliebt werden und ihre Liebe zurückgeben können.

Susan Race

Ein Engel besonderer Art

Wenn die Fohlen zur Welt kommen, herrscht immer eine große Aufbruchstimmung. Wir züchteten auf unserer Ranch in Arizona zum ersten Mal Appaloosapferde und ich träumte von Auszeichnungen und begierigen Käufern. In diesem ersten Jahr unserer Zucht verwandelten bereits neun zierliche Appaloosafohlen mit ihrem schimmernden Fell unsere Weiden in eine farbenfrohe Landschaft. Sie hatten strahlend helle Stirnflecken und ihre Kruppen waren übersät mit weißen Flecken und Punkten, als ob sie in Seifenlauge getaucht wären.

Wir erwarteten das zehnte Fohlen und ich war mir sicher, dass es das gesprenkeltste von allen werden würde. Der Vater war ein Zuchthengst mit walnussgroßen Flecken auf dem ganzen Körper und sein mehrfarbiger Schweif reichte hinunter bis auf den Boden. Das Fell der Mutter wies tausende pfenniggroßer Punkte auf. Ich hatte bereits einen Namen für das ungeborene Fohlen: Starburst.

»Mit Pferden ist das so eine Sache«, versuchte mich mein Mann Bill zu bremsen. »Zum Schluss kommt oft etwas ganz anderes heraus, als man sich vorgestellt hat.«

In der Nacht, in der das Fohlen zur Welt kommen sollte, beobachtete ich die Mutter über einen Monitor, den Bill in unserem Schlafzimmer installiert hatte. Ich sah den Glanz der schweißüberströmten Stute, ihre weit aufgerissenen Augen waren voller Angst. Der Gebärvorgang dauerte bereits mehrere Stunden, als ich eindöste. Ich erwachte ruckartig. Drei Stunden waren vergangen! Ich schaute zum Monitor und sah die Stute flach auf der Seite liegen. Die Geburt war vorbei. Aber wo war das Fohlen?

»Bill, wach auf!« Ich schüttelte ihn kräftig. »Jemand hat das Fohlen gestohlen!« Wildhunde, Kojoten und andere Raubtiere schossen mir durch den Kopf. Es dauerte nicht lange und wir standen im Dämmerlicht des Pferchs. »Mama, wo ist dein Baby?« Ich weinte, als ich auf die Knie sank, um die Stute zu streicheln.

Plötzlich erhob sich ein Kopf aus dem Schatten – klein, dunkel und hässlich. Als das Geschöpf mühsam versuchte auf die Beine zu kommen, wurde mir klar, warum ich es nicht auf meinem Bildschirm gesehen hatte. Es hatte keinen weißen Flecken und keine auffallende Zeichnung. Unser weibliches Füllen war braun wie die Erde.

»Ich kann es nicht glauben«, sagte ich, als wir in die Hocke gingen, um es näher zu begutachten. »Dieses Fohlen hat aber auch nicht ein einziges weißes Haar!« Weitere unerwünschte Merkmale kamen zum Vorschein: eine schwülstige Stirn, eine hässliche Schrägnase, herunterhängende Ohren wie bei einem Eselshasen und ein fast haarloser Stummelschwanz.

»Sie weist die Merkmale ihrer Vorfahren auf«, sagte Bill. Ich wusste, dass wir beide im Moment das Gleiche dachten: »Wir werden dieses Fohlen niemals verkaufen können. Wer will schon einen Appaloosa ohne Zeichnung?«

Als unser ältester Sohn Scott am nächsten Morgen zur Arbeit erschien und unseren Neuzugang sah, nahm er kein Blatt vor den Mund.

»Was sollen wir mit so einem hässlichen Ding?«, fragte er.

Die Ohren des Fohlens hatten sich in der Zwischenzeit aufgerichtet. »Sie sieht aus wie ein Maultier«, sagte Scott. »Niemand wird sie haben wollen.«

Unsere jüngeren Mädchen Becky und Jaymee, fünfzehn und zwölf Jahre alt, stellten uns ebenfalls Fragen. »Woran erkennt man überhaupt, dass sie ein Appaloosa ist?«, fragte Becky. »Hat sie die Flecken wenigstens unter ihrem Fell?«

»Nein«, sagte ich zu ihr, »sie ist nur im Innern ein Appaloosa.«

»Also hat sie die Flecken auf ihrem Herzen«, sagte Jaymee. »Wer weiß«, wunderte ich mich, »vielleicht hat sie dort tatsächlich welche.«

Von Anfang an schien das anhängliche Fohlen zu merken, dass es sich von den anderen jungen Pferden unterschied. Besucher beachteten es kaum und wenn sie es taten, behaupteten wir, dass wir die Mutter nur vorübergehend zur Pflege hätten. Niemand sollte wissen, dass unser wundervoller Hengst der Vater dieses Fohlens war.

Seit kurzem fiel mir auf, dass die kleine Stute zunehmend Gefallen an menschlicher Gesellschaft fand. Zusammen mit seiner Mutter war sie zur Fütterung immer zuerst am Gatter und wenn ich sie am Hals kraulte, schloss sie zufrieden die Augen. Es dauerte nicht lange und sie stöberte mit der Schnauze in meiner Jackentasche, zerkaute meine Knöpfe und öffnete sogar das Gatter, um mir zu folgen und ihren Kopf an meiner Hüfte zu reiben. Ein sehr ungewöhnliches Verhalten für ein Fohlen!

Unglücklicherweise hatte sie einen gewaltigen Appetit. Und je größer sie wurde, umso hässlicher sah sie aus. »Wo werden wir jemals ein Zuhause für dieses Fohlen finden?«, fragte ich mich.

Eines Tages kaufte ein Mann einen unserer besten Appaloosas für einen Zirkus. Unverhofft erblickte er das braune Fohlen mit dem Stummelschwanz. »Dies ist kein Appaloosa, nicht wahr?«, fragte er. »Es sieht aus wie ein Esel.« Da ich wusste, dass er es auf Zirkuspferde abgesehen hatte, ergriff ich die Gelegenheit beim Schopfe. »Sie werden sich wundern«, sagte ich, »dieses Fohlen hat mehr Tricks auf Lager als ein Koch im Schnellrestaurant. Es kann einen Handschuh aus meiner Jackentasche holen und unter Zäunen hindurchklettern. Es steigt in Wassertröge und kann Leitungshähne umstellen.«

»Ein richtiger kleiner Teufel, was?«

»Nein«, antwortete ich schnell und fügte – einer Eingebung folgend – hinzu: »Im Gegenteil, ihr Name ist Angel!«

Er kicherte. »Leider brauchen wir eine auffallende Färbung«, erklärte er mir. »Die Leute mögen am liebsten gefleckte Pferde.«

Im Laufe der Zeit erfand Angel – wie wir sie nun nannten – immer neue Kunststücke. Am besten gefiel ihr, Gatter zu öffnen, um an der unbeobachteten Seite der Weide an Futter zu kommen.

»Sie ist ein richtiger Houdini«, bewunderte sie Bill.

»Sie ist eine richtige Strafe«, sagte Scott, der sie immer wieder einfangen musste.

»Du musst dich mehr auf sie einlassen«, versuchte ich ihm zu erklären. »Du kümmerst dich die ganze Zeit nur um die anderen Einjährigen und hast mit Angel nur dann zu tun, wenn du sie anschreist.«

»Wer hat schon die Zeit, sich um ein störrisches Pferd zu kümmern? Außerdem hat Dad gesagt, dass wir sie mit zur Auktion nehmen.« »Was? Ihr wollt sie verkaufen?« Ich stellte Bill zur Rede. »Bitte gib ihr eine Chance und lass sie auf der Ranch aufwachsen«, flehte ich ihn an. »Dann kann Scott sie einreiten, wenn sie zwei ist. Sie hat ein gutmütiges Wesen und wird dann bestimmt für irgendjemand von Nutzen sein.« »Ich schätze, ein Pferd mehr können wir verkraften«, sagte er. »Wir schicken sie auf die Weide im Osten. Dort wächst zwar nicht so viel Gras, aber ...« Angel war wenigstens für den Moment in Sicherheit.

Zwei Wochen später stand sie am Hauptgatter und fraß das Trockenfutter aus der Schale unseres Wachhundes. Sie hatte die Kette des Weidengatters abgestreift und sich selbst und zehn weitere Pferde herausgelassen. Als Scott und Bill die Pferde endlich zusammengetrieben hatten, hing Bills Geduld nur noch an einem seidenen Faden.

Im Laufe der Zeit nahmen ihre Kunststücke zu. Wenn Bill und Scott mit dem Auto zur Weide gefahren waren, fraß sie das Gummi von den Scheibenwischern. Wenn das Fenster offen gelassen wurde, schnappte sie sich oft einen Lappen, einen Handschuh oder ein Notizbuch vom Vordersitz und rannte davon wie der Wind.

Überraschenderweise wurde Bill gegenüber Angels Streichen immer nachsichtiger. Wenn jemand auftauchte, der Appaloosapferde kaufen wollte, kam sie in vollem Galopp angerannt, bremste abrupt in zehn Meter Entfernung und kam rückwärts auf einen zu, um am Hinterteil gekrault zu werden. »Wir haben hier unseren eigenen Zirkus«, erzählte Bill dann den Käufern. Und selbst der dichte Schnurrbart von Scott konnte ein kleines Lächeln nicht verbergen.

Die Jahreszeiten gingen dahin. Glühende Sonne wechselte mit Regen und brachte Millionen von Fliegen. Eines Tages, als Angel zweieinhalb Jahre alt war, sah ich, wie Scott sie zu einer Scheune führte. »Dieser dumme Schwanz bietet ihr überhaupt keinen Schutz«, erklärte er mir. »Ich mache ihr jetzt einen neuen.« Scotts Gefühle für das Pferd hatten sich offensichtlich geändert.

Am nächsten Morgen musste ich schmunzeln, als Scott zwei Dutzend hellgelbe Hanfkordeln schnitt, sie zu einem langen Mopp zusammenband und mit Klebeband an Angels bandagiertem Schweif festmachte. »So«, sagte er, »jetzt sieht sie fast wie ein normales Pferd aus.«

Scott hatte sich entschlossen, Angel zum Reiten »einzubrechen«. Bill und ich saßen auf dem Koppelzaun, als er ihr den Sattel auflegte. Angel machte einen Buckel und ich flüsterte: »Gleich haben wir hier ein Rodeo.« Aber als Scott den Sattelgurt um ihren Bauch schnürte, wehrte sie sich nicht – im Gegensatz zu den meisten jungen Pferden. Sie ließ es einfach geschehen.

Nachdem Scott aufgesessen hatte und sanften Druck mit den Knien ausübte, kam das willige Herz des Appaloosas zum Vorschein. Er ließ sie vorwärts gehen und sie befolgte seinen Befehl, als ob sie schon seit Jahren geritten worden wäre. Ich streckte meine Hand aus und kraulte ihre hervorstehende Stirn. »Eines Tages wird aus ihr ein wunderbares Pferd zum Ausreiten«, sagte ich. »Bei ihrem Temperament könnte sie auch zum Polospiel taugen«, antwortete Scott. »Oder sie könnte das Pferd für ein großes Kind sein.« Selbst Scott machte sich inzwischen Gedanken um unseren braunen Appaloosa mit dem lustigen Schweif.

Wenn die neuen Fohlen zur Welt kamen, wieherte Angel die Neugeborenen an, als wären sie ihre eigenen. »Wir sollten sie decken lassen«, sagte ich zu Bill. »Sie ist vier. Stell dir vor, was für eine gute Mutter sie mit ihrem großen Herzen abgeben würde.«

Bill war von meinem Vorschlag begeistert und Scott ebenfalls. »Die Leute kaufen oft Stuten, die schon mal gedeckt worden sind«, sagte er. »Vielleicht finden wir dann jemanden, der sie aufnimmt.« Ich sah in diesem Moment einen fürsorglichen Ausdruck auf Scotts Gesicht, den ich noch nie zuvor gesehen hatte.

In den Wintermonaten, in denen sie trächtig war, schien Angel vergessen zu haben, aus ihrem Pferch auszubrechen. Im April schließlich, als ihr Termin immer näher rückte, gab es viel Regen und brachte unsere Felder zum Erblühen. Wir machten uns Sorgen, dass Angel wieder anfangen würde, durch die Gatter zu schlüpfen, um auf die saftigsten Weiden zu gelangen.

Eines Morgens saß ich gerade beim Frühstück, als Scott in der Küchentür stand. Seine haselnussbraunen Augen verschwanden unter der breiten Krempe seines Cowboyhuts. »Komm bitte mit, wir müssen uns um Angel kümmern«, sagte er mit ruhiger Stimme. »Sie ist letzte Nacht aus ihrem Pferch ausgebrochen.«

Ich versuchte meine Angst zu unterdrücken und folgte Scott zu seinem Pick-up. »Sie hat ihr Fohlen irgendwo zur Welt gebracht«, sagte er, »aber Dad und ich können es nicht finden. Sie stirbt...« Ich hörte, wie seine Stimme stockte. »Es sieht so aus, als ob sie versucht hat nach Hause zu kommen.«

Als wir bei Angel ankamen, kniete Bill neben ihr. »Wir können nichts mehr für sie tun«, sagte er und deutete auf die blauen Wildblumen im saftig grünen Gras, die für ein hungriges Pferd leicht durch den Stacheldraht hindurch erreichbar waren. »Narrenkraut. Manche Pferde sind ganz wild darauf. Und manchen bringt es den Tod.«

Ich legte Angels großen Kopf in meinen Schoß und streichelte sie hinter den Ohren. Scotts Augen waren feucht. »Die beste Stute, die wir jemals hatten«, murmelte er.

»Angel!«, flehte ich. »Bitte verlass uns nicht!« Ich unterdrückte meinen Schmerz und fuhr mit der Hand über ihren Nacken. Sie atmete schwer. Dann ging ein Zucken durch ihren Körper und ich schaute in zwei Augen, die nichts mehr sehen konnten. Angel war tot.

Ich war wie betäubt, als ich Scott nur wenige Meter entfernt rufen hörte. »Mom! Dad! Kommt und schaut euch dieses Fohlen an!«

Tief im würzig duftenden Gras lag ein zartes Hengstfohlen. Ein einzelner Fleck schmückte seinen Kopf und sein Rücken und seine Hinterläufe waren herrlich weiß gesprenkelt – ein reinrassiger, strahlend schöner Appaloosa. »Starburst«, flüsterte ich.

Aber irgendwie ging es nicht mehr um eine auffallende Zeichnung. Seine Mutter hatte uns oft gelehrt, dass es nicht darauf ankommt, was man von außen sieht, sondern was sich tief im Herzen befindet.

Penny Porter

Zu Hause angekommen

Schließlich begreifst du,
dass Liebe alles heilt und nichts
ohne Liebe existiert.

Gary Zukav

Ein kühler Dauerregen prasselte auf den schwarzen Asphalt vor der Kleinstadtkneipe. Ich saß allein am Tisch und starrte hinaus in die feuchte Dunkelheit. Auf der gegenüberliegenden Seite der regennassen Straße lag der Stadtpark mit seinen riesigen Ulmen. Heute Abend versank der Rasen knietief in kaltem Wasser.

Ich hielt mich ungefähr seit einer halben Stunde in diesem alten, heruntergekommenen Pub auf und nippte schweigend an meinem Drink, als mein gedankenversunkener Blick an einem mittelgroßen Klumpen hängen blieb, der ungefähr 30 Meter entfernt in einer Rasenpfütze lag. Zehn Minuten lang starrte ich durch die mit Wassertropfen übersäte Fensterscheibe und versuchte herauszufinden, ob der Klumpen ein Tier war oder nur ein nasses und lebloses Etwas.

Am Vorabend war ein Köter, der viel von einem Deutschen Schäferhund in sich trug, in die Kneipe gekommen und hatte um Kartoffelchips gebettelt. Er war dreckig, hungrig und hatte genau die Größe des Klumpens, der dort im Stadtpark lag. *»Warum liegt ein Hund bloß mitten im Regen in einer kalten Pfütze?«*, fragte ich mich. Die Frage war nicht schwer zu beantworten. Entweder war es kein Hund, der da lag, oder er war zu schwach, um aufzustehen.

Der Schmerz der Granatsplitter in meiner rechten Schulter zog sich bis hinunter in meine Finger. Ich hatte keine Lust, in den Sturm da draußen zu gehen. Es war ja auch nicht mein Hund, niemandem gehörte dieser Hund. Er war nur ein Herumstreuner an einem kalten Abend im Regen, einsam und ohne Ziel.

»Das bin ich auch«, dachte ich, als ich den Rest meines Drinks hinunterspülte und zur Tür ging.

Der Hund lag zehn Zentimeter tief im Wasser. Als ich ihn anfasste, gab er kein Lebenszeichen von sich. Ich hielt ihn für tot. Ich schob meine Hände unter seinen Brustkorb und versuchte ihn hochzuziehen und auf die Füße zu stellen. Er stand ohne festen Halt in der Pfütze, sein Kopf hing wie ein Gewicht nach unten. Ein Großteil seines Körpers hatte Räude. Seine herabhängenden Ohren waren nur noch haarlose Fleischlappen, übersät mit offenen Wunden.

»Nun mach schon«, sagte ich und hoffte seinen infizierten Körper nicht ins Trockene tragen zu müssen. Er wedelte kurz mit dem Schwanz und trottete langsam hinter mir her. Ich führte ihn zu einem Unterstand neben der Kneipe, wo er sich auf den kalten Zement legte und die Augen schloss.

Einen Block weiter sah ich die hell erleuchteten Lichter eines Ladens, der noch auf hatte. Ich kaufte drei Dosen Hundefutter und steckte sie mir in die Lederjacke. Ich war nass und sah nicht gerade einladend aus, sodass die Verkäuferin sichtlich erleichtert war, als ich den Laden wieder verließ. Die Kneipenfenster klirrten vom Auspufflärm meiner alten Harley Davidson, als ich zurückkehrte.

Die Kellnerin öffnete mir die Dosen und meinte, der Name des Hundes sei Shep. Sie erzählte, dass er ungefähr ein Jahr alt sei. Sein Besitzer sei nach Deutschland gegangen und habe ihn allein auf der Straße zurückgelassen. Shep fraß die drei Dosen Hundefutter mit Ehrfurcht gebietender Zielstrebigkeit. Ich wollte ihn mit nach Hause nehmen, aber er stank abscheulich und sah fürchterlich aus. »Viel Glück«, sagte ich, schwang mich auf mein Motorrad und machte mich aus dem Staub.

Am nächsten Tag fuhr ich einen Kipper für eine kleine Straßenbaufirma. Ich transportierte gerade eine Ladung Kies durch die Stadtmitte, als ich Shep in der Nähe der Kneipe auf dem Bürgersteig stehen sah. Ich rief ihm zu und sah, wie er mit dem Schwanz wedelte. Seine Reaktion gab mir ein gutes Gefühl.

Nach der Arbeit kaufte ich drei weitere Dosen Hundefutter und einen Cheeseburger. Auf dem Bürgersteig aßen mein neuer Freund und ich gemeinsam zu Abend. Er war zuerst fertig.

Am nächsten Abend begrüßte Shep mich stürmisch, als ich ihm sein Futter brachte. Ab und zu knickten seine dürren Beine ein und er fiel auf das Pflaster. Andere Menschen hatten ihn verlassen und misshandelt, aber nun hatte er einen Freund, was er offensichtlich zu schätzen schien.

Am nächsten Tag bekam ich ihn nicht zu Gesicht, obwohl ich mehrmals mit dem Kipper an der Kneipe vorbeifuhr. Ich fragte mich, ob ihn vielleicht jemand mit nach Hause genommen hatte.

Nach der Arbeit parkte ich meine schwarze Harley am Straßenrand und ging den Bürgersteig hinab, um nach ihm Ausschau zu halten. Ich hatte Angst vor dem, was ich finden könnte. Er lag auf der Seite in einer nahe gelegenen Allee. Seine Zunge hing aus seinem Maul und als er mich sah, bewegte sich nur ein wenig seine Schwanzspitze.

Der Tierarzt war noch in seiner Praxis und so lieh ich mir einen Pick-up von meinem Arbeitgeber und lud den hinkenden Vierbeiner ins Führerhaus. »Ist das Ihr Hund?«, fragte der Arzt, nachdem er sich das bedauernswerte Exemplar angeschaut hatte, das da auf seinem Untersuchungstisch lag.

»Nein«, sagte ich, »er ist herrenlos.«

»Er hat Anzeichen von Staupe«, sagte der Veterinär und hatte dabei einen traurigen Klang in der Stimme. »Wenn er kein Zuhause hat, ist es das Beste, wir erlösen ihn von seinem Elend.«

Ich legte meine Hand auf die Schulter des Hundes. Sein räudiger Schwanz schlug schwach gegen den rostfreien Stahltisch.

Ich seufzte laut und sagte: »Er hat ein Zuhause.«

Die nächsten drei Nächte und zwei Tage lag der Hund – ich nannte ihn weiterhin Shep – reglos in meiner Wohnung. Mein Mitbewohner und ich verbrachten Stunden damit, ihm Wasser in die Schnauze zu träufeln und ihn dazu zu bringen, ein paar Rührei hinunterzuschlucken. Es gelang ihm zwar nicht zu fressen, aber immer wenn ich ihn berührte, bewegte sich seine äußerste Schwanzspitze.

Am dritten Tag ging ich so gegen zehn Uhr morgens nach Hause, um die Wohnung für den Telefoninstallateur zu öffnen. Als ich durch die Tür trat, wurde ich von einem euphorisch an mir hochspringenden und freudig winselnden Hund begrüßt. Shep war wieder gesund.

Im Laufe der Zeit wurde aus dem räudigen und hungernden Hund, der beinahe in meinem Wohnzimmer gestorben war, eine 80 Pfund schwere Muskelmasse mit einem breiten Brustkorb und einem dichten, glänzenden schwarzen Fell. Oft, wenn ich in Einsamkeit und Depression abzurutschen drohte, hat Shep mich aufgemuntert, indem er mich so lange mit seiner bedingungslosen Freundschaft überschüttete, bis ich keine andere Wahl hatte, als zu lächeln und meine Melancholie gegen ein kurzes Stöckchenfangspiel einzutauschen.

Rückblickend kann ich sagen, dass ich Shep zu dem Zeitpunkt getroffen habe, als wir uns beide am Tiefpunkt unseres Lebens befanden. Inzwischen streunen wir nicht mehr einsam umher. Wir sind beide zu Hause angekommen.

Joe Kirkup

Unschuldig obdachlos

Einen Hund zu haben, macht dich
reich, auch wenn du kein Geld und
keine Häuser hast.

Louis Sabin

Auf dem zerknitterten Stück Pappe stand mit hastig hingekritzelten Buchstaben: BRAUCHE DRINGEND HUNDEFUTTER. Ein verzweifelt ausschauender junger Mann hielt das Stück Pappe in der einen Hand und in der anderen hatte er eine Leine, während er an einer geschäftigen Ecke mitten in Las Vegas auf und ab ging.

An der Leine befand sich ein junger Huskie, der noch kein Jahr alt war. Nicht weit weg saß ein zweiter, älterer Huskie, der an einen Laternenpfahl angebunden war. Er heulte mit einem Wehklagen, das mehrere Blocks weit zu hören war, in die Frische des hereinbrechenden Winterabends. Neben ihm stand ein Schild mit der Aufschrift ZU VERKAUFEN – und es schien, als ahnte er sein Schicksal.

Ich vergaß, was ich vorhatte, und fuhr zurück zu dem obdachlosen Trio. Schon seit Jahren bewahrte ich Hunde- und Katzenfutter im Kofferraum auf, denn ich stoße oft auf streunende und hungrige Tiere. Auf diese Weise versuchte ich denen zu helfen, die ich nicht aufnehmen konnte. Ich lockte damit auch viele verängstigte Hunde von der Straße herunter in Sicherheit. Bedürftigen Tieren zu helfen, war für mich schon immer etwas Selbstverständliches. Ich tat es, ohne darüber nachdenken zu müssen.

Ich setzte also den Wagen in die nächste Parklücke und holte eine Fünfpfundtüte Hundefutter und einen Wasserbehälter aus dem Kofferraum. Außerdem nahm ich aus meiner Geldbörse einen Zwanzigdollarschein. Ich ging vorsichtig auf den unordentlich aussehenden Mann und seine unglücklichen Hunde zu. Sollte der

Mann diesen Geschöpfen etwas angetan haben oder sie nur als Blickfang benutzen, würde er mich schon kennen lernen. Der ältere Hund starrte hoch zum Himmel und jaulte herzerweichend. Kurz bevor ich bei ihnen war, hielt auf ihrer Höhe ein Lastwagen und fragte, wie viel der ältere Hund kosten sollte.

»50 Dollar«, antwortete der Mann an der Ecke und fügte schnell hinzu: »Aber ich will ihn eigentlich gar nicht verkaufen.«

»Hat er Papiere?«

»Nein.«

»Ist er kastriert?«

»Nein.«

»Wie alt ist er?«

»Fünf. Aber ich will ihn wirklich nicht verkaufen. Ich brauche nur etwas Geld, um ihn füttern zu können.«

»Wenn ich 50 Dollar hätte, würde ich ihn kaufen.« Die Ampel wurde grün und der Lastwagen fuhr weiter.

Der Mann schüttelte seinen Kopf und ging weiter niedergeschlagen auf und ab. Als er mich auf sich zukommen sah, hielt er inne und wartete. Der junge Hund fing an mit dem Schwanz zu wedeln.

»Hallo«, sagte ich, als ich näher kam. Das Gesicht des jungen Mannes war sanft und freundlich und als ich ihm in die Augen schaute, sah ich, dass er in einer wirklichen Krise steckte.

»Ich habe hier etwas Futter für Ihre Hunde«, sagte ich. Verblüfft nahm er die Tüte, während ich den Wasserbehälter absetzte. »Sie haben auch Wasser mitgebracht?«, fragte er ungläubig. Wir knieten uns neben den älteren Hund und der kleine Hund begrüßte mich überschwänglich. »Der da ist T. C. und der da heißt Dog. Ich bin Wayne.«

Der traurige ältere Hund hörte auf zu heulen, um nachzusehen, was in dem Behälter war.

»Was ist los, Wayne?«, fragte ich. Ich fürchtete, ich war ein wenig zu aufdringlich, aber er antwortete mir direkt und ohne Umschweife. »Nun, ich bin vor kurzem von Arizona hierher gezogen und habe noch keine Arbeit gefunden. Im Augenblick kann ich nicht einmal mehr die Hunde ernähren.« – »Wo leben Sie?« – »In dem Laster dort drüben.« Wayne zeigte auf einen schäbigen alten Transporter, den er nicht weit entfernt abgestellt hatte. Dieser hatte einen überdachten Aufbau mit einem breiten Bett, sodass sie wenigstens vor Wind und Wetter geschützt waren.

Der kleine Hund war auf meinen Schoß geklettert und machte es sich dort bequem. Ich fragte Wayne nach seiner Arbeit. »Ich bin Mechaniker und Schweißer«, sagte er, »aber im Moment finde ich einfach keinen Job. Ich habe überall nach Arbeit gesucht. Diese Hunde sind meine Familie. Ich hasse es, sie verkaufen zu müssen, aber ich kann mir das Futter für sie nicht länger leisten.«

Er betonte immer wieder, dass er sie nicht verkaufen wollte, wenn er sie nur ernähren könnte. Jedes Mal, wenn er es beteuerte, wuchs die Verzweiflung in seinem Gesicht. Es war, als ob er seine Kinder weggeben müsste.

Dies schien mir der beste Zeitpunkt zu sein, um ihm beiläufig den Zwanzigdollarschein zuzustecken. Ich hoffte, das Geld würde seinen bereits angeschlagenen Stolz nicht noch weiter verletzen. »Hier. Kaufen Sie sich davon etwas zu essen.« »Ja, vielen Dank«, antwortete er langsam, ohne mir in die Augen schauen zu können. »Es reicht auch für eine Unterkunft für uns drei heute Nacht.« »Wie lange stehen Sie hier schon?« »Den ganzen Tag.« »Hat niemand sonst angehalten?« »Nein, Sie sind die Erste.« Es war schon später Nachmittag und es wurde langsam dunkel. Wenn die Sonne hier in der Wüste unterging, konnte die Temperatur schnell auf den Gefrierpunkt sinken.

Meine Gedanken rasten in die Zukunft. Ich stellte mir die drei vor, wie sie davonzogen, ohne heute – oder vielleicht schon seit Tagen – auch nur eine einzige Mahlzeit gehabt zu haben. Und wie sie viele lange, kalte Stunden eingepfercht in ihrer ungeeigneten Notunterkunft verbringen mussten.

Es war für mich nichts Neues, Menschen zu sehen, die um etwas zu essen bettelten. Aber dieser Mann war etwas Besonderes, weil er nicht um Nahrung für sich selbst bat. Statt sich um sein eigenes Wohlergehen zu kümmern, dachte er nur daran, seine Hunde satt zu kriegen. Als Besitzerin von neun wohlgenährten und leidenschaftlich geliebten Hunden brachte diese Haltung eine Saite in mir zum Klingen.

Ich werde nie begreifen, was mich in diesem Moment dazu veranlasste, das zu tun, was ich als Nächstes tat. Ich wusste einfach nur, dass ich handeln musste. Ich fragte Wayne, ob er hier solange auf mich warten könne, bis ich zurück sei. Er nickte und lächelte.

Mein Auto flog geradezu zum nächsten Lebensmittelladen. Ich stürmte durch die Ladentür und schnappte mir einen Einkaufswagen. Ich fing im ersten Gang an und hörte nicht eher auf, bis ich die andere Seite des Ladens erreicht hatte. Ich konnte das, was ich kaufen wollte, nicht schnell genug aus den Regalen ziehen. »*Nur das Wichtigste*«, sagte ich mir. Nur Nahrungsmittel, die für ein paar Wochen haltbar blieben und das Existenzminimum sicherten. Erdnussbutter und Marmelade. Brot. Dosen mit Eingemachtem. Fruchtsaft. Früchte. Gemüse. Hundefutter. Mehr Hundefutter (vierzig Pfund, um genau zu sein). Und Hundespielzeug zum Kauen. Aber auch etwas zum Schmausen. Dann noch ein paar andere wichtige Dinge und schließlich hatte ich alles im Wagen.

»Macht zusammen 102,91 Dollar«, sagte die Kassiererin. Ohne mit der Wimper zu zucken, nahm ich den Kugelschreiber und füllte den Scheck schneller aus, als ich eigentlich schreiben konnte. Es spielte keine Rolle, dass die Hypothek bald fällig war und ich eigentlich gar keine 100 Dollar übrig hatte. Jetzt zählte nur, dass diese Familie etwas zu essen hatte. Ich wunderte mich über meine eigene Intensität und über die starke Motivation, die mich dazu brachte, 100 Dollar für einen völlig fremden Menschen auszugeben. Zur gleichen Zeit fühlte ich mich wie der glücklichste Mensch auf der ganzen Welt. Diesem Mann und seinen geliebten

Begleitern ein klein wenig von dem geben zu können, von dem ich so viel hatte, öffnete der Dankbarkeit in meinem eigenen Herzen Tür und Tor.

Die Krönung von allem war, Waynes Gesicht zu sehen, als ich mit all den Lebensmitteln bepackt zurückkehrte. »Hier sind nur ein paar Dinge...«, sagte ich, während mich die Hunde erwartungsvoll ansahen. Um ihn nicht verlegen zu machen, wandte ich mich den beiden Vierbeinern zu.

»Ich wünsche Ihnen viel Glück«, sagte ich schließlich und streckte meine Hand aus.

»Vielen Dank. Möge Gott Sie segnen. Nun brauche ich meine Hunde nicht mehr zu verkaufen.« Sein Lächeln leuchtete strahlend hell in der herabsinkenden Dämmerung.

Menschen sind zwar viel komplizierter als Tiere, aber manchmal sind sie genauso leicht zu durchschauen. Wayne hatte einen guten Charakter. Er gehörte zu denen, die einen Hund anschauen und eine Familie sehen. Nach meinen Vorstellungen verdient so ein Mensch, glücklich zu sein.

Später, als ich auf dem Heimweg war, fuhr ich noch einmal um dieselbe Ecke. Wayne und die Hunde waren verschwunden.

In meinem Herzen und in meiner Erinnerung sind sie jedoch geblieben. Vielleicht treffe ich sie eines Tages irgendwo wieder. Ich hoffe, dass alles gut für sie ausgegangen ist.

Lori S. Mohr

Peppers große Schuhe

Wir hatten gerade die Tür zu unserer kleinen Zoohandlung auf-
geschlossen, als das Telefon klingelte. Ich eilte an den Apparat,
während mein Mann die lautstarken Begrüßungen der Papageien,
Kanarienvögel und jungen Hunde entgegennahm. Es war nicht
ungewöhnlich, so früh am Morgen angerufen zu werden, aber die
Stimme des Anrufers klang eigenartig. Sein Tonfall war gebrochen
und ich spürte einen Hauch von Traurigkeit darin. Der ältere Mann
am anderen Ende der Leitung hatte keine Frage, sondern eine Geschichte zu erzählen.

»Sehen Sie«, versuchte der Anrufer zu erklären, »meine Frau
und ich haben gerade alleine gefrühstückt. Bislang hatten wir
einen Schnauzer mit Namen Pepper.« Der Mann erzählte, dass
Pepper seit 16 Jahren jeden Morgen bei ihnen gewesen war, wenn
sie ihre Brötchen aßen, ihren Kaffee tranken und die morgendliche
Zeitung lasen. »Er gehörte zur Familie«, sagte der Mann. Pepper
war schon da, als ihr jüngstes Kind ausgezogen ist. Er war da, als
die Ehefrau krank wurde und ins Krankenhaus musste. Pepper war
immer da gewesen – bis auf diesen Morgen.

Er hörte nicht auf zu erzählen. »Die Zeit vergeht schneller als
uns lieb ist und sie ist uns nicht immer gnädig.« Pepper zog sich
im Alter eine schwere Arthritis zu. Sie warteten den Winter ab und
sie warteten, bis der Frühling vorüber war. Sie warteten bis gestern.
Pepper hatte ständig Schmerzen und ging allein nicht mehr nach
draußen. Der Mann und seine Frau konnten seinem Leiden
schließlich nicht länger zusehen. Zusammen mit dem Tierarzt entschlossen er und seine Frau Ruth sich, Pepper »gehen zu lassen«.

Seine Stimme stockte, als er sagte: »Er war der beste Hund und heute sind wir zum ersten Mal ohne ihn. Es ist verdammt hart.« Sie wollten keinen neuen Hund, denn kein anderer Vierbeiner konnte Pepper ersetzen. Dennoch waren sie neugierig. »Haben Sie junge Schnauzer? Männliche Schnauzerwelpen? Schwarz-weiß gesprenkelte männliche Schnauzer?«

Ich sagte ihm, dass wir tatsächlich zwei gesprenkelte männliche Schnauzerwelpen zu verkaufen hätten. »Wirklich?« Die ältere Stimme am anderen Ende konnte es kaum glauben. Der Mann und seine Frau wollten jedoch keinen neuen Hund. Pepper war für sie unersetzlich und außerdem »hat Ruth eine Verabredung, sodass wir heute Morgen sowieso nicht kommen könnten«. Wir verabschiedeten uns und legten auf.

Der Laden füllte sich mit Menschen und anstatt weiter an Pepper und seine Familie zu denken, wandte ich mich unseren Kunden und Mitarbeitern zu. Wir waren immer noch sehr beschäftigt, als später zwei ältere Herren in den Laden kamen. Ich erkannte den einen Mann sofort, denn sein trauriges Gesicht, auf dem das Leben Spuren hinterlassen hatte, passte genau zu der Telefonstimme, die ich am Morgen gehört hatte.

»Mein Name ist Bill«, stellte er sich vor. »Ruth ist bei ihrer Verabredung.« Er sagte, dass er und sein Nachbar einen kleinen Ausflug gemacht hätten und »zufällig vorbeikämen«. Wo sie einmal da waren, wollten sie nur einen kurzen Blick auf die Schnauzerwelpen werfen.

Ich ging und holte die beiden Welpen. Sie wedelten mit dem Schwanz und stolperten tollpatschig über unsere Füße, als sie sich gegenseitig hinterherjagten. Sie setzten ihre besten »Nimm-mich-mit-nach-Hause-Gesichter« auf und Bills Nachbar, der beide auf den Arm genommen hatte, meinte: »Bill, kannst du dich überhaupt für nur einen entscheiden?« Er setzte die beiden Hunde zurück auf den Boden und wir beobachteten weiter ihr welpenhaftes Treiben.

Bill wusste nicht so recht, welchen der beiden jungen Hunde er auf den Arm nehmen sollte. Schließlich entschied er sich für den Kleinen, der es sich zufrieden auf seinem Fuß bequem gemacht hatte und an seinen Schnürsenkeln kaute. Er nahm ihn hoch, wie ein junger Vater sein erstes Kind voller Zärtlichkeit und Bewunderung auf den Arm nimmt, und wiegte den Welpen an seiner Brust.

»Hör mal zu«, begann er dem Welpen zu erklären, »ich kann dich nicht mit nach Hause nehmen. Ruth würde uns höchstwahrscheinlich beide rausschmeißen.« Nachdem er ihn aber einmal in seinen Armen hatte, konnte Bill den jungen Hund nicht einfach wieder absetzen. Wir sprachen über das Wetter, seine und unsere Kinder, und wie das bei einer höflichen Konversation so ist, gingen uns irgendwann die Worte aus. Es gab einfach nichts mehr zu sagen, um das Unvermeidliche weiter hinauszuzögern, und so richtete sich Bills Aufmerksamkeit wieder ganz auf die Welpen. »Ruth wird das hier nicht mögen. Es wird ihr überhaupt nicht gefallen.«

Wir sahen zu, wie Bill von einem Hund zum anderen schaute. Zum Schluss schüttelte er den Kopf und fragte mit einem Grinsen im Gesicht: »Wenn ich diesen kleinen Kerl mit nach Hause nehme und Ruth uns rausschmeißt, könnten wir dann in einer von Ihren Hundehütten unterkommemn?« Nachdem er seine Entscheidung getroffen hatte, ging ich mit Bill und seinem kleinen Hündchen zur Kasse, währenddessen sein Bruder wieder in den Käfig gebracht wurde, um auf eine neue Chance zur Adoption zu warten.

Der zurückgebliebene Welpe war niemals zuvor allein gewesen und er machte uns allen schmerzlich bewusst, dass ihm sein neuer Status als Einzelkind überhaupt nicht gefiel. Bill stand an der Kasse und sah, dass der kleine Hund gar nicht damit einverstanden war, von seinem Brüderchen getrennt zu werden, und sagte: »Es ist nicht gut, allein zu sein.«

Bill zahlte für den einen Hund und ging mit seinem Nachbarn zum Ausgang, den kleinen Welpen liebevoll im Arm. Lächeln und Glückwünsche begleiteten sie hinaus. Mit einem warmen Gefühl ums Herz kehrten wir zu unserer Arbeitsroutine zurück und sahen im Geiste ein älteres Ehepaar, das glücklich über einen neuen Welpen war.

Wenige Minuten später ging die Tür wieder auf und Bill stand kopfschüttelnd im Laden. »Wir waren gerade losgefahren, als ich fühlte, dass ich es nicht tun konnte…« Seine Stimme wurde auf einmal anders. »Es ist nicht gut, allein zu sein. Ruth wird zwar schrecklich wütend auf mich sein und ich werde heute Nacht bestimmt mit der Hundehütte vorlieb nehmen müssen, aber ich nehme den anderen Welpen auch mit nach Hause. Es ist einfach nicht gut, allein zu sein.«

Der Tag hörte auf, wie er begonnen hatte – mit einem läutenden Telefon. Es waren Bill und Ruth. Sie wollten uns nur mitteilen, dass Bill heute Nacht keine Hundehütte brauchte. »Ruth liebt die zwei Jungen und dass ich sie beide nach Hause gebracht habe, war die beste Entscheidung, die ich jemals getroffen habe – und zwar ganz allein.«

Erst letzten Monat haben wir wieder von Bill und den »Jungs« gehört. Bills Stimme hatte neuen Schwung und klang fröhlich. »Die Jungs sind großartig und kennen schon den Duft von Toast und Eiern. Pepper hatte uns ziemlich große Schuhe hinterlassen, die nur schwer zu füllen waren. Deshalb haben wir zwei gebraucht.«

Dawn Uittenbogaard

Vermisst!

Vom Wohnzimmerfenster aus sah ich unserem 15-jährigen Sohn Jay nach, der sich zu Fuß auf den Weg zur Schule machte. Ich befürchtete, dass er wieder abbiegen würde, um in den schneebedeckten Wiesen und Feldern nach seinem vermissten Beagle Cricket zu suchen. Aber diesmal blieb er auf dem Schulweg. Er drehte sich um, winkte mir zu und ging mit hängenden Schultern weiter.

Zehn Tage waren bereits seit jenem Sonntagmorgen vergangen, als Cricket nicht von seiner gewohnten Runde über die Felder zurückgekehrt war. Jay hatte den ganzen Nachmittag lang die Umgebung nach seinem Hund abgesucht. In den ersten Tagen nach Crickets Verschwinden war immer wieder einer von uns zur Tür gerannt, weil er glaubte, einen Hund winseln gehört zu haben.

Inzwischen waren mein Mann Bill und ich der Überzeugung, dass Cricket von einem Jäger erschossen oder von einem Auto überfahren worden war. Jay aber gab nicht auf. Gestern Abend, als ich nach draußen ging, um das Futter im Vogelhäuschen nachzufüllen, hörte ich die wehmütigen Rufe meines Sohnes über die benachbarten Felder hallen. Zum Schluss kam er wieder ins Haus und hatte Tränen in seinen blauen Augen. Er sagte: »Ich weiß, dass du mich für dumm hältst, Mama, aber ich habe Gott nach Cricket gefragt, und ich fühle, dass Cricket noch irgendwo da draußen ist.«

Obwohl wir alle regelmäßig zur Kirche gingen, wunderten sich Bill und ich oft, woher Jays starker Glaube kam. Vielleicht war es im Alter von sechs Jahren der Schlag, seinen viel geliebten älteren Bruder durch einen Autounfall verloren zu haben, der Jay dazu gebracht hat, Gott um Hilfe zu bitten.

Ich wollte Jay in den Arm nehmen und ihm sagen, dass er einen neuen Hund haben könne. Dabei erinnerte ich mich nur zu gut an den Tag vor vier Jahren, als wir ihm den schwarz-weiß-braunen Welpen geschenkt hatten. Die zwei wurden schnell unzertrennlich und neulich erst sah ich, wie Cricket sich friedlich ans Fußende von Jays Bett kuschelte, obwohl er eigentlich in der Garage schlafen sollte.

Dennoch erzählte ich Jay gestern Abend, dass ich das Gefühl hatte, er überspanne den Bogen der Hoffnung. Die Temperaturen waren sehr tief und ich war mir sicher, dass kein vermisstes Tier bei so einer Kälte überleben konnte.

»Mama«, sagte er, »ich weiß, es scheint unmöglich. Aber Jesus hat gesagt, dass kein Spatz vom Himmel fällt, ohne dass Gott es weiß. Muss das nicht auch für Hunde zutreffen?« Ich konnte nichts anderes tun, als ihn in den Arm zu nehmen.

Nachdem ich ihn am nächsten Tag zur Schule geschickt hatte, fuhr ich ins Büro, wo ich so von meiner Arbeit in Anspruch genommen wurde, dass ich alles über vermisste Hunde vergaß.

Um zwei Uhr klingelte das Telefon. Es war Jay. »Ich habe heute wegen einer Lehrerbesprechung früher Schluss, Mama. Ich will wieder nach Cricket suchen.« Mein Herz zog sich zusammen. »Jay«, sagte ich und versuchte meine Stimme unter Kontrolle zu halten, »hör auf dich zu quälen. Im Radio kam gerade die Meldung, dass die Temperatur unter Null gefallen ist, und du weißt, dass keine Chance mehr besteht...«

»Aber Mama«, flehte er mich an, »ich werde dieses Gefühl nicht los. Ich muss es weiter versuchen.«

»Nun gut«, lenkte ich ein.

Nach unserem Telefongespräch durchstöberte er das Gebiet, wo er mit Cricket immer hingegangen war. Er lief eine halbe Meile nach Osten und hörte dort in der Ferne Hundegebell. Es klang nach eingesperrten Beagles und so ging er weiter auf sie zu. Ohne dass er es sich erklären konnte, lief er jedoch plötzlich von dem Bellen weg in eine andere Richtung.

Es dauerte nicht lange, bis Jay auf Eisenbahnschienen stieß. Er hörte einen Zug kommen und blieb stehen, um ihn vorbeidonnern zu sehen. Er fragte sich, ob die Schienen durch die Räder des Zuges wohl heiß geworden waren, und kletterte auf den Bahndamm, um sie anzufassen. Sie waren kalt wie Eis.

Nun wusste er nicht mehr weiter. Er warf ein paar Steine und entschloss sich schließlich, auf den Schienen dorthin zurückzugehen, wo er vorhin die Hunde hatte bellen hören. Als er von einer Bahnschwelle zur anderen hüpfte, schlug ihm der Wind ins Gesicht und in der Ferne hörte er Schüsse aus den Büchsen der Jäger.

Dann wurde alles um ihn herum still. Irgendetwas veranlasste Jay, vollkommen ruhig zu sein und zu lauschen. Von einem kaputten Weidezaun in unmittelbarer Nähe drang ein schwaches Winseln zu ihm.

Jay stürzte aufgeregt den Bahndamm hinunter. Am Zaun angelangt, durchsuchte er das niedrige Gebüsch und fand einen völlig abgemagerten Cricket, der an seinem linken Hinterfuß hing, gefangen im rostigen Draht eines alten Zauns. Seine Vorderpfoten berührten kaum den Erdboden. Der Schnee um ihn herum war weggefressen, was ihn davor bewahrt hatte zu verdursten. Obwohl seine linke Hinterpfote vom Arzt behandelt werden musste, war klar, dass Cricket überleben würde.

Mein Sohn brachte ihn nach Hause und rief mich in einem ekstatischen Zustand an. Völlig verblüfft ließ ich die Arbeit liegen und eilte zu ihm. In der Küche fand ich einen schwachen Cricket, der gerade fraß, und einen überglücklichen Jungen, der neben ihm kniete.

Als sein Napf leer war, schaute Cricket hoch zu Jay. In den bewundernden Augen des kleinen Hundes sah ich den unschuldigen Glauben, der ihn in den harten Tagen am Leben gehalten hat. Sie spiegelten das Vertrauen, dass sein Herr kommen würde.

Ich schaute meinen Sohn an, der entgegen aller Logik mit dem gleichen unschuldigen Glauben hinausgegangen war, das Herz und die Seele offen für seinen Herrn, der ihn so zu Cricket führen konnte.

Donna Chaney

2

Tiere als Lehrer

Der Weisheit Kraft liegt darin, die eigene Rolle im
großen Mysterium zu verstehen und jedes Lebewesen
als Lehrer zu ehren.

Jamie Sands und David Carson

Das Geschenk von Subira

Tu, was du kannst,
mit dem, was du hast,
dort, wo du bist.

Theodore Roosevelt

Vierzig Meilen nördlich von Los Angeles befindet sich ein Wildreservat mit Namen Shambala. Es erinnert in seiner rauen Schönheit an Afrika. Gigantische braune Felsen erheben sich hier und da im weitläufigen Gebiet des Reservats. Der Name Shambala stammt aus dem Sanskrit und bedeutet »ein Platz des Friedens und der Harmonie für alle menschlichen und nicht menschlichen Wesen«. Es ist ein Schutzgebiet für Löwen und andere große Raubkatzen. Umgeben von der Ehrfurcht gebietenden Schönheit des kalifornischen Soledad Canyons ist Shambala schlicht und einfach atemberaubend.

Eines Tages kam eine kleine Gruppe junger Leute aus einem Rehabilitationszentrum für einen Tagesausflug nach Shambala. Die Schauspielerin Tippi Hedren, die Gründerin von Shambala, stand vor dem Gepardengehege und sagte freudestrahlend: »Das ist die Gepardin Subira. Sie ist drei Jahre alt und noch lange nicht ausgewachsen. Ist sie nicht großartig?«

Wie einstudiert drehte Subira ihren Kopf in Richtung Zuhörer und blickte in die Menge. Die schwarzen Linien, die von ihren Augen zu ihrem Maul liefen, waren so gut zu sehen, dass es schien, als seien sie extra für diesen Tag in ihr Gesicht gemalt worden. Die eng beieinander liegenden schwarzen Punkte auf dem gelbbraunen

Untergrund ihres dichten Fells schimmerten so eindrucksvoll, dass niemand umhin kam, ihre Schönheit zu bewundern. »Oh, schaut sie nur an, wie schön sie ist«, sagten alle wie aus einem Mund. Auch ich war tief beeindruckt von ihrer Erscheinung.

Tippi ist eine Freundin von mir und hatte mich an diesem Tag eingeladen, sie zu besuchen. Ich saß in der ersten Reihe der Stühle, die für die Besucher hingestellt worden waren. Wir alle blickten Subira bewundernd an – mit Ausnahme eines Jungen im Teenageralter in der hintersten Reihe, der etwas vor sich hin murmelte, was sich nach Langeweile und Unzufriedenheit anhörte. Als andere aus der Gruppe in seine Richtung schauten, wischte er sich beiläufig über das T-Shirt, als wolle er irgendwelche Krümel beseitigen, und krempelte seinen Ärmel hoch, um uns in Machomanier mit seinen starken Muskeln zu beeindrucken.

Tippi ignorierte die Unterbrechung durch den Jungen. »Der Gepard ist das schnellste Landlebewesen der Erde«, erzählte sie der kleinen Gruppe. »Nicht wahr, das bist du?«, fragte sie mit einem spielerisch sanften Tonfall und schaute über ihre Schulter zu dem außergewöhnlichen Tier, das auf dem dicken herabhängenden Ast einer mächtigen Eiche lag.

Plötzlich, als ob angewidert durch jede Art von Gefühl, fing der Junge in der letzten Reihe an sich lustig zu machen. »Was soll das Ganze? Eine große magere Katze mit vielen Punkten auf ihrem Fell, die schnell läuft. Na und? Das Nächste bitte! Und nun die blöden Tiger oder was auch immer, damit wir endlich weiterkommen!« Entrüstet drehten sich die anderen Mitglieder der Gruppe um und schauten den Jungen missbilligend an.

Auch Tippi blickte jetzt zu dem Jungen hin, ohne jedoch auf ihn zu reagieren. Stattdessen reagierte die Gepardin. Sie schaute den Teenager an und begann zu zirpen.

Tippi griff das Verhalten des Tieres sofort auf und erklärte der Gruppe. »Geparden geben die unterschiedlichsten Laute von sich. Ein fröhlicher Laut hört sich an wie ein deutliches Zirpen, so etwa

wie jetzt. Ein kehliger Laut zeigt an, dass sie hungrig ist. Als Warn-
laut dient ein hohes zweitöniges Brummen. Das Zirpen, das Sie gerade hören, lässt also darauf schließen, dass Subira im Moment
ganz glücklich ist.« Beim letzten Satz schaute Tippi direkt in die
Richtung des Jungen.

»Jaja, schon gut. Sie liebt mich, ich weiß«, bemerkte der Junge
daraufhin sarkastisch. Erneut überhörte Tippi den unfreundlichen
Beitrag. Ich fragte mich, woran es wohl lag, dass dieser Junge so
wütend und gehässig war.

Tippi übergab nun den Frage-und-Antwort-Teil ihrer Vor-
führung an einen jungen Assistenten ab. Dann gab sie mir ein Zeichen, worauf wir beide gingen. Im Weggehen schauten wir zurück,
um die Gruppe zu beobachten. Jetzt sahen wir den streitsüchtigen
jungen Mann mit der spitzen Zunge aus einem neuen Blickwinkel.
Der Junge mit dem muskelbepackten Körper und dem strammen
T-Shirt saß angespannt in einem Rollstuhl. Ein leeres Hosenbein
hing zusammengefaltet neben dem anderen Bein mit dem Tennis-
schuh.

Der 17-jährige Cory hatte immer davon geträumt, eines Tages
Baseball in der Profiliga zu spielen. Er kannte kein anderes Ziel. Er
lebte für den Baseball und träumte von dem Tag, an dem er eine
große Fangemeinde hatte, die wusste, dass er »ihr Mann« war. Niemand zweifelte an Corys Talent, schon gar nicht der oberste Ta-
lentsucher seines Heimatstaates. Er hatte Cory entdeckt und ihm
eine große Zukunft prophezeit.

Das war alles vor dem folgenschweren Autounfall. Seine Freude
und Zuversicht wurden mit dem Verlust seines Beines zerschmet-
tert und nichts konnte sie wieder zurückbringen. Cory verlor bei
dem tragischen Unfall mehr als nur sein Bein. Er verlor auch seine
Hoffnung und seine innere Einstellung und war dadurch nicht nur
körperlich behindert, sondern auch emotional und seelisch verkrüppelt. Da er sich nichts anderes vorstellen konnte, als ein Base-
ballspieler in der Profiliga zu sein, war er verbittert und abge-

stumpft und fühlte sich vollkommen nutzlos. Alle Hoffnung war dahin. Nun saß er in einem Rollstuhl und war aggressiv und wütend auf die Welt. Er war heute nur wieder auf so einem »langweiligen Tagesausflug«, der zum Rehabilitationsprogramm gehörte.

Cory war einer der schwierigsten Patienten im Rehabilitationszentrum. Da er nicht in der Lage war, allen Mut zusammenzunehmen und sich eine neue Zukunft vorzustellen, gab er sich selbst und anderen keine Chance. »Lassen Sie mich in Ruhe«, meinte er barsch zum Direktor des Zentrums. »Sie können mir doch nicht helfen. Niemand kann das.«

Tippi und ich standen dicht daneben, als der Gruppenleiter mit seinem Vortrag fortfuhr: »Geparden fressen niemals Aas, sondern nur frisches Fleisch – obwohl sie in Gefangenschaft Futter annehmen.«

Aas? Irgendwie schien dieses Wort Cory zu interessieren. Vielleicht aber klang es für seine Ohren einfach nur ungewohnt. Der unzufriedene junge Mann rief jedenfalls: »Was soll das heißen?« – »Kadaver, Leichnam, Überreste«, antwortete der Assistent.

»Der Gepard isst also keine toten Tiere von der Straße«, machte sich der Junge erneut lautstark lustig. Der scharfe Ton des Jungen schien der Gepardin zu gefallen, denn sie fing an lautstark zu schnurren. Die Zuschauer waren sichtlich beeindruckt von Subiras freudigen Tönen und räusperten sich voller Bewunderung.

Subira genoss die positive Zustimmung. Immer bereit, sich selbst voller Stolz zu zeigen, gab sie nun den Anwesenden eine kleine Kostprobe ihrer außergewöhnlichen Fähigkeiten. Nach dem Motto »Sieh nur, wie schnell diese Punkte fliegen können« raste Subira los und umrundete ihr Gehege. »Oh, sie ist so wunderschön«, tönte es von überallher.

»Sie hat ja nur drei Beine!«, stellte plötzlich jemand fest.

»Nein!«, rief ein Mädchen in der ersten Reihe erschrocken. Die anderen jungen Leute waren so erstaunt, dass sie verblüfft und mit offenem Mund auf das schauten, was sie vor sich sahen.

Niemand war überraschter als Cory. Er blickte verwirrt auf dieses unglaubliche Tier, das mit voller Geschwindigkeit rannte, und stellte die Frage, die allen im Kopf herumging. »Wie kann sie mit nur drei Beinen so schnell rennen?« Tief bewegt von den mühelosen und so offensichtlich natürlichen Bewegungen der Gepardin, murmelte der Junge: »Unglaublich. Einfach unglaublich.« Er starrte auf das wunderschöne Tier mit dem fehlenden Bein und ein Funken Hoffnung blitzte in seinen Augen.

Tippi antwortete von unserem Platz hinter der Gruppe. »Subira ist wirklich etwas Besonderes, wie Sie jetzt alle gesehen haben. Da ihr niemand gesagt hat, sie sollte – oder könne – nicht so schnell laufen wie ein Gepard mit vier Beinen, weiß sie es nicht anders. Und daher kann sie mit drei Beinen genauso schnell laufen.« Tippi hielt kurz inne, wandte sich Subira zu, und fuhr fort: »Wir lieben sie einfach. Subira ist ein lebendes Beispiel und ein Symbol für das, wofür Shambala steht: den Wert eines jeden lebenden Wesens anzuerkennen, auch wenn es aus irgendeinem Grund nicht so ist wie die anderen.«

Der Junge war still geworden und hörte Tippi interessiert zu. »Wir haben Subira von einem Zoo in Oregon. Die Nabelschnur hatte sich im Mutterleib um eines ihrer Beine gewickelt und die Blutzufuhr abgeschnitten, was dazu führte, dass sie das Bein schon bald nach der Geburt verlor. Mit nur drei Beinen schien ihr Schicksal besiegelt. Man hatte damals vor, sie einschläfern zu lassen.«

Cory war erstaunt und fragte: »Warum?«

Tippi schaute Cory direkt in die Augen. »Weil sie meinten, ein dreibeiniger Gepard tauge zu nichts. Sie gingen davon aus, dass niemand einen deformierten Geparden sehen wollte. Und weil sie glaubten, dass Subira sich niemals wie ein normaler Gepard verhalten könne, schien ihr Leben keinen Wert zu haben.«

Sie hielt einen Moment inne und sagte dann: »Zu diesem Zeitpunkt hörten wir von Subira und boten Shambala als Zufluchtsort an, wo sie ein so normales Leben wie möglich führen konnte.«

Die Zuhörer waren zutiefst beeindruckt.

»Kurz nachdem sie zu uns gekommen war, zeigte sie uns ihren eigenen Wert, der darin besteht, ein einzigartiges Geschenk der Liebe und geistigen Kraft zu sein. Inzwischen wissen wir nicht mehr, was wir ohne sie anfangen sollten. In den vergangenen Jahren hat Subira die Herzen von Menschen auf der ganzen Welt berührt und wie von selbst wurde sie zu unserem überzeugendsten Fürsprecher. Obwohl sie als behindertes Tier benachteiligt war, hat sie sich dennoch ihren eigenen Wert geschaffen. Sie ist das größte und unbezahlbarste Geschenk, das wir je bekommen haben.«

Cory verspürte keine Lust mehr auf Sticheleien. In einem sanften Tonfall fragte er: »Kann ich sie berühren?«

Als er Subira rennen sah, ging Cory ein Licht auf, das sein respektloses Verhalten vollständig veränderte. Plötzlich war er bereit, sich auf seine Umgebung einzulassen. Am Ende der Tour fragte der Leiter der Besuchsgruppe nach einem Freiwilligen, der das große Rolltor öffnen und festhalten sollte, damit der Kleinbus die Ranch verlassen konnte. Zur allgemeinen Überraschung hob Cory seine Hand.

Während die anderen noch erstaunt abwarteten, schob der Junge seinen Rollstuhl eigenhändig hinüber zu dem großen Tor. Da es ihm im Sitzen nicht gelang, das Tor zu öffnen, zog er sich aus seinem Stuhl hoch. Er hielt sich mit der einen Hand am hohen Maschendrahtzaun fest und drückte das Tor mit der anderen auf. Während er das Tor so lange aufhielt, bis der kleine Bus hindurchgefahren war, lag eine große Befriedigung und Entschlossenheit in seinem Gesichtsausdruck. Eins war klar: Cory hatte das Geschenk von Subira empfangen.

Dr. Bettie B. Youngs

Die Lust zu rennen

Seit drei Generationen schon waren alle Männer in meiner Familie Ärzte. Wir kannten nichts anderes. Im Alter von sechs Jahren bekam ich mein erstes Stethoskop. Ich hörte die Geschichten von den Leben, die mein Großvater und mein Vater gerettet, von den Babys, deren Geburt sie begleitet, und von den Nächten, die sie mit kranken Kindern verbracht hatten. Man zeigte mir, wo mein Name auf dem Messingschild des Arztzimmers stehen würde. Die Vision dessen, was aus mir werden sollte, war tief in meine Vorstellungswelt gezeichnet.

Aber als das College näherrückte, merkte ich, dass der Arztberuf nicht mein Herz erfüllte. Ich reagierte auf bestimmte Situationen völlig anders als mein Vater. Ich habe gesehen, wie er sich um drei Uhr morgens aus dem Bett quälte, nur um nach einem Kind mit Verdacht auf Lungenentzündung zu sehen, dessen Eltern es nicht rechtzeitig zu ihm gebracht hatten. Ich hätte mir die Eltern vorgenommen, aber er war immer nachsichtig. »Eltern wollen um jeden Preis, dass ihre Kinder gesund sind, und gestehen sich deshalb manchmal nicht ein, dass ihr Kind wirklich krank ist.« Und dann gab es so schreckliche Dinge wie den Tod eines Zehnjährigen wegen einer Kiefersperre, mit denen ich nicht fertig wurde. Am meisten Sorgen bereitete mir die Vorstellung, nicht der Sohn zu sein, den mein Vater haben wollte. Ich wagte es jedoch nicht, ihm von meinen Zweifeln zu erzählen, sondern hoffte stattdessen schon irgendwie klarzukommen.

In dem Sommer vor dem Wechsel auf das College lastete dieses Dilemma schwer auf meinem Gemüt. So war ich dann auch froh, vor eine Herausforderung gestellt zu werden, mit der ich mich von meinem Problem ablenken konnte: Ein Patient hatte meinem Vater einen englischen Setterwelpen als Bezahlung für seine Hilfe überlassen. Dad hielt eine Meute Hühnerhunde auf unserer Farm, die ich trainierte. Daher war es selbstverständlich, dass mein Vater den Welpen an mich weiterreichte.

Jerry war ungefähr zehn Monate alt und sehr lernbegierig. Wie die meisten englischen Setter war er fast weiß und hatte nur hier und dort ein paar rot-braune Punkte. Seine rot-braunen Ohren standen weit von seinem Kopf ab und gaben ihm ein clownartiges Aussehen. Immer wenn ich ihn ansah, musste ich schmunzeln, was mir sehr gut tat. Er beherrschte die Grundlagen schnell: sitzen, anhalten, sich hinlegen, bei Fuß gehen. Sein einziges Problem war der Befehl »kommen«. War er erst einmal im hohen Gras verschwunden, liebte er es herumzustöbern. Wenn ich rief und mit der Trainingspfeife pfiff, drehte er sich kurz um und schaute mich an – und machte dann weiter, was er wollte.

Wenn wir unsere Lehrstunde beendet hatten, saß ich meistens mit ihm unter einer alten Eiche und redete mit ihm. Ich ging das durch, was er wissen musste, und sprach manchmal auch über mich. »Jerry«, sagte ich in solchen Momenten, »ich habe einfach keine Lust, ständig von kranken Leuten umgeben zu sein. Was würdest du an meiner Stelle tun?« Jerry saß dann auf seinen Hinterbeinen und schaute mir direkt in die Augen. Er bewegte seinen Kopf von der einen zur anderen Seite und versuchte so die Bedeutung meiner Stimme zu verstehen. Er hatte dabei häufig einen so ernsthaften Ausdruck, dass ich laut lachen musste und dabei meine Sorgen vergaß.

Eines Abends nahm ich ihn nach dem Essen mit hinaus auf die Wiese, um noch ein paar Übungen mit ihm zu machen. Wir liefen ungefähr 100 Meter ins knietiefe Gras, als eine Schwalbe im untergehenden Sonnenlicht auf der Jagd nach Insekten Jerrys Kopf umschwirrte. Jerry stand da wie gelähmt. Nach einer Weile begann er, der Schwalbe hinterherzujagen. Der Vogel flog sehr niedrig im Zickzack hin und her. Er schien Jerry zu necken und mit ihm zu spielen und brachte ihn in die wilde Aufregung des Rennens. Der Vogel führte ihn hinunter zum Teich und am Wiesenzaun zurück, als ob er ihn aufforderte, ihm zu folgen. Danach verschwand er hoch oben am Himmel. Jerry hielt inne und schaute ihm eine Weile nach und lief dann hechelnd auf mich zu, so mit Kraft und Energie gefüllt, wie ich ihn nie zuvor erlebt hatte.

In den folgenden Tagen bemerkte ich, dass sein Interesse am Jagen abnahm und stattdessen sein Enthusiasmus für das Herumrennen wuchs. Er verschwand einfach im Gras, schnell wie ein wildes Tier. Ich wusste genau, wann er Wachteln gewittert hatte, weil er die Nase kurz hochstreckte, als er an ihnen vorbeikam. Er wusste, was von ihm erwartet wurde, aber er tat es einfach nicht. Wenn er schließlich erschöpft und mit rot unterlaufenen Augen zurückkehrte, legte er sich mit einem derart zufriedenen Ausdruck auf den Boden, dass ich mich schwer damit tat, ihn anzuschauen.

Ich fing wieder von vorne an. Ein paar Minuten lang hörte er mir auch ernsthaft zu, dann stahl er das Stoffschild von meiner Gesäßtasche und rannte mit kraftvoll rudernden Beinen quer über die Wiese, die Nase voll im Wind. Zu rennen hatte für ihn etwas Glorreiches und obwohl ich mir wirklich wünschte, ihn richtig zu trainieren, überkam mich immer mehr ein seltsames Gefühl der Freude, wenn ich ihn so davonjagen sah.

Bislang hatte ich allen Hunden das beigebracht, was ich ihnen beibringen wollte, aber diesmal sollte es mir nicht gelingen. Im September musste ich meinem Vater schließlich mitteilen, dass dieser Hund niemals jagen würde. »Nun ja, das ist eine klare Aussage«, sagte er. »Wir werden ihn kastrieren lassen müssen und an jemanden in der Stadt als Haushund abgeben. Ein Hund, der nicht das tut, wofür er geboren ist, kann nicht viel wert sein.«

Ich befürchtete, dass ein Dasein als Haushund Jerrys Kraft und Energie abtöten würde. Am nächsten Tag hatte ich mit Jerry ein langes Gespräch unter der Eiche. »Dein Herumgerenne führt dazu, dass du eingeschlossen wirst«, sagte ich. »Kannst du dich nicht zuerst um die Wachteln kümmern und danach losrennen?« Als Antwort auf meine Stimme öffnete er seine Augen und schaute beschämt unter seinen Lidern hervor. Ich legte mich traurig auf den Rücken und er kauerte sich neben mich, seinen Kopf auf meiner Brust. Als ich seine Ohren kraulte, schloss ich meine Augen und dachte verzweifelt an unser beider Problem.

Dad nahm Jerry früh am nächsten Samstag mit nach draußen, um selbst zu sehen, wozu der Hund im Stande war. Zuerst verhielt sich Jerry wie ein Profi. Mein Vater sah mich merkwürdig an, als ob er glaubte, ich hätte ihm in Bezug auf den Hund nicht die Wahrheit gesagt.

Genau in dem Moment rannte Jerry los.

»Was zum Teufel macht der Hund?«

»Er rennt«, sagte ich, »er liebt es, einfach nur zu rennen.«

Und Jerry rannte, was das Zeug hielt. Er rannte am Zaun entlang und sprang dann mit seinem schlanken Körper in einem eindrucksvollen Bogen darüber. Er rannte, als gäbe es nichts Schöneres, als zu rennen. Es machte ihn scheinbar eins mit der Wiese, dem Licht und der Luft.

»Das ist kein Jagdhund, sondern ein Reh«, sagte mein Vater. Als ich dastand und zuschaute, fiel mein Hund durch den wichtigsten Test seines Lebens. Dad legte seine Hand auf meine Schulter. »Wir müssen es so sehen, wie es ist – er wird den Anforderungen einfach nicht gerecht.«

Am nächsten Tag packte ich meine Sachen für die Schule, dann ging ich hinaus zum Hundezwinger, um mich von Jerry zu verabschieden. Er war jedoch nicht da. Vielleicht hatte ihn Dad schon mit in die Stadt genommen. Ich fühlte mich miserabel, weil ich uns beide enttäuscht hatte. Als ich zurück ins Haus ging, saß Dad jedoch zu meiner großen Erleichterung in seinem Sessel neben dem Kamin und las, während Jerry zu seinen Füßen schlummerte.

Als ich ins Zimmer trat, legte mein Vater das Buch zur Seite und blickte mir in die Augen. »Sohn, du weißt, dass dieser Hund nicht das tut, was er tun sollte«, sagte er, »aber was er tut ist großartig. Es öffnet einem das Herz, wenn man ihn laufen sieht.« Er sah mich weiterhin an. Für einen Moment fühlte ich, dass er mir bis ins Herz schaute. »Das Einzige, was die Existenz eines lebenden Wesens wertvoll macht«, fuhr mein Vater fort, »ist die Tatsache, dass es das ist, was es ist – und dass es das weiß. Und zwar tief im Innern.«

Ich atmete tief durch und sagte: »Dad, ich glaube nicht, dass ich Arzt werden kann.« Er senkte seinen Blick und wirkte wie jemand, der endlich das hört, was er immer befürchtet hat, hören zu müssen. Sein Ausdruck war so traurig, dass es mir beinahe das Herz brach. Als er mich aber wieder anschaute, spürte ich eine Art Anerkennung, die ich nie zuvor in seinem Blick gesehen habe.

»Ich weiß«, sagte er mit ernster Stimme. »Ich brauchte dich nur dabei zu beobachten, wie du diesen Versager von einem Hund angeschaut hast. Du hättest dein Gesicht sehen sollen, als er losjagte.« Im Angesicht der großen Enttäuschung meines Vaters fühlte ich mich den Tränen nahe. Ich wünschte, ich hätte das in mir, was ihn glücklich machen würde. »Dad«, sagte ich, »es tut mir Leid.«

Er sah mich scharf an. »Sohn, natürlich bin ich enttäuscht darüber, dass du kein Arzt werden willst. Aber ich bin nicht enttäuscht von *dir*.«

Er sagte: »Denk daran, was du versucht hast, Jerry beizubringen. Du wolltest, dass er der Jagdhund wurde, für den du trainiert hast. Er ist aber kein Jagdhund geworden. Wie fühlt sich das für dich an?«

Ich blickte auf den schlafenden Jerry und sah, wie seine Pfoten zuckten. Er schien selbst in seinen Träumen zu rennen. »Eine Zeit lang glaubte ich, versagt zu haben«, sagte ich. »Aber als ich ihn rennen sah und merkte, wie er es liebte zu rennen, war ich irgendwie zufrieden.«

»Es ist eine gute Sache«, sagte mein Vater und sah mich eindringlich an. »Jetzt warten wir einfach und sehen, wie *du* rennst.«

Er schlug mir auf die Schulter, sagte »Gute Nacht« und ging. In diesem Moment verstand ich meinen Vater wie nie zuvor. Die

Liebe, die ich für ihn empfand, schien den ganzen Raum zu füllen. Ich setzte mich neben Jerry und kraulte ihn zwischen den Schulterblättern. »Ich bin gespannt, wie ich rennen werde«, flüsterte ich ihm ins Ohr. »Ich werde es bestimmt tun.«

Jerry erhob seinen Kopf ein wenig, leckte meine Hand, streckte seine Beine aus und kehrte zurück an den freudigen Ort seiner Träume.

W. W. Meade

Der Held des Rodeos

Ich wuchs in Niagara Falls, New York, auf und lag als kleines Kind oft mit schweren Asthmaanfällen im Krankenhaus. Als ich sechs Jahre alt war, empfahlen die Ärzte meinen Eltern dringend, in eine Gegend mit günstigerem Klima zu ziehen, denn sonst hätte ich keine große Überlebenschance. Daraufhin zog meine Familie in ein wunderschönes, aber abgelegenes, kleines Städtchen hoch in den Bergen außerhalb von Denver. In den späten Fünfzigerjahren gab es in Conifer, Colorado, mehr Tiere als Menschen.

Für uns Kinder war es das Paradies. Mein älterer Bruder Dan und ich packten oft Essen und Schlafsäcke ein, nahmen zwei Pferde und unseren Hund und campten über das Wochenende in der umliegenden Wildnis. Auf unseren Ausflügen sahen wir viele wilde Tiere, einschließlich Bären, Luchse und sogar hin und wieder einen scheuen Berglöwen. Wir lernten, uns ruhig zu verhalten und das Leben um uns herum mit Respekt zu betrachten. Ich erinnere mich noch, wie ich eines Morgens aufwachte und direkt in die große Nase eines Elches blickte. Ich blieb regungslos liegen, bis der Elch wieder verschwand. Wir hielten uns für wirkliche Männer der Berge, wenn wir tagelang auf dem Rücken unserer Pferde verbrachten und mit unserer Umgebung verschmolzen. Da wir nie ohne Hund und Pferde loszogen, wussten unsere Eltern, dass wir sicher waren und immer wieder nach Hause zurückfinden würden.

Mein Bruder Dan war drei Jahre älter als ich und mir in allen Belangen überlegen. Je älter ich wurde, desto mehr brannte ich darauf, auch einmal zu gewinnen und der Erste zu sein.

Als ich acht war, brachte Dad ein Pferd mit nach Hause, das Chubby hieß. Chubbys früherer Besitzer hatte einen Schlaganfall erlitten und vom Arzt Reitverbot erhalten. Der Besitzer glaubte, dass Chubby bei uns in guten Händen war, und deshalb überließ er meinen Eltern den 16-jährigen Wallach umsonst.

Chubby war ein kleinwüchsiges, mausgraues Pferd und ein berühmter Rodeochampion im Roping* und Bulldogging**. Er war kräftig, intelligent, leicht zu führen und hatte einen enormen Elan. Meine ganze Familie liebte ihn. Dan durfte sich als der Ältere die Pferde zuerst aussuchen und so musste ich mit Stormy vorlieb nehmen, einer langsameren und nicht so scharfsinnigen Stute. Chubby war für einen achtjährigen Jungen eigentlich auch viel zu groß, aber dennoch beneidete ich meinen Bruder und wünschte mir inbrünstig, Chubby wäre mein Pferd.

---

* Roping: Ein Cowboy jagt in der Rodeoarena zu Pferd einem Kalb nach, wirft ihm ein Lasso um den Hals und stoppt dann abrupt das Pferd, an dessen Sattelknauf das Lasso befestigt ist, sodass das rennende Kalb sich sofort das Lasso stramm um den Hals zieht. Während das Kalb sich so »hängt«, zu Boden stürzt und vor Schmerz und Angst brüllt, springt der Cowboy so schnell er kann vom Pferd, rennt zum Kalb und bindet ihm zwei schräg gegenüberliegende Füße zusammen, sodass es nicht mehr aufstehen kann. Dann springt der Cowboy auf und wirft die Arme in die Luft, um anzuzeigen, dass er fertig ist. Das Ganze wird mit einer Stoppuhr gestoppt. Der schnellste Cowboy gewinnt, sofern er keine Formfehler gemacht hat, denn das gibt Minuspunkte. (Anmerkung des Übersetzers.)

** Bulldogging: Ein Cowboy rast zu Pferd einem jungen Stier nach, bis er dicht an dessen Seite ist, und springt dann vom Pferd auf den Rücken des Stiers. Er packt ihn bei den Hörnern und dreht ihm dabei den Nacken um, sodass der Stier zu Boden stürzt. Der Cowboy springt auf, wirft die Arme hoch, um anzuzeigen, dass er fertig ist. Das Ganze wird mit einer Stoppuhr gestoppt. Der schnellste Cowboy gewinnt, sofern er keine Formfehler gemacht hat, denn das gibt Minuspunkte. (Anmerkung des Übersetzers.)

Damals nahm ich mit meinem Bruder jedes Jahr mit unseren Pferden an den 4-H-Klub-Wettbewerben* teil. Als ich neun war, bereitete ich mich intensiv für den diesjährigen Wettbewerb im Reiten um Ölfässer vor. Aber Stormy war ein schwerfälliges Pferd und je mehr ich mich vorbereitete, desto deutlicher wurde, dass ich mit ihr keine Chance hatte. Allein mein unbändiger Wille zu gewinnen ließ mich durchhalten. Und so versuchte ich Stormy immer wieder beizubringen, wie sie auf schnellstem Wege um die Ölfässer herum und zurück zur Ziellinie laufen sollte.

Am Tag der Veranstaltung überraschte mich mein älterer Bruder mit dem Angebot, Chubby im Ölfässerwettbewerb reiten zu dürfen. Ich war außer mir vor Aufregung und Freude. Jetzt konnte ich vielleicht endlich mal gewinnen.

Als ich auf Chubby saß, spürte ich sofort, dass ich nun an einem völlig anderen Ölfässerwettbewerb teilnehmen würde. Mit Stormy musste ich immerzu kämpfen, dass sie überhaupt los- und auch weiterlief, wenn sie erst einmal in Bewegung war. Als wir an jenem Tag auf den Start warteten, tänzelte Chubby bereits aufmerksam auf der Stelle und schien das Losrennen gar nicht abwarten zu können. Als das Startsignal kam, schoss Chubby los wie eine Rakete und ich hatte alle Hände voll zu tun, um mich im Sattel zu halten. In Sekundenschnelle waren wir um die Fässer herum und zurück zur Ziellinie. Mein Herz schlug noch ganz aufgeregt, als ich vom Pferd stieg und von meiner applaudierenden Familie umringt wurde. Ich gewann das blaue Band über eine Meile und noch über einige andere Distanzen.

Als ich schließlich im Bett lag, war ich total erschöpft von all der Anspannung und all dem Ruhm. Während ich so dalag und nicht einschlafen konnte, fühlte ich mich immer unwohler. Was hatte

---

* 4-H-Klub: Klub für die vierfache Verbesserung von head (Kopf), heart (Herz), hand (Geschicklichkeit) und health (Gesundheit). (Anmerkung des Übersetzers.)

ich eigentlich wirklich getan, um den ersten Preis auch zu verdienen? Das Einzige, was ich getan hatte, war, nicht aus dem Sattel zu fallen und damit mich oder Chubby zu blamieren. Nicht ich hatte in Wahrheit das blaue Band gewonnen, sondern das Pferd. Ich blickte zum Band, das ich an den Lampenschirm gesteckt hatte, und schämte mich plötzlich.

Am nächsten Morgen stand ich früh auf. Ich zog mich schnell an und schlich aus dem Haus zu den Ställen. Ich steckte das blaue Band an die Wand von Chubbys Box und kraulte seinen Nacken, während er meine Taschen nach den Zuckerwürfeln absuchte, die er so sehr liebte. Auf einmal wurde mir klar, dass dem Pferd alle Bänder, in welcher Farbe auch immer, gleichgültig waren. Er wollte lieber etwas zu fressen. Chubby lief gestern nicht, um zu gewinnen, sondern weil er es liebte, in vollem Galopp zu rennen. Er genoss einfach die Herausforderung und den Spaß am Spiel.

Mit neuem Respekt vor ihm holte ich einen Sack Hafer und ließ ihn fressen so viel er wollte. Während er genüsslich fraß, holte ich den Striegel heraus und bürstete ihn gründlich. Diesem großartigen Pferd verdankte ich mein blaues Band, aber noch wichtiger war, dass Chubby mir gezeigt hatte, was es bedeutet, sich mit Körper und Seele dem hinzugeben, was man tut.

Mein Herz öffnete sich noch einmal und ich schwor, dafür zu sorgen, dass Chubby seinen Preis bis zum Ende seiner Tage in einer Währung ausbezahlt bekam, mit der ein Pferd etwas anfangen kann: Hafer, Zucker, Striegeln, Wettrennen – und viel Liebe.

Larry Paul Kline

Was man von Liebesvögeln
für das Leben lernen kann

Vor nicht allzu langer Zeit schlenderte ich zusammen mit meinem Mann kurz vor Ladenschluss durch eine Einkaufspassage. Als wir an einer Zoohandlung vorbeikamen, folgten wir einem spontanen Impuls und betraten den Laden. Wir gingen an Hunde- und Katzenkäfigen und an den Schildkröten vorbei und erblickten schließlich etwas, was uns auf der Stelle in den Bann zog: ein Paar Sperlingspapageien* mit pfirsichfarbenem Gesicht. Im Gegensatz zu den anderen Liebesvögeln in den Nachbarkäfigen wirkte dieses Paar wirklich »verliebt«. Als wir die beiden Vögel beobachteten, schnäbelten und knuddelten sie die ganze Zeit über miteinander. Im Laufe der nächsten Tage musste ich immer wieder an diese beiden fröhlichen Vögel denken. Ich bewunderte ihre Hingabe und fühlte, wie sehr mich ihre Anwesenheit inspirierte.

Offenbar hatten diese Vögel auf meinen Mann die gleiche Wirkung, denn kurz darauf kam er eines Abends spät von der Arbeit mit einem wunderschönen Vogelkäfig nach Hause, in dem sich diese beiden außergewöhnlichen Geschöpfe befanden. Er stellte sie einfach als unsere neuen Familienmitglieder vor. Tagelang überlegten wir nun Namen von berühmten Paaren, die wir ihnen geben konnten. Wir dachten an Ricky und Lucy, George und Gracie, bis hin zu Fred und Wilma. Schließlich entschieden wir uns jedoch für Ozzie und Harriet**, weil sie uns an jene einfacheren Tage erinnerten, als sich zwei Menschen noch wirklich aufeinander einließen und ihre Liebe und ihr Zusammenleben ihren ganzen Lebensstil prägten.

---

* englisch. Lovebird (»Liebesvögel«). (Anmerkung des Übersetzers.)
** Die Hauptpersonen der beliebten US-Fernsehserie »Ozzie und Harriet« aus den Fünfzigerjahren. (Anmerkung des Übersetzers.)

Diese Überlegungen im Hinterkopf, beobachtete ich unsere Liebesvögel und machte die folgenden Entdeckungen im Hinblick auf das Leben und die Liebe:

1. Wenn du zu viel in den Spiegel schaust, kannst du leicht aus dem Gleichgewicht geraten.
2. Bewahre immer Haltung, auch wenn dein Käfig dringend sauber gemacht werden müsste.
3. Wenn dein Gefährte mit zu dir auf die Stange will, rutsch zur Seite.
4. An die wirklichen Genüsse im Leben kommst du nur, wenn du vorher ein paar harte Schalen aufknackst.
5. Zum Kuscheln gehören immer zwei.
6. Manchmal kann dein Gefährte etwas in deinem Gefieder entdecken, was du noch gar nicht gemerkt hast.
7. Singen erntet mehr Zuneigung als Kreischen.
8. Erst wenn deine Federn zerzaust sind, zeigt sich deine wahre Schönheit.
9. Zu viel Spielzeug lenkt nur ab.
10. Wenn du Liebe im Herzen trägst, sind alle gern mit dir zusammen.

Vickie Lynne Agee

3

Tiere als Heiler

Ein kleiner Hund, der dir das Gesicht leckt,
ist der beste Psychiater der Welt.

Bernard Williams

Dem anderen Mut machen

Das ist Mut … unerschütterlich das
zu ertragen, was das Schicksal bringt.
Euripides

Mark war fast elf Jahre, ein schmächtiger Junge mit hängenden Schultern, als er Mojo zum ersten Mal zusammen mit seiner Mutter in die Tierklinik brachte, in der ich arbeitete. Die ausgebeulte Kleidung ließ seine Gestalt noch kleiner erscheinen als sie war, und unter einer abgewetzten Baseballmütze schauten aufgeweckte blaue Augen hervor. Es war klar, dass wir zuerst Marks Vertrauen gewinnen mussten, bevor wir irgendetwas für seinen Hund tun konnten. Mojo war zu diesem Zeitpunkt fast neun und damit ziemlich betagt für einen schwarzen Labrador, jedoch nicht zu alt, um noch Freude am Leben haben zu können. Dennoch sah es im Moment aus, als habe Mojo all seinen Schwung verloren.

Mark hörte aufmerksam zu, als der Tierarzt seinen Hund untersuchte. Er beantwortete Fragen und stellte selbst welche, während er die ganze Zeit über nervös eine blonde Haarsträhne, die aus seiner Mütze hing, aus dem Gesicht wischte. »Mojo wird wieder gesund, nicht wahr?«, brach es aus ihm heraus, als der Arzt gerade gehen wollte. Es gab keine Garantien, aber wenn die Blutuntersuchung erst einmal abgeschlossen war, würde der Arzt genauere Aussagen über Mojos Zustand treffen können. Mojo war an Leber und Nieren erkrankt, und zwar im fortgeschrittenen und letztlich tödlichen Stadium. Mit guter Fürsorge würde er noch eine Weile lang schmerzfrei leben können, aber er würde eine besondere Diät einhalten, Medikamente nehmen und regelmäßig zu Untersuchungen kommen müssen. Der Doktor und ich wussten aus Erfahrung, dass die finanzielle Seite immer ein großes Problem darstellte, aber in dem Moment, als Euthanasie ins Gespräch kam, unterbrach uns Marks Mutter mit den Worten. »Wir lassen Mojo nicht einschläfern.« Sie zahlte sofort die Rechnung und Mutter und Sohn führten ihren alten Hund behutsam nach draußen zum Auto, ohne sich noch einmal umzudrehen.

Wir hörten mehrere Wochen lang nichts von ihnen, aber dann waren sie eines Tages wieder da. Sie sagten, Mojo sei krank gewesen. Er hatte viel Gewicht verloren und wirkte völlig teilnahmslos. Als ich Mojo nach hinten in den Behandlungsraum führte, blockierte plötzlich Marks kleiner Körper den Weg.

»Ich muss mit ihm gehen – er braucht mich«, sagte der Junge mit fester Stimme.

Ich wusste nicht, wie Mark all die Nadeln und all das Blut verkraften würde, aber ansonsten sprach nichts dagegen, dass er mit nach hinten kam. Zu meiner Überraschung verhielt sich Mark so, als hätte er alles schon hundertmal vorher gesehen.

»Oh, du bist so ein tapferer alter Junge, Mojo«, flüsterte Mark, als der Katheter in Mojos Vene eindrang. Selten zuvor hatten wir einen ähnlich kooperativen Patienten. In unbequemen Situationen bewegte er nur ein wenig seinen Kopf, so als ob er uns daran erinnern wollte, dass er noch da war. Die kleine weiße Hand, die ohne Unterlass tröstend über seine grauhaarige Kehle strich, schien ihm Kraft zu geben.

Dieses Szenario sollte sich in Zukunft noch oft wiederholen. Wir stabilisierten Mojos Gesundheit einigermaßen, schickten ihn nach Hause, er wurde erneut krank, und Mutter und Sohn brachten ihn wieder zu uns. Und wie auch immer wir Mojo behandelten, Mark war ständig anwesend, er stellte Fragen und ermahnte uns, vorsichtig zu sein. Vor allem aber ermutigte er seinen alten Freund und sorgte dafür, dass es ihm so gut wie möglich ging.

Ich machte mir manchmal Sorgen, ob es Mark nicht überforderte, alles mit ansehen zu müssen, aber jede Andeutung, ob er nicht lieber draußen warten wolle, wurde rundweg abgelehnt. Mojo brauche ihn.

Eines Tages sprach ich Marks Mutter an, während ihr Sohn gerade in einem anderen Zimmer war. »Sie wissen, dass sich Mojos Zustand zunehmend verschlechtert. Haben Sie jemals darüber nachgedacht, wie lange Sie die Behandlung noch fortsetzen wollen? Das Ganze scheint an Mark nicht spurlos vorüberzugehen.«

Marks Mutter hielt einen Moment inne. Dann blickte sie mich an und sprach mit fester, entschlossener Stimme: »Mojo ist schon bei uns, seit Mark noch ein Baby war. Sie sind zusammen aufgewachsen und Mark liebt ihn jenseits aller Vernunft. Aber das ist noch nicht alles.«

Sie atmete tief durch und schaute für einen kurzen Moment weg. »Vor zwei Jahren wurde bei Mark Leukämie festgestellt. Er hat gegen diese Krankheit gekämpft und gute Chancen, wieder vollständig gesund zu werden. Er spricht jedoch niemals darüber. Er lässt die Tests und Behandlungen über sich ergehen, als seien sie nicht real und geschähen einem anderen. Was Mojo angeht, so kann er Fragen stellen, und das ist wichtig für Mark. Wir werden daher so lange um Mojo kämpfen, wie er es will.«

Die nächsten paar Wochen sahen wir das kleine Trio ziemlich häufig. Marks abrupte Fragen und Beobachtungen, die uns früher eher gestört hatten, bekamen nun eine neue Bedeutung, und wir erklärten ihm ausführlich jede Handlung schon während wir sie ausführten. Wir fragten uns, wie lange Mojo noch so weitermachen konnte. Ein geduldigerer und gutwilligerer Patient war nur schwer vorstellbar, aber der Labrador war inzwischen schrecklich dünn und schwach. Alle Mitarbeiter der Klinik machten sich große Sorgen, ob Mark das Unausweichliche wohl verkraften würde.

Irgendwann kam der Tag, an dem Mojo vor dem geplanten Behandlungstermin zusammenbrach. Es war ein Samstag, an dem sie ihn eilig hereinbrachten. Der Warteraum war überfüllt und so trugen wir Mojo ins Hinterzimmer und legten ihn auf ein paar dicke Decken, während Mark wie immer an seiner Seite blieb. Ich verließ das Zimmer, um einige Dinge zu holen, und als ich ein paar Minuten später zurückkam, stand Mark weinend am Fenster, die Fäuste in den Achselhöhlen vergraben. Ich wollte ihn nicht stören und so schlich ich lautlos aus dem Zimmer. Bis jetzt war er so tapfer gewesen. Als ich später mit seiner Mutter zurückkehrte, kniete er ausgeheult an Mojos Seite. Seine Mutter setzte sich neben ihn und legte ihren Arm um seine Schulter. »Na, wie geht es euch«, fragte sie mit sanfter Stimme.

Mark überhörte ihre Frage und sagte: »Mom, Mojo stirbt, nicht wahr?«

»Oh, Liebling…«, ihre Stimme stockte und Mark sprach weiter, so als hätte sie ihm nicht geantwortet.

»Ich meine, all die Säfte und Pillen, helfen sie überhaupt noch?« Er schaute uns an, als wolle er von uns eine Bestätigung seiner Zweifel. »Wenn nicht«, er schluckte schwer, »dann sollten wir ihn einschläfern.«

Natürlich blieb Mark bei Mojo bis zum Ende. Er stellte Fragen, um sich selbst zu beruhigen, ob es auch wirklich das Beste für Mojo sei und sein Hund auch wirklich keine Schmerzen oder Angst dabei habe. Immer wieder strich er über Mojos Kopf, bis dieser schließlich zum letzten Mal in seinen Schoß fiel. Als Mark fühlte, wie Mojos letzter Atemzug den dünnen Rippen entwich, und als er sah, wie die gütigen braunen Augen seines geliebten Hundes verblassten, schien er alles um sich herum zu vergessen. Er weinte ohne Zurückhaltung und beugte sich über Mojos lebloses Körper, während er langsam seine Mütze abnahm. Erschrocken erblickte ich die Auswirkungen der Chemotherapie, im krassen Gegensatz zu seinem jugendlichen Gesicht. Wir überließen ihn seinem Kummer.

Mark hatte uns nie etwas von seiner eigenen Krankheit oder seinen eigenen Gefühlen auf Mojos Leidensweg erzählt, aber als seine Mutter einige Monate später anrief, weil sie ein paar Fragen zu einem Welpen hatte, den sie kaufen wollte, fragte ich sie, wie es ihm ginge.

»Wissen Sie«, sagte sie daraufhin, »es war eine schreckliche Zeit für ihn, aber seit Mojos Tod hat Mark angefangen, über seinen eigenen Zustand zu sprechen. Er stellt Fragen und versucht mehr über seine eigene Situation in Erfahrung zu bringen. Ich glaube, Mark hat dadurch, dass er sich so sehr um den todkranken Mojo gekümmert hat, viel Kraft und Mut gewonnen, um für sich selbst kämpfen und seinem eigenen Leid ins Auge sehen zu können.«

Ich hatte immer geglaubt, Mark sei wegen Mojo tapfer gewesen. Aber wenn ich mich an die ruhigen, vertrauensvollen Augen und den freundlich wedelnden Schwanz erinnere, der sich immer hin und her bewegte, egal wie schlecht es dem Hund ging, habe ich eher den Eindruck, dass Mojo wegen Mark tapfer gewesen ist.

Roxanne Willems Snopek Raht

Therapeutisches Reiten

Eines Morgens lag ich im Bett und beobachtete die Spatzen im Vogelhäuschen vor dem Fenster, wie sie immer wieder angeflogen kamen, pickten und davonflogen. Da ich multiple Sklerose hatte, eine Krankheit, die die Muskelkontrolle zerstört, konnte ich kaum meinen Kopf anheben. *»Ich wünschte, ich könnte mit euch in die Luft fliegen«*, dachte ich traurig. Mit 39 Jahren hatte ich das Gefühl, der freudvolle Teil meines Lebens sei nun vorbei.

Ich war immer gerne draußen im Freien gewesen. Wir lebten in Colorado Springs und mein Mann Dan und ich liebten es, lange Spaziergänge von unserem Haus aus in die nähere Umgebung zu unternehmen. Aber als ich Mitte 20 war, fingen oft nach unseren Wanderungen meine Gelenke an zu schmerzen. Anfangs dachte ich, es handele sich lediglich um Muskelkater.

Nachdem wir die 11-jährige Jenny und die 13-jährige Becky adoptiert hatten, erfüllte mich die Mutterschaft mit neuem Leben. Aber so sehr ich mich auch bemühte, die beste Mutter von allen zu sein, nach meiner täglichen Arbeit als Entspannungstherapeutin hatte ich keine Kraft mehr und musste mich fast ständig aufs Sofa legen. Ich war zu müde, um den Mädchen bei der Hausarbeit zu helfen, und dachte, dass es zu anstrengend für mich war, gleichzeitig Mutter zu sein und zu arbeiten.

Dann kam der Morgen, an dem ich vergeblich versuchte, den Kaffeebecher in die Hand zu nehmen: Mein Arm war taub! *»Was geht hier vor?«*, dachte ich im Alarmzustand. Einer der Ärzte, die ich aufsuchte, verschrieb mir schmerzstillende Mittel gegen Schleimbeutelentzündung, ein anderer diagnostizierte entzündete Sehnen.

Eines Tages ging ich gerade mit meinen Töchtern spazieren, als meine Beine versagten. »Mama, was ist los mit dir?«, fragte Becky, die inzwischen 17 war, bestürzt. »Ich muss wirklich schrecklich müde sein«, witzelte ich, denn ich wollte die Mädchen nicht beunruhigen. Dennoch machte ich mir jetzt große Sorgen um meinen Gesundheitszustand. Auf Dans Drängen hin suchte ich einen Neurologen auf.

»Sie haben multiple Sklerose«, erzählte er mir, ohne um den heißen Brei herumzureden.

Mir schoss sofort ein Slogan in den Kopf, den ich irgendwann einmal gehört hatte: »MS verkrüppelt junge Erwachsene. *»Oh nein, bitte nicht!«* Eine große Angst überfiel mich. Mit Tränen in den Augen fragte ich: »Wie schlimm wird es werden?«

»Das können wir nicht mit letzter Gewissheit sagen«, meinte der Neurologe. »Aber irgendwann kann es sein, dass sie im Rollstuhl sitzen.«

»Wie werde ich nur für mich und meine Familie sorgen können?«

Diese angstvolle Frage spukte mir die nächsten Wochen und Monate im Kopf herum. Im Laufe der Zeit konnte ich nur noch gehen, indem ich ein Knie durchdrückte und das steife Bein mithilfe der Hüftmuskulatur nach vorne drehte. Dann gab es Zeiten, in denen ich meine Beine nicht mehr fühlte und keine Kontrolle über sie hatte. Ich konnte meine Hände kaum noch bewegen, bis mir schließlich sogar die einzelnen Finger ihren Dienst versagten.

»Es ist schon in Ordnung, Mama, wir können dir im Haus helfen«, sagten die Mädchen und taten es auch.

Aber *ich* wollte mich doch um *sie* kümmern. Stattdessen konnte ich mich am Morgen nur mühsam selbst anziehen und ein bisschen Geschirr waschen, bis ich wieder erschöpft ins Bett fiel.

An dem Morgen, als ich die Vögel beobachtete und mir wünschte, wie sie davonfliegen zu können, war mir ganz schwer ums Herz. Ich hatte immer weniger Hoffnung, dass sich mein Gesundheitszustand jemals verbessern würde.

Da kam Dan mit strahlenden Augen ins Zimmer. »Liebling«, sagte er, »ich habe etwas Erstaunliches im Radio gehört.« Ein Gestüt in der Nähe bot therapeutisches Reiten an. Die Technik, über die berichtet wurde, sollte bei vielen schmerzhaften Krankheiten helfen, auch bei MS:

»Ich meine, du solltest es mal versuchen«, sagte er.

Reiten als Therapie? Das klang unmöglich. Dennoch schien die Möglichkeit irgendwie verlockend, denn ich hatte Reiten als Kind in Iowa immer sehr geliebt. *»Und wenn es mich auch nur aus dem Bett herausbringt, lohnt es sich schon.«*

»Ich werde bestimmt runterfallen«, spaßte ich einige Tage später, als Dan mir half, auf Krücken zum Pferdestall zu gehen. Ich kam nicht allein aufs Pferd, aber als ich die Zügel ergriff und meine Kreise in der Reitbahn zog, entspannte sich mein Körper.

»Es fühlt sich großartig an«, triumphierte ich. Als mein Ritt vorüber war, konnte ich es gar nicht abwarten, erneut auf dem Rücken eines Pferdes zu sitzen.

Jedes Mal wenn ich im Sattel saß und ritt, fühlten sich meine

Hüften und Schultern lockerer und entspannter an. Ich merkte, dass irgendetwas mit mir geschah. Zu Hause fühlte ich mich nicht mehr ohne Hoffnung. Glücklich stellte ich fest, dass ich auch nicht mehr die ganze Zeit über müde war.

Eines Nachmittags bat ich die Leute im Reitstall, mich ohne Sattel reiten zu lassen, genauso wie ich es als Kind getan hatte. Als ich über die Wiesen galoppierte und der Wind meine Haare nach hinten warf, dachte ich: »*Das erste Mal seit Jahren fühlst du dich frei!*«

Als mir Dan hinterher vom Pferd half, hatte sich irgendetwas verändert.

»Ich kann meine Beine wieder spüren«, sagte ich nach Atem ringend zu Dan. Dan sah erstaunt zu, wie ich ein Bein anhob und dann vorsichtig wieder auf den Boden stellte.

Es hatte 30 Minuten gedauert, bis ich auf den Krücken vom Auto bis zum Stall gelaufen war. Der Weg zurück dauerte weniger als drei Minuten – und Dan trug die Krücken!

»Du hast es geschafft!«, jubelte er. Freudentränen standen mir in den Augen.

Bald darauf kamen meine Töchter vom College zu Besuch nach Hause. Ich ging auf sie zu und umarmte sie.

»Mama, schau dich an!«, rief Becky und weinte vor Freude. Mein Herz floss über, als ich erzählte, dass mich die Pferde geheilt hätten. Meine Ärzte können sich die Wirkung des therapeutischen Reitens nicht erklären. Ich weiß nur, dass es einfach funktioniert.

Heute bin ich fast symptomfrei, wenn ich wenigstens dreimal die Woche reite. Jeden Morgen ziehe ich mich warm an und unternehme zügigen Schrittes einen langen Spaziergang. Ich atme die frische Bergluft der vertrauten Umgebung und fühle, wie mich eine große Freude durchdringt. Ich bin so dankbar, dass mir Gott mein Leben zurückgegeben hat.

Sherri Perkins
(aufgeschrieben von Bill Holton,
aus: Woman's World Magazine)

Der Zauber einer kleinen Katze

Goldfarbenes Kätzchen, du springst
auf mich zu, um einen Faden zu
erhaschen, und landest direkt in
meinem Herzen.

Lija Broadhurst

Es war spät geworden und ich fühlte mich sehr müde. Ich wollte nur noch nach Hause und schlafen. Als ich mich dem Wagen näherte, hörte ich ein *miau, miau, miau, miau…* Ich schaute unter mein Auto und sah ein süßes, kleines Kätzchen, das sich schreiend und zitternd an meinen Reifen drückte.

Ich konnte noch nie etwas mit Katzen anfangen. Ich bin ein Hundemensch. Ich bin mit Hunden aufgewachsen und Katzen haben mich immer nur genervt. Ich hasste es besonders, mich in Wohnungen aufzuhalten, in denen sich auch Katzentoiletten befanden. Ich fragte mich immer, wie die Bewohner den Gestank nur aushalten konnten. Ich mochte nicht, dass Katzen immer alles in Besitz zu nehmen schienen – ganz zu schweigen von ihren Haaren, die sie überall verteilen. Außerdem war ich ziemlich allergisch gegen Katzen. Kurz gesagt: Ich hatte noch nie in meinem Leben etwas mit Katzen zu tun.

Als ich mich aber hinkniete und diese kleine verängstigte und rot getigerte Katze unter meinem Auto hocken sah, die wie verrückt miaute, zwang mich etwas in meinem Innern dazu, die Hand auszustrecken, um sie auf den Arm zu nehmen. Sie rannte jedoch sofort weg. Ich sagte mir: *»Nun gut, du hast es wenigstens versucht.«* Aber als ich in mein Auto steigen wollte, hörte ich sie wieder miauen. Dieses Mitleid erregende Maunzen ging mir durch Mark und Bein und ehe ich mich versah, lief ich über die Straße, um nach ihr zu suchen. Als ich sie fand, rannte sie weiter. Ich fand sie wieder und wieder lief sie weg. So ging es eine ganze Weile lang. Komischerweise konnte ich sie aber auch nicht in Ruhe lassen. Schließlich gelang es mir, sie zu packen. Als ich sie in meinen Armen hielt, bemerkte ich, wie klein und niedlich sie war. Und dass sie aufgehört hatte zu miauen.

Ich vergaß meine Einstellung gegenüber Katzen und nahm sie mit ins Auto, wo das kleine Kätzchen völlig ausflippte. Es schrie und sprang so lange im Auto umher, bis es ausgerechnet auf meinem Schoß zur Ruhe kam. Ich wusste nicht, was ich mit der kleinen Katze tun sollte, und dennoch fühlte ich mich verantwortlich, sie mit nach Hause zu nehmen. Ich fuhr heimwärts und machte mir den ganzen Weg über große Sorgen, weil ich wusste, dass meine Mitbewohnerin sehr allergisch gegen Katzen war.

Ich kam sehr spät zu Hause an, setzte die kleine Katze in den Vorgarten und brachte ihr etwas Milch. Ein Teil von mir hoffte, sie bei Tagesanbruch nicht wieder zu sehen. Aber am anderen Tag war sie immer noch da und so nahm ich sie mit zur Arbeit. Glücklicherweise hatte ich einen sehr verständnisvollen Chef, besonders was Tiere anbelangte. Einmal hatten wir wochenlang einen verletzten Spatzen im Büro, den er gefunden und wieder aufgepäppelt hatte. Da ich den ganzen Tag arbeiten musste, versuchte ich jemanden zu finden, der auf das Kätzchen aufpassen konnte, aber alle Katzenliebhaber waren an diesem Tag ausgebucht.

Ich wusste immer noch nicht, was ich mit der kleinen Katze anfangen sollte, und so nahm ich sie nach der Arbeit mit, um ein paar Besorgungen zu machen. Im Auto bekam sie wieder Angst und verkroch sich diesmal unter dem Sitz. Nachdem ich alles erledigt hatte, fuhr ich noch zu meinen Eltern.

Vor nicht allzu langer Zeit wurde bei meinem Vater Prostatakrebs festgestellt. Er hatte sich einer Hormonbehandlung unterzogen und die Ärzte glaubten, dass er die Krankheit gegenwärtig im Griff hatte. Ich besuchte meinen Vater so oft ich nur konnte.

An diesem Nachmittag parkte ich das Auto direkt vor meinem

Elternhaus. Ich versuchte gerade die kleine Katze unter dem Sitz hervorzulocken, als sie plötzlich aus dem Auto sprang und sich in den Nachbarbüschen versteckte. Es gab zu viele Büsche in der Nachbarschaft, als dass es Sinn gemacht hätte, lange nach ihr zu suchen. Ich war ein wenig traurig und tröstete mich damit, dass in dieser Gegend viele Familien mit Kindern wohnten. *»Bestimmt findet sie hier schnell ein neues Zuhause«*, redete ich mir ein.

Um ehrlich zu sein, war ich auch ein wenig erleichtert, denn ich wusste nicht, was ich mit ihr anfangen sollte. Also besuchte ich einfach meine Eltern und bat sie im Weggehen, mich anzurufen, falls die kleine Katze wieder auftauchen sollte. Ich würde dann vorbeikommen und sie abholen. Ich neckte meinen Vater noch mit der Bemerkung: »Natürlich kannst du sie auch behalten, wenn du willst.« – »Nicht für alles in der Welt.« Dad war an keinem Haustier interessiert und schon gar nicht an einer Katze.

Als ich nach Hause kam, hatte mir mein Vater bereits auf den Anrufbeantworter gesprochen. Die kleine Katze war tatsächlich wieder aufgekreuzt und hatte sich direkt vor seine Haustür gesetzt! Er sagte, er habe sie ins Haus geholt und es ginge ihr gut, aber könnte ich nicht morgen vorbeikommen und sie abholen? Meine Stimmung sank. *»Was mache ich bloß mit dieser Katze?«*, dachte ich. Ich konnte es nicht übers Herz bringen, sie ins Tierheim zu stecken, und gleichzeitig war ich mir sicher, dass meine Mitbewohnerin nicht scharf darauf war, wegen eines Asthmaanfalls ins Krankenhaus zu müssen, der von einer Katze verursacht wurde. Ich sah einfach keine Lösung.

Ich rief meinen Vater am nächsten Tag an und versprach, vorbeizukommen und das Kätzchen zu holen. Überraschenderweise meinte er, ich müsse mich nicht beeilen. Er sei losgezogen und habe eine Katzentoilette (oh nein!) gekauft, dazu noch Katzenfutter und einen kleinen Napf. Ich war erstaunt und dankte ihm für seine Großzügigkeit. Er erzählte mir, welchen Charakter er bei dem Kätzchen beobachtet hätte und wie sie spät am Vorabend noch kreuz und quer über den Fußboden geflitzt sei. Ich hörte ihm mit offenem Mund zu. Der absolute Höhepunkt war, als er meinte, dass »Kitty«, nachdem er sich schlafen gelegt hatte, auf sein Bett gesprungen sei und sich auf seinem Bauch zusammengerollt hätte.

»Und das hast du zugelassen?«, fragte ich erstaunt.

»Ja, natürlich. Ich habe sie gestreichelt und konnte ihr Herz schlagen hören«, antwortete er im liebevollen Tonfall. »Also lass dir ruhig Zeit, ein neues Zuhause für sie zu finden. Sie kann solange bei mir bleiben.«

Ich war vollkommen platt. Ausgerechnet mein Vater, der immer aufgepasst hat, dass die Hunde draußen blieben, hat mit einem schnurrenden Kätzchen auf seinem Bauch geschlafen. Und das in seinem Bett!

Im Laufe der Wochen wurde Dad immer schwächer. Sein Krebs war wieder aufgebrochen. Aber immer, wenn ich ihn anrief, erzählte er mir nur, wie niedlich die kleine Katze sei, wie putzig sie umherflitzte, wie laut ihr Herz schlug und wie sie ihm überallhin nachlief. Und wenn ich bei ihm zu Besuch war, hörte ich, wie mein Vater nach ihr rief, und sah, wie er sie auf seinen Schoß springen ließ, um sie zu streicheln, mit ihr zu reden und ihr zu sagen, wie gern er sie hatte.

»Dad, bist du nicht eigentlich allergisch gegen Katzen?«, hatte ich ihn einmal gefragt, als er gerade sein Taschentuch nach einem seiner berüchtigt lauten Niesanfälle eingesteckt hatte. Er zuckte nur mit den Schultern und grinste verschmitzt.

Je kränker er wurde, desto weniger konnte er sich schmerzfrei bewegen. Umso mehr genoss er es, wenn Kitty auf seinem Bauch lag. Er streichelte sie dann und sagte; »Hör nur, wie ihr Herz schlägt. Sie ist ein gutes Kätzchen, eine gute Kitty.« Wir alle wunderten uns über Dads aufrichtige Zuneigung für dieses kleine Katzentier.

Kitty zog meinen Vater und mich voll in ihren Bann. Obwohl Dad immer gegen Tiere im Haus gewesen ist, gelang es der kleinen

Katze, ihn zu verzaubern und zum größten Trost in seinen letzten Tagen zu werden. Und was machte sie mit mir? Kitty öffnete mir die Augen für das Wunder und Mysterium des Lebens. Sie lehrte mich, auf mein Herz zu hören, auch wenn mein Kopf Nein sagte. An jenem Abend, an dem ich Kitty von der Straße auflas, wusste ich nicht, dass ich nur eine Vermittlerin war – ein unwissender Kurier, der einen wunderbaren und so dringend benötigten Freund gebracht hat.

Lynn A. Kerman

Die goldenen Jahre

Mein bester Freund Cocoa und ich leben in einem Altenpflegeheim in einer wunderschönen kleinen Stadt. Cocoa ist ein zehnjähriger Pudel und ich bin eine 96-jährige alte Dame – wir bringen also beide die besten Voraussetzungen mit, um zusammen in einem Haus für ältere Einwohner zu leben.

Vor Jahren schon hatte ich mir vorgenommen, mir einen schokoladenfarbenen Pudel zuzulegen, wenn ich mich zur Ruhe setze, damit er mir am Lebensabend Gesellschaft leistet. Von Anfang an war Cocoa außergewöhnlich gut erzogen. Ich musste ihm nichts zweimal sagen. Er war nach drei Tagen stubenrein und hat nie irgendetwas angestellt. Außerdem ist er extrem ordentlich. Wenn er mit seinen Spielzeugen gespielt hat, legt er sie hinterher immer wieder in die Spielzeugkiste zurück. Da ich in dem Ruf stehe, zwanghaft ordentlich zu sein, wusste ich nicht, ob er mich nur imitierte oder ob er die gleichen Anlagen mit auf die Welt gebracht hat.

Cocoa ist ein wunderbarer Kamerad. Wenn ich ihm einen Ball zuwerfe, fängt er ihn mit der Schnauze auf und wirft ihn zu mir zurück. Manchmal spielen wir ein Spiel, das ich schon als Kind gespielt habe, jedoch noch nie mit einem Hund. Er legt seine Pfote auf meine Hand, ich lege meine andere darüber, und er legt seine zweite Pfote oben auf. Ich ziehe dann meine unterste Hand aus dem Haufen und lege sie nach oben und so weiter. Cocoa kann viele Kunststücke, die mich zum Lachen bringen. Und wenn er sieht, wie ich mich über seine Tricks freue, ist er selbst so fröhlich, dass er gar nicht mehr damit aufhört. Ich genieße seine Anwesenheit sehr.

Vor fast zwei Jahren tat Cocoa jedoch etwas, das nicht so leicht zu verstehen ist. War es ein Wunder oder nur Zufall? Diese Frage bleibt wohl immer unbeantwortet.

Eines Nachmittags fing Cocoa an, sich merkwürdig zu benehmen. Ich saß auf dem Fußboden und spielte mit ihm, als er auf einmal mit seiner Pfote gegen meine rechte Brustseite schlug und dort aufgeregt schnüffelte. So etwas hatte er noch nie zuvor getan und ich sagte zu ihm: »Nein.« Normalerweise genügte bei Cocoa ein Nein, aber an diesem Tag ließ er sich dadurch nicht von seinem Verhalten abbringen. Er hielt kurz inne und rannte dann von der gegenüberliegenden Zimmerseite auf mich zu, um sein gesamtes Gewicht – 18 Pfund – gegen meine rechte Brustseite zu werfen. Er stieß mit mir zusammen und ich schrie auf vor Schmerz. Der Zusammenprall war schmerzhafter, als er eigentlich hätte sein dürfen.

Kurz darauf fühlte ich eine Verhärtung in der rechten Brustseite. Ich ging zu meinen Ärzten und nachdem sie mich gründlich untersucht hatten, teilten sie mir mit, dass ich an Krebs erkrankt sei.

Im Anfangsstadium von Krebs bildet sich aus unbekannten Gründen eine Wand aus Kalzium um den Krankheitsherd, an die sich die kranken Zellen dann anheften. Als Cocoa mich mit voller Wucht ansprang, löste sich das Krebsgeschwür von der Kalziumwand. Erst dadurch war ich in der Lage, es überhaupt zu bemerken. Vorher konnte ich es weder sehen noch fühlen, sodass ich keine Chance hatte, den beginnenden Krebs wahrzunehmen.

Mir musste zwar eine Brust abgenommen werden, aber der

Krebs hatte zum Glück noch nicht auf andere Körperteile übergegriffen. Die Ärzte meinten, dass ich ein halbes Jahr später schon keine Überlebenschance mehr gehabt hätte.

Wusste Cocoa, was er tat? Ich werde es niemals wirklich wissen. Ich bin nur froh, dass ich mir gelobt hatte, meine goldenen Jahre mit diesem wunderbaren schokoladenfarbenen Pudel zu verbringen – denn Cocoa teilt nicht nur sein Leben mit mir, er hat auch dafür gesorgt, dass ich weiterhin mein Leben mit ihm teilen kann.

Yvonne A. Martell

Mit Delfinen schwimmen

Zweieinhalb Jahre nach zwei schweren Schlaganfällen meinten meine Ärzte und Therapeuten: »Mit diesem Zustand müssen Sie sich abfinden.« Die meisten Menschen, die schwere Herzattacken überlebt haben, hören diese Worte zu irgendeinem Zeitpunkt. Die Patienten glauben ihren Ärzten früher oder später und ebenso die Menschen in ihrer unmittelbaren Umgebung. Als ich diesen Satz hörte, war ich 44 Jahre alt und einseitig gelähmt. Ich konnte meinen linken Arm und mein linkes Bein nicht mehr bewegen. Ich redete mir ein, dass ich Glück gehabt hatte, noch am Leben zu sein, und begann mich zusammen mit meinem Mann, meinen Kindern und meinen Eltern daran zu gewöhnen, dass ich für den Rest meines Lebens nur noch begrenzt funktionsfähig sein würde. Sie alle hatten mir während der Therapie großartig geholfen und ich war ihnen sehr dankbar für ihre wundervolle emotionale Unterstützung.

Ich widersetzte mich zwar den Worten der Ärzte, aber in gewisser Weise schaffte ihre Diagnose auch Klarheit, denn ich wusste nun sehr gut, in welchem Bereich meine Möglichkeiten lagen. Ich war zufrieden, wenn auch nicht glücklich, und führte ein angenehmes Leben ohne unvorhersehbare Ereignisse.

Deshalb war ich überhaupt nicht darauf vorbereitet, als meine Eltern plötzlich nach Florida umzogen, und mir aufgeregt erzählten, dass sie wieder Kontakt zu unseren alten Nachbarn vor 25 Jahren aufgenommen hätten.

»Die Borgussfamilie hat in Key Largo ein Forschungs- und Trainingscenter für Delfine gegründet«, sagte meine Mutter, »und Lloyd Borguss hat dich eingeladen zu kommen und mit den Delfinen zu schwimmen.«

Ja, ich wusste, dass solche Szenarien einen guten Hintergrund für malerische Dokumentarfilme abgaben, aber für mich konnte ich mir so etwas überhaupt nicht vorstellen. Als ich merkte, dass meine Eltern es wirklich ernst meinten und wollten, dass ich die Einladung annahm, war ich völlig irritiert, denn ich versprach mir davon absolut nichts.

»Wovor hast du Angst, Rusty?«, fragte mich Lloyd Borguss am Telefon. »Du schwimmst im Salzwasser und kannst nicht untergehen. Wir arbeiten hier mit Menschen, die weder Arme noch Beine bewegen können. Du bist doch nur einseitig gelähmt.« (Zum ersten Mal hörte ich das Wort »nur« in Bezug auf meinen Zustand.) Er erklärte mir, dass Menschen, die einen schweren Schlaganfall überlebt hatten, sich seiner Meinung nach neuen Herausforderungen stellen müssten, um über ihre scheinbaren Begrenzungen hinauszugelangen. Es gelang ihm schließlich, mich zu überreden, und es dauerte nicht lange, bis meine Eltern mich abholten.

»Ich muss nicht ins Wasser gehen, wenn ich nicht will«, sagte ich mir selbst.

Ich verbrachte einen Nachmittag am Delfinbecken und beobachtete die Interaktion zwischen diesen hoch entwickelten Säugetieren und ihren Besuchern, die gekommen waren, um das Verhalten der Delfine zu studieren und mit ihnen zu schwimmen. Ich sah Delfine und Therapeuten mit behinderten Kindern zusammenarbeiten und war beeindruckt. Aber konnte ich mich noch weiterhin von meinem Rollstuhl beeindrucken lassen?

Nein! Diese unmissverständliche Botschaft kam von Lloyd, meinen Eltern und plötzlich auch von mir. Ich musste über die Begrenzungen hinausgehen, die ich mir gesetzt hatte. Keine weiteren Ausreden! Ich willigte ein, an drei Therapieeinheiten teilzunehmen und versprach, mein Bestes zu geben.

Am nächsten Morgen fuhr ich im Rollstuhl zu einer trampolinartigen Plattform unmittelbar über der Wasseroberfläche. Zwei Helfer setzten mich hinunter auf die Matte und schnallten Flossen an *beide* Füße – keine Schonzeit mehr für den »schlechten« Fuß. Sie stützten mich an beiden Seiten, als die Plattform sich langsam ins Wasser senkte. Als wir schon halb im Wasser waren, uns aber immer noch auf der Plattform befanden, setzten sie mir eine Taucherbrille und einen Schnorchel auf und hielten mich behutsam, während wir ganz ins Wasser eintauchten und zusammen von der Plattform glitten. Lloyd hatte Recht – ich ging nicht unter.

In meiner ersten Einheit habe ich mich hauptsächlich an das Wasser gewöhnt und gelernt, mich auf meine Therapeutin Christy einzustellen. Die Taucherbrille war ziemlich unbequem, sodass ich sie nach kurzer Zeit wieder abnahm. Ich ließ mich lieber auf dem Rücken treiben und tauchte mit den Ohren unter die Wasseroberfläche. Auf diese Weise konnte ich die Delfine unter mir hören. Christy erklärte mir, dass die Meeressäuger meinen Körper mit ihrem Sonar »abtasten«. Es handelt sich dabei um ein schnelles, klickendes Geräusch, das sich anhört, als ob kleine Metallkügelchen auf einen hohlen Gegenstand prasseln.

Als ich mich bewegungslos treiben ließ, stupste plötzlich von unten ein Delfin gegen meinen Rücken. Ich verlor das Gleichgewicht und verkrampfte mich völlig. Für einen Moment hatte ich Angst zu ertrinken.

»Versuch mal, längere Zeit auf dem Bauch zu liegen und durch die Taucherbrille nach unten zu schauen«, schlug Christy vor. »Auf diese Weise kannst du die Delfine schwimmen sehen.«

Ich fühlte mich jedoch im Augenblick völlig hilflos und hatte kein Interesse mehr an irgendwelchen Positionsveränderungen, sondern wollte nur noch raus aus dem Wasser.

»Bevor wir aufhören, solltest du noch etwas ausprobieren«, meinte Christy. »Greif diese schwimmenden Hanteln und streck deine Arme ganz aus. Dann kannst du mit den Flossen schwimmen, ohne deine Arme benutzen zu müssen.«

Ich hatte nichts dagegen, in jede Hand eine Hantel zu nehmen. Als ich jedoch darauf hinweisen wollte, dass meine linke Hand nicht zu gebrauchen war, sah ich, wie Christy meine Finger vorsichtig um den Griff legte, sodass ich die Hantel tatsächlich in der Hand hatte. Zum ersten Mal seit meinem Schlaganfall war mein gelähmter Arm wieder zu etwas nutze und Teil der Bewegung meines ganzen Körpers.

Die erste Therapieeinheit dauerte eine halbe Stunde. Wider Erwarten war ich hinterher nicht erschöpft. Nach dem Mittagessen und einer Ruhepause brannte ich auf eine weitere Begegnung mit meiner neuen nicht menschlichen Bekanntschaft.

Als ich nachmittags zur zweiten Sitzung ins Wasser glitt, war mein Vertrauen schon viel größer. Christy hatte einen Schnorchel und eine Taucherbrille gefunden, die mir besser passten, sodass ich mich diesmal auf den Bauch legen und mich mit ausgestreckten Armen immer länger treiben lassen konnte. Ich hielt dabei das Gleichgewicht zu beiden Seiten mit Hilfe der Schwimmhanteln.

Das Zusammensein mit den Delfinen motivierte mich sehr. Da ich sie nun sehen konnte, genoss ich ihre Nähe. Ich war erstaunt, wie sanft diese großen Geschöpfe sein konnten. Besonders beeindruckend war die totale Akzeptanz, die sie ausströmten. Obwohl sie keine Scheu vor mir zu haben schienen, kamen sie mir niemals zu nahe. Mir war, als ob sie meine Gefühle wahrnehmen und ihre Energie gezielt mit meiner Energie verbinden konnten. Ich genoss ihre Aufmerksamkeit und besonders die Interaktion mit dem Delfin Fonzie. Obwohl alle Delfine verspielt waren und elegant und mühelos durch das Wasser glitten, war Fonzie für mich doch etwas

Besonderes, denn manchmal hätte ich schwören können, in Fonzies Augen ein Lachen aufblitzen zu sehen. Es waren Momente, in denen ich dann selber lachen musste.

Meine Spielkameraden inspirierten mich so sehr, dass ich mich bald völlig wohl im Wasser fühlte. Gegen Ende der Sitzung fragte ich meine Mutter, die uns zuschaute, ob mein linkes Bein meinen Bewegungs»befehlen« gehorchte. Sie gestikulierte aufgeregt und forderte mich auf, selbst nachzusehen. Ich drehte mich um und stellte fest, dass sich mein Bein seitlich bewegte. Die Bewegung war sehr schwach, aber sie bedeutete, dass mein Gehirn und mein Bein wieder miteinander kommunizierten. Ich konnte es kaum glauben.

Ich schwöre, dass Fonzie am Ende der Sitzung gegrinst und damit seinen Anteil an meinem Erfolg beansprucht hat.

Als ich in mein Motelzimmer zurückkehrte, fühlte ich mich so »aufgetankt«, so voller Energie, dass ich nicht ruhig bleiben konnte. Das alte Ich wollte es sich dort bequem machen, wo es war, aber das neue Ich wollte nach draußen und sich den Wind um die Nase wehen lassen. Als ich wieder im Freien war, fühlte ich mich immer noch voll von Energie. Ich wollte nicht nur den Wind spüren, ich wollte hinunter zur Bucht.

Ich fuhr mit dem Rollstuhl in Richtung Wasser. *»Mein Gehirn und mein Bein kommunizieren miteinander!«*, sagte ich mir wieder und wieder. Wenn ich schon schwimmen konnte, war ich auch in der Lage, noch ganz andere Sachen auszuprobieren.

»Glaubst du das wirklich?«, fragte ich mich. Als Antwort kam ein unerwartetes, einstimmiges *»Ja!«*.

Bevor ich es mir anders überlegen konnte, hielt ich an und drückte mich mit beiden Armen aus dem Rollstuhl. Die Bucht war ungefähr 100 Meter entfernt und es führte nur ein unebener Kiesweg dorthin. Ich ergriff meine Krücken – und ging los.

Meine Eltern, die denselben Weg ein wenig später nahmen, fanden meinen leeren Rollstuhl am Wegesrand. Zu Tode erschreckt stürmten sie vorwärts und waren in großer Angst, in welchem Zustand sie mich vorfinden würden.

Sie konnten es kaum fassen, mich erhobenen Hauptes spazieren gehen zu sehen. Während ich zurück auf mein Zimmer ging, schoben sie den leeren Rollstuhl. Noch nie war ich seit meinen Schlaganfällen so weit gelaufen. Ich fühlte mich, als ob ich den Bostonmarathon gewonnen hatte!

Die dritte Einheit mit den Delfinen war noch besser als die zweite. Mein Bein ließ sich immer mehr bewegen und ich war in der Lage, die Spasmen in meinen Gelenken zu kontrollieren, was in den vorangegangenen Sitzungen noch ein Problem darstellte. Der Höhepunkt war, als Fonzie mit Christy und mir um die Wette schwamm, während Christy mich durch das Schwimmbecken zog. »Siehst du? Ich wusste, dass du es kannst«, rief sie begeistert.

Ich fühlte keinerlei Angst mehr, als mehrere Delfine kamen und mich anstupsten. Christy meinte, dass sie mir damit zeigen wollten, dass ich willkommen war. Ich konnte mir nicht mehr vorstellen, einmal Angst vor diesen großartigen Geschöpfen gehabt zu haben. Ihre Akzeptanz und ihre Spielfreude öffneten mir das Herz, sodass ich wieder mit Freude auf all das blicken konnte, was das Leben zu bieten hat. Ich fühlte mich rundum erneuert.

Als meine drei Therapieeinheiten vorbei waren, kehrte ich nach Hause zu meiner Familie zurück. Ich war voller Energie und Enthusiasmus und hatte großes Vertrauen in mich und meine physischen Fähigkeiten. Ich besaß wieder die Kontrolle über meine Gliedmaßen, an die wir alle schon nicht mehr geglaubt hatten.

Für die Verbesserung meines Zustandes gab es keine medizinische Erklärung und dennoch war sie real und umfasste mehr als meinen physischen Körper. Indem die Delfine mich völlig akzeptierten, halfen sie mir, mich selbst anzunehmen und so zu lieben, wie ich bin. Ich hatte meine Angst überwunden und war über meine scheinbaren Begrenzungen hinausgegangen. Und dies hatte grundlegende Auswirkungen auf jeden Aspekt meines Lebens.

Gleich nach meiner Rückkehr aus Florida habe ich mir ein Spezialfahrrad gekauft, mit dem ich regelmäßig fahre. Ich habe mich außerdem für das Reiten angemeldet und als Teilnehmer an einem speziellen Segelprogramm für Menschen mit Behinderungen vormerken lassen.

Ich bin entschlossen, mir nie wieder Grenzen zu setzen. Immer wenn ich Gefahr laufe, meinen Ängsten nachzugeben oder einfach nur in dem bequemen Trott zu bleiben, stelle ich mir den grinsenden Fonzie vor, der mich antreibt und über die Begrenzungen aller ärztlichen Prognosen hinauszieht. Meine Ärzte hatten gesagt: »Mit diesem Zustand müssen Sie sich abfinden.« Ich bin froh, dass die Delfine es nicht getan haben.

Roberta (Rusty) VanSickle

In meinem Kaffee sitzt ein Flughörnchen!

Der Mensch hat zwei Beine
und einen Sinn für Humor.
Wenn du dich entscheiden musst,
gib lieber ein Bein!

Charles Lindner

Unser Haus in der Nähe von Jacksonville, Florida, ist schon fast ein Zoo, denn meine Frau und ich wollten immer, dass unsere siebenjährigen Zwillinge die gleiche Liebe zur Natur und zu Tieren entwickeln wie wir selbst als Kinder. Wir hatten Meeres- und Landschildkröten, Schlangen, Eidechsen, Frösche und Kaninchen. Außerdem einen vier Pfund schweren, lebhaften Yorkshireterrier namens Scooter und sogar für kurze Zeit ein eigensinniges Gürteltier. Aber als Rocky in unseren Haushalt einzog, änderte sich alles auf dramatische Weise.

Ich war ein erfolgreicher Luftwaffenpilot und erholte mich zu

Hause von der seltenen, unsichtbaren Form eines tödlichen Hautkrebses, der drastische chirurgische Eingriffe notwendig gemacht hatte. Meine tägliche Routine brauchte dringend eine Prise Humor. Rocky verkörperte genau das, was mir der Arzt verordnet hatte, der Tierarzt und nicht der Onkologe.

Dr. John Rossi ist der ortsansässige Veterinär. Als wir mit einem winzigen Flughörnchenbaby, das aus dem Nest gefallen war, in seiner Tierklinik aufkreuzten, meinten John und seine Frau Roxanne, dass einem Krebspatienten nichts besser zur Genesung verhelfen könne, als ein kleines Flughörnchen.

Rocky gehörte sofort zum Inventar des Hauses. Bei seiner Ankunft ähnelte er einer kleinen Staubfluse, wie man sie beim Frühjahrsputz hinter dem Kleiderschrank im Gästezimmer findet. Er war nicht größer als eine Walnuss und wog noch nicht einmal so viel. Seine Augen hatten sich gerade erst geöffnet und er trank Medizin und Wasser aus einer kleinen Spielzeug-Babyflasche. Er bewegte sich kaum und sein Fell war ölig und glich den »schmierigen« Haarfrisuren der Fünfzigerjahre. Mit seinen vorstehenden schwarzen Augen sah er aus wie ein Pilot mit einer dicken Sturmbrille und unsere beiden Zwillinge, die gerade eine Wiederholung des alten Zeichentrickfilms *Rocky and Bullwinkle* gesehen hatten, nannten ihn auf der Stelle Rocky.

Rocky wuchs schnell heran und war bald ausgewachsen, das heißt er hatte nun die Größe eines Stücks Seife. Sein Fell veränderte sich in ein seidenes, weiches Braun, und er hatte gelernt, sich selbst regelmäßig zu putzen. Seine Augen standen nun noch weiter hervor und seine lose Haut und sein flacher, ruderähnlicher Schwanz machten ihn zu einem Nagetierfrisbee, wenn ich mit ihm die täglichen Flugübungen machte und ihn vorsichtig vom Badezimmer aus auf unser Schlafzimmerbett warf. Rocky musste nicht erst lange üben, denn zu gleiten war ihm ein natürliches Bedürfnis.

Die Bewegungen eines Flughörnchens sind extrem schnell und

spielen sich meistens in der Vertikalen ab. In der Wildnis laufen sie blitzschnell an den Baumstämmen hoch und runter. Das Gleiche tat Rocky mit unseren Körpern, an denen er wie ein unablässig punktender Ball in einem Flipper aus Fleisch und Blut hoch und runter sprang.

Es war schwer, ihn mit bloßen Händen zu fangen, weil er sich fast mit Lichtgeschwindigkeit zu bewegen schien und daher immer gleichzeitig innerhalb oder außerhalb unserer Kleidung war. Das Kitzeln, das er verursachte, war unglaublich, besonders wenn er in den Ärmel – einer seiner Lieblingsplätze – kroch. Diese Aktivität wurde zum täglichen Ritual in unserem Haushalt und beflügelte uns auf wunderbare Weise. Meine Ärzte staunten nur, wie schnell sich meine Narben zurückbildeten. Wenn Lachen die beste Medizin ist, dann hatte uns Rocky eine ganze Wagenladung voll ins Haus gekippt.

Eines Morgens trank ich meinen Kaffee und las die Zeitung. Ich unterschied mich nur dadurch von anderen morgendlichen Kaffeetrinkern und Zeitungslesern, dass ein Flughörnchen auf meinem Kopf saß. Rocky überschaute von dort oben sein Flughörnchen-Königreich. Wahrscheinlich fragte er sich, ob er das Geschwür an meinem linken Ohr weggeknabbert hatte, das im Zuge der Krebsbehandlung entfernt worden war. Plötzlich musste ich kräftig niesen – und zwar gerade als ich die inzwischen schon lauwarm gewordene Kaffeetasse zum Mund führte. Als ich nach dem Nieser – die Kaffeetasse schon fast an den Lippen – die Augen wieder aufmachte, sah ich direkt vor mir die hervorstechendsten Augen, die ich je aus dieser Entfernung erblickt hatte. Es war als schaute ich einem pelzigen Glupschmonster ins Gesicht.

»Peggy, in meinem Kaffee sitzt ein Flughörnchen!«, schrie ich und schüttelte mich vor Lachen, während meine Frau ins Zimmer gestürzt kam. Rocky war im Nu wieder auf meinen Kopf geklettert. Als er sich putzte, bekam er zusätzlich zu dem Schreck noch einen Koffeinrausch.

Ich schlug wieder die Zeitung auf, legte sie aber nach einer Weile gedankenversunken zur Seite. Wir alle kennen diese Momente, in denen alles plötzlich im klarsten Licht erscheint und von Humor und einem überwältigenden Gefühl der Dankbarkeit durchdrungen ist. Ich realisierte in diesem Augenblick, dass ich ein völlig einzigartiges Wesen war. Ich war absolut unbestreitbar der einzige Mensch auf der Welt und vielleicht im ganzen Universum, bei dem an diesem Morgen ein Flughörnchen im Kaffeebecher saß.

Rocky war inzwischen unter meinem Pullover eingeschlafen. Er kümmerte sich nicht um meine weltbewegenden Betrachtungen, sondern hatte es sich auf einer großen Narbe am unteren Ende meines Nackens gemütlich gemacht, wo eine Vene, ein Muskel und 200 Lymphknoten chirurgisch entfernt worden waren.

Rocky – und Gott – ließen ihren heilenden Zauber schon wieder wirken.

Bill Goss

Kurze Zwischenstation

Als meine beiden Töchter in der dritten und vierten Klasse waren, erlaubte ich ihnen ab und zu, allein zur Schule zu gehen, wenn das Wetter es zuließ. Der Schulweg war nicht lang und so wusste ich, dass sie sicher waren und keine Schwierigkeiten bekommen würden.

An einem warmen Tag im Frühling folgte ihnen nach der Schule eine kleine Freundin mit nach Hause. Sie unterschied sich von allem, was meine Kinder bis dahin mit nach Hause gebracht hatten. Sie hatte kurze Stummelbeine und lange Schlappohren, dazu ein rehfarbenes Fell und kleine Sprenkel rund um das Maul. Sie war das niedlichste Tierbaby, das ich jemals gesehen hatte.

Als mein Mann am Abend von der Arbeit kam, sah er, dass es sich um eine kleine Beaglehündin handelte, die bestimmt nicht älter als zwölf Wochen war. Sie eroberte sofort sein Herz und machte es sich nach dem Abendessen auf seinem Schoß bequem, um fernzusehen. Die beiden Mädchen bettelten, sie behalten zu dürfen.

Da sie kein Halsband trug, gab es keine Hundemarke, auf Grund derer sie zu identifizieren gewesen wäre. Ich wusste nicht, was ich tun sollte. Ich überlegte einen Moment, ob ich eine Anzeige in die Zeitung setzen sollte, konnte mich aber nicht aufraffen, es auch wirklich zu tun. Die Kinder wären mit Sicherheit sehr traurig, wenn jemand kommen würde, um den Hund wieder abzuholen. Und außerdem war ich der Ansicht, dass ihre Besitzer besser auf sie hätten aufpassen müssen.

Bereits nach einer Woche war sie zum festen Bestandteil unserer Familie geworden. Sie war sehr intelligent und kam prima mit den Mädchen aus. »Dies ist eine gute Gelegenheit«, dachte ich. Es war an der Zeit, dass meine Töchter Verantwortung für ein anderes Leben übernahmen. Auf diese Weise konnten sie lernen, fürsorglich zu sein, was ihnen später helfen würde, wenn sie sich dazu entschieden, selbst Kinder zu haben.

In der nächsten Woche fühlte ich den Drang, die Zeitung aufzuschlagen und unter der Rubrik »vermisst« nachzuschauen. Eine spezielle Anzeige stach mir ins Gesicht und mein Herz begann in ängstlicher Erwartung laut zu schlagen. Jemand bat um die Rückgabe eines Beaglewelpen, der nahe der Grundschule weggelaufen war. Die Worte klangen so verzweifelt, dass meine Hand zu zittern begann. Ich konnte mich jedoch nicht überwinden, zum Telefonhörer zu greifen. Stattdessen tat ich so, als hätte ich die Anzeige nie gelesen. Ich ließ die Zeitung schnell im Wandschrank verschwinden und wischte weiter Staub. Ich verlor kein Wort darüber zu meinen Kindern oder meinem Mann.

Inzwischen hatten wir der kleinen Hündin einen Namen gegeben. Sie sah aus wie Molly und deshalb entschlossen wir uns, sie auch so zu nennen. Molly ließ die Mädchen nicht mehr aus den Augen. Wenn meine Töchter nach draußen gingen, folgte sie ihnen immer dicht auf den Fersen. Wenn sie im Haushalt halfen, war sie stets zur Stelle, um ihnen eine Hand (oder besser gesagt, eine Pfote) zu leihen.

In Mollys Anwesenheit wurden die Hausaufgaben zu einer echten Herausforderung. Mehr als einmal hatte der Hund das Heft vor der Abgabe durchgekaut. Aber alle Lehrer hatten Verständnis und erlaubten den Mädchen, die Aufgaben nachzuholen. Das Leben im Campbellhaushalt hatte sich eben grundlegend verändert.

Das sonst so vollkommene Bild hatte nur einen Haken: Mein Gewissen ließ mich nicht mehr in Ruhe. Im Herzen wusste ich, dass ich auf die Suchanzeige antworten musste, um herauszufinden, ob unsere Molly tatsächlich der Welpe war, der so verzweifelt gesucht wurde.

Noch nie hatte ich mich so stark überwinden müssen, aber schließlich nahm ich den Telefonhörer ab und wählte die angegebene Nummer. Ich betete innerlich, dass niemand den Hörer abnahm, aber irgendwer tat es dann doch. Die Stimme am anderen Ende der Leitung klang nach einer jungen Frau. Nachdem ich ihr den Hund in allen Einzelheiten beschrieben hatte, wollte sie gleich vorbeikommen und ihn sich anschauen.

Wenige Minuten später stand sie vor der Tür. Ich saß am Küchentisch, den Kopf in meinen Armen versteckt, und bat Gott um ein Wunder. Molly saß die ganze Zeit zu meinen Füßen und schaute mich mit zwei großen Augen aus Milchschokolade an. Sie schien zu fühlen, dass irgendetwas nicht stimmte.

Alle möglichen Gedanken schossen mir durch den Kopf, bevor die Frau an der Tür klingelte. Ich konnte so tun, als sei ich nicht zu Hause oder ihr sagen: »Tut mir Leid, das hier ist die falsche Adresse.« Aber es war zu spät. Die Glocke läutete und Molly bellte. Ich zwang mich, meinen Befürchtungen ins Gesicht zu schauen, und öffnete die Tür.

Ein Blick auf Molly und das Gesicht der Frau erstrahlte wie ein Weihnachtsbaum. »Hierher, Lucy«, rief sie. »Komm zu Mama, kleines Mädchen.« Molly (Lucy) gehorchte aufs Wort und wedelte freudig mit ihrem Schwanz, als sie die Stimme der Frau vernahm. Es bestand kein Zweifel, dass die beiden zusammengehörten.

Ich hatte Tränen in den Augen und fürchtete, jeden Moment loszuheulen. Ich hatte das Gefühl, das Herz werde mir aus der Brust gerissen. Ich wollte Molly nehmen und wegrennen, aber anstatt es zu tun, lächelte ich und bat die Frau hereinzukommen.

Sie hatte sich schon gebückt und Molly auf den Arm genommen. Verlegen griff sie in ihre Geldtasche und hielt mir einen Zwanzigdollarschein entgegen.

»Für Ihre Unannehmlichkeiten«, meinte sie.

»Oh nein, ich bitte Sie.« Ich schüttelte protestierend meinen Kopf. »Sie hat uns so viel Freude bereitet, dass ich eigentlich Ihnen etwas geben müsste.« Die Frau lachte und drückte Molly noch fester an ihre Brust, so als ob sie kein Hund, sondern ein vermisstes Kind sei.

Molly leckte ihr Gesicht und kuschelte sich vor Freude in ihrem Arm. Ich fühlte, es war für beide Zeit, wieder nach Hause zu gehen. Ich öffnete die Haustür, um sie hinauszulassen, und bemerkte ein kleines Mädchen auf dem Vordersitz des Autos. Als sie den Welpen sah, strahlte sie plötzlich heller als die Sonne.

Mein Blick fiel auf einen kleinen Rollstuhl, der hinten am Kofferraum befestigt war. Die Frau bemerkte mein Erstaunen und gab sofort von sich aus die Erklärung. Ihre Tochter hatte Molly (Lucy) nach einem Autounfall bekommen, durch den sie zum Krüppel geworden war. Der kleine Hund sollte ihr dabei helfen, mit ihrer neuen Situation emotional fertig zu werden.

Nachdem Molly spurlos verschwunden war, fiel das kleine Mädchen in eine tiefe Depression und weigerte sich, aus ihrem Schneckenhaus herauszukommen. Molly (Lucy) war für die Eltern die einzige Hoffnung, dass ihre Tochter sich emotional und geistig wieder erholen würde.

»Sie knüpfte ein festes Band mit dem kleinen Hund und Lucy

gab ihr einen neuen Lebensinhalt«, erklärte ihre Mutter. »*Gott hat mich mit so vielem gesegnet*«, dachte ich und meine Gefühle strömten zu dieser Familie, die solch eine schreckliche Zeit hatte durchmachen müssen. Als sie aus unserer Einfahrt fuhren, war die Freude auf meinem Gesicht ehrlich. Ich wusste, dass ich das Richtige getan hatte und Molly genau dort war, wo sie hingehörte.

Leona Campbell

Mit dem Herzen sehen

> Liebe ist eine Sprache, die die Blinden
> sehen und die Tauben hören.
> *Donald E. Wildman*

Barkley war drei Jahre alt, als er von einer Familie, die ihn nicht mehr wollte, zu mir kam. Der große Golden Retriever war in einem schlechten Gesundheitszustand, denn seine Vorbesitzer hatten sich wenig um ihn gekümmert. Nachdem ich ihn körperlich aufgepäppelt und genügend Zeit mit ihm verbracht hatte, um eine Beziehung zwischen uns entstehen zu lassen, stellte ich fest, dass Barkley einen außergewöhnlichen Charakter besaß. Er war intelligent und darauf versessen, anderen zu gefallen. Wir absolvierten also die grundlegenden und fortgeschrittenen Gehorsamsübungen und besuchten einen Workshop über Sozialtherapie, um all das in Erfahrung zu bringen, was wir wissen mussten, damit Barkley ein Therapiehund mit Zertifikat werden konnte.

Schon nach wenigen Monaten begannen wir mit unseren wöchentlichen Besuchen im Krankenhaus. Anfangs wusste ich nicht, was ich erwarten sollte, aber Barkley und ich hatten Spaß daran, einfach mit der Arbeit anzufangen. Zuerst vergewisserte ich mich, ob ein Patient oder eine Patientin von Barkley besucht werden wollte, und wenn das der Fall war, ging der Hund an das Bett und wartete so lange, bis die jeweilige Person die Hand nach ihm ausstreckte. Einige nahmen ihn in den Arm und drückten ihn, andere streichelten ihn einfach nur, während er die ganze Zeit mit wedelndem Schwanz und einem Gesichtsausdruck dastand, der an ein breites und fröhliches Grinsen erinnerte. Seine Sanftheit machte ihn ohne Unterschied zum Liebling aller Menschen im Krankenhaus, seien es Mitarbeiter, Patienten oder freiwillige Helfer.

Jede Woche zog ich Barkley etwas anderes an und für jeden Feiertag hatte er eine eigene Garderobe. An seinem Geburtstag trug er einen Geburtstagshut, am Saint Patrick's Day eine grüne Fliege und zu Halloween ein Zorrokostüm. Zu Weihnachten belustigte er mit der Zipfelmütze von Santa Claus oder mit einem Rentiergeweih. Am meisten gefiel den Leuten jedoch sein Osterkostüm, das aus Hasenohren und einem weißen Hasenschwänzchen bestand, das ich an Barkleys hinterem Ende befestigte. Die Patienten wollten immer wissen, wie der Hund in *dieser* Woche gekleidet war.

Ungefähr ein Jahr, nachdem wir mit unseren Besuchen im Krankenhaus angefangen hatten, bemerkte ich, dass Barkley immer schlechter sehen konnte, denn manchmal stolperte er einfach in irgendetwas hinein. Der Tierarzt attestierte eine Sehschwäche, die teilweise darauf zurückzuführen sei, dass der Hund in jungen Jahren zu stark vernachlässigt worden war. Im Laufe des Jahres verschlechterte sich sein Zustand, aber Barkley schien sich nichts anmerken zu lassen. Selbst ich war mir nicht im Klaren, wie schlimm es um Barkley bestellt war, bis ich eines Abends mit Barkley außerhalb des gewohnten Hofes spielte. Als ich ihm den Ball zuwarf, hatte er große Schwierigkeiten, ihn zu fangen. Er musste seine Nase zur Hilfe nehmen, um den Ball am Boden zu finden, nachdem er ihn mehrmals mit der Schnauze verfehlt hatte. Am nächsten Tag ging ich mit ihm zum Tierarzt, der eine Operation für unausweichlich hielt. Nachdem Barkley dreimal operiert worden war, um wenigstens einen Teil seines Augenlichts zu retten, wurde er vollkommen blind.

Ich machte mir Sorgen, wie er mit so einer schweren Beeinträchtigung klarkommen würde, aber er gewöhnte sich schnell an seine Blindheit. Es schien, als ob all seine anderen Sinne sich als Ausgleich für den Verlust der Sehkraft verschärft hätten. Schon bald war er wieder gesund und bestand darauf (indem er am Garagentor stand und die Ausfahrt blockierte!), dass ich ihn mit ins Krankenhaus nahm, damit er seine Freunde besuchen konnte. So nahmen wir erneut zur Freude aller – und besonders zur Freude Barkleys – unsere wöchentlichen Krankenbesuche auf.

Barkley verhielt sich im Krankenhaus so natürlich, dass die Leute kaum glauben konnten, dass er blind war. Er war bereits blind, als mich jemand fragte, ob er ein Blindenhund sei. Ich lachte und meinte, dass Barkley selbst eigentlich einen Blindenführer benötigte.

Er schien eine unheimliche Fähigkeit zu entwickeln, mit der er Dinge wahrnahm, die jenseits der sinnlichen Wahrnehmung lagen. Eines Tages kamen wir in ein Krankenzimmer und Barkley ging zu meiner Überraschung direkt auf die Besucherin zu, die auf einem Stuhl neben dem Bett saß, und berührte ihre Hand mit seiner Nase. Nie zuvor hatte der blinde Hund den ersten Kontakt auf diese Weise hergestellt und so fragte ich mich, was ihn in diesem Fall wohl dazu bewogen haben könnte. Als ich neben dem Stuhl der Frau stand und sah, wie sie mit Barkley kommunizierte, erkannte ich den Grund für Barkleys Verhalten. Ich weiß nicht, wie er es herausgefunden hat, aber der völlig blinde Barkley hatte bemerkt, dass die Frau auf dem Stuhl ebenfalls blind war.

Seltsamerweise schätzten die Patienten Barkleys Anwesenheit sogar noch mehr, seitdem er sein Augenlicht verloren hatte.

Als Barkley einen Preis für über 400 Stunden freiwilligen Einsatzes erhielt, meinte jemand zu mir: »Es ist erstaunlich, was so ein blinder Hund alles bewirkt.«

Den Menschen war entgangen, dass Barkley nicht wirklich blind war. Er konnte weiterhin sehen – mit seinem Herzen.

Kathe Neyer

Ein wirklich bezaubernder Junge

Henry war 14 Jahre alt, als er eine anderthalb Meter lange Boa Constrictor geschenkt bekam. Als ich auf dem Schauplatz erschien, war Henry bereits 17 und George, die Boa, zweieinhalb Meter lang. George gedieh prächtig und Henry wurde immer dünner.

Ich muss immer noch schmunzeln, wenn ich mich an den Tag erinnere, an dem wir drei das erste Mal aufeinander trafen. Ich hatte an jenem Tag ein Vorstellungsgespräch bei Henrys Eltern, die eine Krankenschwester für ihren Sohn suchten. Henry war an Dystrophie, einer muskulären Ernährungsstörung, erkrankt und nahm immer mehr ab. Da sich seine Eltern nicht mehr allein um ihn kümmern konnten, suchten sie Pflegepersonal. Während die Eltern meine Bewerbung studierten, ging ich in Henrys Zimmer. Ich kniete mich nieder und schaute dem rotblonden Jungen in die Augen. In Anbetracht seines dünnen, gekrümmten Körpers, der an einen Rollstuhl geschnallt war, sagte ich: »Hallo! Ich schätze, du kannst ein wenig Hilfe gebrauchen, stimmt's?«

Henry warf mir einen munteren Blick zu, in dem sich Intelligenz mit Arglist mischte. Er hatte sich einen Test für mich ausgedacht, eine Art Feuerprobe. »Ja, das stimmt. Hol mir doch bitte mal George.«

Nichts Böses ahnend, antwortete ich: »Klar, mach ich. Wo ist er und um was handelt es sich?« Ich schaute mich im Zimmer um und erwartete, auf eine Katze, einen Hund oder vielleicht ein ausgestopftes Tier zu stoßen. Stattdessen fiel mein Blick auf eine große, kastenähnliche Glasstruktur an der gegenüberliegenden Wand.

»George ist meine Boa«, grinste Henry. »Würden Sie ihn mir bitte bringen?«

Eine Schlange! Ich war eine hervorragende Krankenschwester, die voll belastbar war, und ich wusste, dass ich jederzeit nach

Hause gehen konnte, da ich den Job noch nicht offiziell angenommen hatte. Während ich mir meine Situation durch den Kopf gehen ließ, schaute ich Henry an. »*Was für ein süßer kleiner Junge*«, dachte ich und ließ meinen Blick in seinem Zimmer umher schweifen. Der Ausziehtisch, der als Henrys Schreibtisch diente, war übersät mit Automagazinen, Büchern, Notizblöcken und Stiften. Die Wände waren voll von Rennwagenpostern und Fotos von Footballhelden. Er war ein ganz normaler Junge im Teenageralter, der zwar eine schwere Krankheit hatte, dessen Humor aber noch intakt war und der vor allem einen Sinn für das Außergewöhnliche besaß. Da ich mein Gesicht wahren wollte und obendrein bereit für eine Herausforderung war, entschied ich mich innerlich für den Job.

»Wie nehme ich ihn am besten hoch?«, fragte ich und schaute in den gläsernen Käfig, in dem etwas lag, was aussah wie ein dickes, zusammengerolltes Seil, das groß genug war, um als Anker der *Titanic* zu dienen.

Henry kicherte. »Indem Sie sehr vorsichtig sind. Greifen Sie ihn mit der einen Hand sanft hinter seinem Kopf und halten Sie mit der anderen seinen Körper.«

»Mehr nicht? Keine weiteren Instruktionen?«, fragte ich. Ich öffnete den Deckel und fühlte das kalte Reptil mit meinen zitternden Fingern. Die Schlange bewegte sich nur ganz langsam, als ich sie berührte. »*Ich schaff das schon*«, sagte ich zu mir selbst. Ich wartete einen Moment auf einen Anfall von Mut, aber er blieb aus. Also nahm ich einen tiefen Atemzug und wagte den entscheidenden Schritt: Ich ergriff den riesigen George und hob ihn langsam aus dem Käfig. Noch bevor ich ihn wieder absetzen konnte, hatte sich ein Teil des Ungeheuers fest um meinen Arm gewickelt. »*Ich schaff das schon*«, sagte ich mir wieder und wieder.

Henry beobachtete aufmerksam und ohne Kommentar, wie ich die schwere Muskelmasse quer durch das Zimmer trug.

»Was soll ich mit ihm tun?«, fragte ich.

»Legen Sie seinen Kopf und seinen vorderen Körperteil einfach auf meinen Schoß. George liebt es nämlich, gestreichelt zu werden«, erwiderte Henry.

Das war also meine erste Begegnung mit George. Im Laufe der nächsten Monate wurde offensichtlich, dass George der größte – wenn nicht gar der einzige – Antrieb in Henrys Leben war.

Für Henry war der seltene Aufenthalt in der Öffentlichkeit, etwa wenn wir in ein Schnellrestaurant gingen oder einen Buchladen besuchten, nicht immer leicht. Die Leute starrten ihn unverhohlen an, wenn er mühsam zu essen versuchte oder mit drei Fingern – den einzigen Gliedmaßen, die er noch willentlich bewegen konnte – in den Büchern blätterte.

Dennoch gingen wir jede Woche einmal zum Zoogeschäft, um Fressen für George zu kaufen. Nachdem ich Henry gründlich gewaschen, gepflegt und frisiert hatte, setzte ich ihn vorsichtig in seinen Rollstuhl und schob ihn nach draußen zu meinem Wagen. Dann platzierte ich ihn mit allerlei Handgriffen auf den mit einem Kissen gepolsterten Beifahrersitz, wo ich ihn behutsam anschnallte. Als Nächstes klappte ich den Rollstuhl zusammen und verstaute ihn im Kofferraum. Das Ganze dauerte in der Regel zwei Stunden – zwei anstrengende Stunden für mich, zwei schmerzhafte Stunden für Henry. Obwohl wir uns die größte Mühe gaben, war es ein hoffnungsloses Unterfangen, seinem gebrechlichen Körper dabei nicht wehzutun. Die aufopferungsvolle Prozedur zeigte jedoch, wie groß Henrys Hingabe an sein riesiges Haustier war.

Einmal war George verschwunden. Henrys Onkel war übers Wochenende auf Besuch gewesen und hatte den Deckel von Georges Käfig offen gelassen. Seine Eltern und ich suchten die Schlange überall in dem elegant, aber dennoch spartanisch eingerichteten Haus, das ganz darauf zugeschnitten war, Henrys Rollstuhl die größte Bewegungsfreiheit zu bieten. Es gab nirgendwo ein Versteck für George und dennoch konnten wir die Schlange nicht finden.

Ein Monat verging. Henry blieb überraschenderweise ruhig, denn er war überzeugt, dass George schon rechtzeitig zurückkehren würde. Henry tat mir Leid, obwohl ich ehrlich zugeben musste, dass ich George nicht im Geringsten vermisste.

Eines Morgens erschien ich in aller Frühe und ging in Henrys Zimmer, um ihn zu wecken. Da lag George, fast auf seine gesamte Körperlänge ausgestreckt neben Henry, und beide schliefen. Ich wunderte mich über meine eigene Reaktion, aber ich hatte noch nie so einen bezaubernden Anblick genossen. George hatte endgültig meine Zuneigung gewonnen!

Im Laufe der nachfolgenden Wochen verschlechterte sich Henrys Zustand zunehmend, sein Körper zog sich immer mehr zusammen und sein Atem ging immer schwerer. Dennoch gelang es ihm weiterhin, seine verbleibenden drei Finger zu benutzen, etwa wenn er Schulaufgaben machte oder George streichelte. Drei zerbrechliche Finger hielten die liebende Verbindung zwischen dem Jungen und der Boa aufrecht – buchstäblich bis zum letzten Tag.

An diesem letzten Tag hinterließ mir Henry eine Botschaft. Ich fand sie auf seinem Schreibtisch in einem Umschlag mit meinem Namen. Ich war sehr gerührt, denn mittlerweile empfand ich tiefe Gefühle für den tapferen Jungen. Seine Worte begannen damit, dass er sich bei mir dafür bedankte, ihm so sehr in seinem Umgang mit George geholfen zu haben. Er wisse von meiner Reserviertheit gegenüber der Schlange, hoffe aber trotzdem, sich auf mich verlassen zu können im Hinblick auf die weitere Sorge für George. Für einen Moment stieg Panik in mir hoch, bis ich das Postskriptum las. Unter dem runden Gesicht von einem Smiley schrieb Henry, dass ich mir keine Sorgen machen müsse, der UPS-Mann hätte sich damit einverstanden erklärt, George zu sich zu nehmen.

»Oh Henry«, dachte ich, »du jagst mir immer noch einen Schreck ein.« Aber als ich das Haus verließ, streichelte ich George noch einmal liebevoll zum Abschied.

Lynne Layton Zielinski

Socks

Als ich sechs oder sieben Jahre alt war, hatte ich einen Welpen, der Socks hieß. Socks war ein Mischling und wir waren in dem halben Jahr, in dem wir zusammen waren, unzertrennlich. Er schlief jede Nacht in meinem Bett am Fußende. Das Letzte, was ich abends, und das Erste, was ich morgens fühlte, war sein warmer, sich genussvoll räkelnder Körper. Meine Liebe zu ihm hat über die Jahre nichts an ihrer Kraft verloren.

Eines Tages war Socks verschwunden. In der Nachbarschaft wurde erzählt, dass jemand gesehen habe, wie er in ein Auto gelockt worden ist, aber es fehlte immer der letzte Beweis.

Socks blieb vermisst und ich weinte mich viele Nächte lang in den Schlaf. Wer niemals selbst einen Hund verloren hat, kennt dieses Gefühl nicht, aber der Schmerz des Verlustes nagte noch lange an meinem Herz. Meine Eltern taten ihr Bestes, um mich aufzumuntern, jedoch ohne Erfolg. Auch das Erwachsenwerden und die vorüberziehenden Jahre heilten die Wunde nur oberflächlich. In meinem Innern blieb sie bestehen.

Viele Jahre später kamen meine Gefühle wieder ans Tageslicht. Ich war mit meiner Familie bei meinen Eltern in ihrem von Wäldern umgebenen Ferienhaus in Nordmichigan zu Besuch, als unser Mischling Buckshot verschwand.

Der alte Buck war ein ziemlich guter Jagdhund. Er sah eigentlich nicht wie ein normaler Hund aus, sondern wirkte eher wie ein liebenswürdiger, tollpatschiger Bär und an diesem Tag hatte er sich dafür entschieden, die andere Seite des Berges kennen zu lernen. Sein Verschwinden traf meinen siebenjährigen Sohn Chris besonders hart, denn Chris betrachtete Buck als sein persönliches Eigentum. Die anderen Kinder freuten sich auch über den Hund, jedoch anders als Chris.

Chris war ein Junge, wie er im Bilderbuch stand, mit Sommersprossen, einer Zahnlücke und dicken Pausbacken. Er brachte es fertig, selbst dann traurig und Mitleid erregend auszusehen, wenn er glücklich war. Wenn er Kummer hatte, hielten die Engel ihren Atem an.

Chris befürchtete, dass sein bester Freund für immer verschwunden war, und indem ich meinen Sohn beobachtete, fühlte ich mich um Jahre zurückversetzt. Die ganze Geschichte mit Socks kam wieder hoch und die alte Wunde riss wieder auf.

Ein sanfter Nieselregen setzte ein, als ich mich in den Jeep schwang und anfing, die Waldwege nach dem Hund abzusuchen. Ich hielt immer wieder an und rief lauthals nach Buckshot. In meiner Vorstellung sah ich Chris mit einer viel zu großen Regenjacke im Regen umherlaufen und seinen Hund suchen. Je länger er suchte, desto weniger Hoffnung hatte er, ihn auch wirklich zu finden.

Ich war inzwischen schon meilenweit gefahren und meine Stimme war bereits heiser vom vielen Rufen, aber ich hatte Buckshot immer noch nicht gefunden. Ich fuhr zurück zum Haus, stellte den Jeep ab und machte mich noch einmal zu Fuß auf den Weg. Ich versuchte dabei Chris nicht in die Augen zu schauen, denn ich wollte mir nicht eingestehen, dass ein Hund, der in der Stadt aufgewachsen ist, in dieser Wildnis schnell die Orientierung verlieren kann.

Ich machte mich auf, ein malerisches Stück Land abzusuchen, dass bei den Einheimischen »Sumpf der Toten« hieß, und murmelte mir etwas über Hunde und ihren Einfluss auf kleine Jungen in den Bart. Wer jemals allein in der Dämmerung in den Wald gegangen ist, weiß, wie die Vorstellungskraft dann mit einem durchgehen kann. Ich fühlte, dass meine Erinnerung wie ein Nebel aus dem Tal des Vergessens hochstieg. Der alte Schmerz kam wieder zum Vorschein.

Nachdem ich fünf Meilen gegangen und gelaufen war und dabei immer wieder nach Buckshot gerufen hatte, war ich tüchtig ins

Schwitzen gekommen. Ich setzte mich auf einen Stein am Rand einer offenen Wiese und versuchte mir vorzustellen, wie ich dem kleinen Jungen, der in meinem Haus wohnte, beibringen konnte, dass ich seinen Hund nicht gefunden hatte.

Plötzlich hörte ich hinter mir ein Rascheln. Ich fuhr herum und da sprang der alte Buck schon an mir hoch, als würde er mich fragen: Wo zum Teufel hast du bloß gesteckt? Wir rollten uns zusammen am Boden und meine jahrelange Frustration löste sich im feuchten Farnkraut endlich auf. Nach einer Weile stellte ich den Hund wieder auf die Beine und wir rannten und stolperten zurück zum Ferienhaus.

Als wir schließlich aus dem Wald traten, machte mein Sohn zuerst ein langes Gesicht. Dann lief er uns zusammen mit meinem Vater entgegen und fiel dem Ausreißer um den Hals. In diesem Moment ging mir ein Licht auf.

Ich fühlte, wie die Vergangenheit wieder gegenwärtig war und ich Zeuge einer Heimkehr wurde, die ich damals zwar ersehnt hatte, die aber niemals eingetreten war. Mein Vater war da und sah wieder aus wie 30. Der kleine Junge, der dort vor mir den gefleckten Jagdhund herzte, war ich selbst – ein Vierteljahrhundert später. Und der alte Buck? Er war nur ein weiterer heiß geliebter Hund, der zum Schluss doch noch seinen Weg zurückgefunden hatte.

Socks war wieder zu Hause.

Steve Smith

Jenny und Brucie

Jenny Holmes kämpfte jeden Tag mit ihrem Gewicht. Mit zwölf Jahren hatte sie nicht wirklich Übergewicht, aber sie hielt sich für zu dick, weil sie wie ein Fotomodell aussehen wollte. Jenny hatte als ehrgeizige Turnerin das Ziel, so geschmeidig und drahtig wie die Olympiasiegerin Nadia Comaneci zu sein. Vor ihrem 16. Lebensjahr hatte sie nie Gewicht verloren. Nachdem ihre erste Liebe in die Brüche gegangen war, verlor sie jedoch 20 Pfund, und es hatte den Anschein, als ob sie sich durch die Gewichtsabnahme rächen wollte. Ein zäher Kampf gegen Essen und Gewicht begann, der insgesamt zwölf Jahre dauerte. Erfolge aber waren immer nur kurzfristig und sie hatte schnell wieder ihr altes Gewicht.

Jenny verstand in all den Jahren nicht, dass sie das Bild, das sie von sich selbst hatte, nicht einfach dadurch verändern konnte, dass sie fettarme Milch trank, die Kalorien in ihrer Nahrung zählte und sogar auf Eiscreme und Schokolade verzichtete. Die Veränderung ihres Selbstverständnisses kam als Geschenk von einem Hund.

Brucie trat an Jennys 29. Geburtstag in ihr Leben und war ein Geschenk von ihrem Mann John. Jenny war damals schon die glückliche Mutter zweier Kinder und besaß ein erfolgreiches kleines Geschäft, wo sie bedruckte T-Shirts verkaufte. Eins hatte sie selbst entworfen und es machte deutlich, dass sie trotz der krampfhaften Bemühungen, Gewicht zu verlieren, ihren Sinn für Humor bewahrte. Auf ihm stand: »Was du auch isst, dein Bauch isst mit«. Niemand wäre jedoch jemals der Ansicht gewesen, sie sei »fett«. Sie war 163 cm groß und wog 136 Pfund. Ihre Beine waren muskulös und sie hatte breite Hüften, aber ihr Körper selbst war dünn. Sie war eine Frau mit weiblichen Rundungen, aber dennoch hasste sie ihren Po. Jenny sehnte sich weiterhin nach dem straffen, dünnen und jungenhaften Aussehen eines Fotomodells.

Brucie war ein anhänglicher goldgelber Labradorwelpe mit einer starken Persönlichkeit. Er war zu keinem Zeitpunkt als Diäthelfer gedacht, sondern sollte Jennys Laufpartner werden. John liebte Jenny so wie sie war, aber er wusste, dass Jenny nur dann in Frieden mit sich und ihrem Körper war, wenn sie lief. Da er Rückenprobleme hatte, konnte er nicht selbst mit ihr laufen, und so überließ er Brucie diese Aufgabe.

Am Anfang liefen Brucie und Jenny pro Lauf immer nur 50

Schritte in einem Stück und gingen dann 100 Schritte, bevor sie wiederum 50 Schritte liefen und so weiter. »Es ist sicher gut, auf diese Weise anzufangen«, dachte Jenny, »denn Brucies Knochen sind noch zu weich, um ein längeres Laufen zu verkraften.« Sie hatte Recht und Brucies natürliche Begrenzungen gaben ihr genug Zeit, um selbst langsam mit dem Laufen anfangen zu können, ohne dass es ihr vor anderen peinlich sein musste.

Nach zehn Monaten war Brucie alt genug, um am Tag mehrere Meilen zu laufen, und Jenny war inzwischen so fit, dass sie mühelos mithalten konnte. Also brachten sie die Meilen ab jetzt jeden Tag gemeinsam hinter sich.

Bevor Brucie in ihr Leben trat, hatte Jenny Schwierigkeiten, sich kontinuierlich zum Laufen zu motivieren. In den meisten Büchern wurde empfohlen, sich einen Partner zum Laufen zu suchen. Menschliche Trainingspartner hatten sie jedoch immer wieder enttäuscht. Eine Mitläuferin zog weg. Eine andere sammelte beim Laufen Verletzungen wie andere Briefmarken. Eine Dritte hörte einfach auf. Zu gut erinnerte Jenny sich auch an ihre letzte Laufpartnerin, die irgendwann mit Entschuldigungen kam wie: »Ich bin morgen mit dem Abwasch dran!« Was angesichts der Tatsache, dass sie immer um sechs Uhr morgens liefen, nicht gerade glaubwürdig klang! Aber auch Jenny musste sich eingestehen, dass sie die anderen in ähnlicher Weise hängen ließ. Auf Grund dieser ernüchternden Erfahrungen erwartete sie von Brucie das Gleiche. Sie wusste zwar, dass er gern mit ihr lief, aber sie glaubte nicht, dass der junge Hund ihr helfen konnte, sich dauerhaft zu motivieren.

Doch in diesem Punkt sollte sie sich gewaltig irren! Am ersten Morgen, als Jenny im Bett liegen bleiben wollte, kam Brucie und leckte ihr Gesicht. Als sie ihren Kopf unter dem Kissen versteckte, suchte er ihre Füße unter der Decke. Als Jenny daraufhin ihre Füße in die Decke einrollte, sprang Brucie einfach auf das Bett. Und nachdem sie mit aller Kraft 60 Pfund Labrador von sich gestoßen hatte, winselte er und schlug mit seinem Schwanz auf den Holzfußboden wie ein Schlagzeuger. Als sie ihn beruhigt hatte, hörte er damit auf und begann erneut, ihr Gesicht zu lecken. Von diesem Tag an liefen Jenny und Brucie jeden Morgen zusammen.

Jenny hatte eigentlich keine Lust, auch im Winter zu laufen, aber Brucie bestand darauf. Als John sah, wie Brucie in den Schnee stapfte und vor Jennys Fenster bellte, um sie aufzuwecken, schüttelte er ungläubig seinen Kopf und entschloss sich, seiner Frau eine warme und leichte Laufgarnitur für den Winter zu schenken. Der Frühling brachte Schlamm und Regen, aber Brucie wollte immer noch laufen. Und was konnte Jenny tun? Sie hatten zusammen bitteren Frost und Schneestürme überstanden, also würden sie sicherlich auch mit Schneematsch und Feuchtigkeit fertig werden. Und außerdem war sie inzwischen auch zu Brucies Laufpartnerin geworden. Sie konnte den großen braunen Augen einfach nicht widerstehen, die sie jeden Morgen anschauten, wenn Brucie mit der Leine im Maul zu ihr kam. Manchmal brachte er ihr sogar die Laufschuhe.

Sie liefen zehn Jahre lang zusammen. Als Arthritis und hohes Alter Brucie dazu zwangen, zu Hause zu bleiben und darauf zu warten, dass Jenny mit einem neuen Hund vom Laufen zurückkehrte, schien es ihn nicht zu stören. Er lag vor dem Haus, seinen Kopf zwischen den Pfoten, bis er sie kommen sah. Bei ihrem Anblick schlug er jedes Mal aufgeregt mit dem Schwanz gegen die Veranda. Wenn sie an der Einfahrt angelangt waren, sprang er ungeduldig auf sie zu, um sie zu begrüßen. Sein ganzer Körper bebte dabei vor Freude wie damals, als er noch jung gewesen war.

Brucie starb letztes Jahr. Jenny, John und ihre Kinder verstreuten seine Asche entlang des Waldwegs, den sie oft zusammen gelaufen waren. Heute läuft Jenny zusammen mit ihrem neuen Hund und den Kindern. Wie einst Brucie, so lassen auch sie Jenny an einem regnerischen Samstagmorgen nicht wieder einschlafen.

Jenny bedruckt immer noch T-Shirts, die sie verkauft. Für sich

macht sie allerdings keine Hemden mehr mit Aufschriften wie
»Kampf dem Bauch«. Sie arbeitet gerade an einem T-Shirt, dass sie
beim Bostonmarathon im nächsten Frühjahr tragen will. Auf der
Vorderseite prangt ein handgemalter Labrador. Auf der Rückseite
stehen die Worte: »Brucie, dieses Hemd ist für dich«.

Dr. med. vet. Cerie L. Couture

Zehn Minuten länger

> Nimm dir jeden Morgen vor,
> eines deiner Mitgeschöpfe
> glücklich zu machen.
>
> *Sydney Smith*

Montags um 14 Uhr ging ich mit Beau immer für eine Stunde Hun-
detherapie ins Silver-Spring-Genesungszentrum im nordöstlichen
Stadtteil von Milwaukee, um die dort lebenden Senioren zu betreuen. Wir liefen durch die Flure und begrüßten alle, die wir auf
unserem Weg in das Besucherzimmer antrafen. Dort warteten die
Bewohner schon auf Beau und mich und freuten sich darauf, den
zehn Jahre alten und 99 Pfund schweren Dobermann zu bewundern
und zu streicheln. Noch heute kann ich es kaum glauben, dass mir
dieser schöne und freundliche Hund vor acht Jahren im misshandelten Zustand und völlig verängstigt zugelaufen war. Er war so ein-
geschüchtert, dass er sich schon beim ersten Blickkontakt pinkelnd
und mit ausgestreckten Beinen auf den Rücken gelegt hat, bis er
durch Streicheln beruhigt wurde und sich sicher fühlen konnte.

Als wir bei unserem ersten Besuch den kanariengelb gestriche-
nen Flur Nummer 1 durchquerten, hörte ich aus Zimmer 112 die
aufgeregte Stimme eines älteren Mannes mit starkem, deutschem
Akzent. »Mutter, der deutsche Hund ist da! Der deutsche Hund ist
da!«

Kaum hatte ich die Stimme vernommen, da erschien auch schon ein hoch aufgeschossener, weißhaariger Mann mit vielen Falten im Gesicht an der Tür. Er winkte uns freundlich zu und lud uns ein, ins Zimmer zu kommen. »Ich bin Charlie. Das ist meine Frau Emma. Kommt nur herein, kommt nur herein.«

Als Beau Charlies freundliche und enthusiastische Stimme hörte, fing sein ganzer Körper an, sich aufgeregt hin und her zu bewegen. Er lief auf Charlie zu und lehnte sich an seinen Oberschenkel, denn das war die gewohnte Position, in der er auf Streicheleinheiten wartete, die auch sofort kamen. Als wir ins Zimmer traten, sahen wir die blasse, aber offensichtlich noch rüstige Emma, die so Mitte 80 sein musste, lächelnd im Bett sitzen und mit ihrer Hand einladend auf die Matratze klopfen. Sie brauchte Beau nur einmal aufzufordern und schon lag er, wohlerzogen und gehorsam wie er war, neben ihr im Bett und leckte ihr Gesicht. Sie hatte Tränen in den Augen, als Charlie uns erzählte, wie er und Emma im Zweiten Weltkrieg von Deutschland aus in die Vereinigten Staaten emigriert waren und dabei ihren geliebten Dobermann Max zurücklassen mussten. Nach Charlies Worten war Beau Max wie aus dem Gesicht geschnitten.

Hinter der Nachbartür, in Zimmer 114, wohnte Katherine, eine ältere Frau Mitte 70, die schon seit Monaten nicht mehr redete und seitdem verwirrt im Rollstuhl saß. Egal wie sehr man sie auch liebte, umarmte, sich mit ihr unterhielt oder einfach nur mit ihr zusammensaß – nichts konnte sie mehr aus ihrem Zustand herausbringen. Man erzählte mir, dass ihre Familie nicht mehr anrief, sie auch nicht mehr besuchte und sie ansonsten keine Freunde hätte. Als Beau und ich in ihr Zimmer traten, waren die Vorhänge zugezogen und nur eine kleine Lampe brannte neben ihrem Bett. Sie saß eingefallen und mit dem Rücken zu uns in ihrem Rollstuhl, mit Blick auf das Fenster ohne Aussicht.

Beau zog ungeduldig an der Leine und noch bevor ich mich der Frau im Rollstuhl annähern konnte, war er schon an ihrer linken

Seite und legte den Kopf in ihren Schoß. Ich stellte einen Stuhl vor sie hin, setzte mich und sagte: »Hallo.« Katherine reagierte nicht. In den 15 Minuten, die wir bei ihr waren, saß sie vollkommen regungslos da und sprach kein einziges Wort. Das war eigentlich schon merkwürdig genug. Noch überraschender aber war, dass sich Beau die ganze Zeit über auch nicht bewegt hatte. Er stand die gesamten 15 Minuten einfach nur da und ließ sein langes Kinn auf ihrem Schoß ruhen.

Wer Beau kannte, wusste, dass für ihn schon zehn Sekunden, die er warten musste, um gestreichelt zu werden, eine Ewigkeit darstellten. Solange ich ihn kannte, beschnüffelte er immer den Menschen, der seiner Nase am nächsten war, um dann durch Winseln, sanftes Knurren und Schwanzwedeln zu erreichen, dass man ihn kraulte. Und wenn das nicht geschah, verlor er schnell das Interesse und suchte sich jemand anderes. Nicht so in diesem Fall. Er war regungslos wie Katherine und sein Kopf schien auf ihrem Schoß festgeklebt zu sein. Obwohl ich wünschte, anders zu empfinden, fühlte ich mich so unwohl in Anbetracht der Leblosigkeit der Frau, dass ich mich, als es 14.30 Uhr schlug, schnell verabschiedete.

Ich fragte eine Krankenschwester, warum Katherine in diesen teilnahmslosen Zustand gefallen sei. »Wir wissen es nicht. Manchmal passiert es einfach, wenn ältere Menschen merken, dass ihre Familie kein Interesse mehr an ihnen hat. Wir geben uns die größte Mühe, ihren Aufenthalt hier so angenehm wie möglich zu gestalten.«

All die wundervollen Menschen und Tiere, die mein Leben bereicherten, erschienen vor meinem geistigen Auge. Ich stellte mir vor, ohne sie zu sein, und konnte nachempfinden, wie schmerzhaft Katherine wohl fühlte, dass sie allein, verloren und vergessen war. Ich war entschlossen, irgendeine Verbindung mit ihr herzustellen.

Von nun an drehten Beau und ich jeden Montag unsere Runde zum Besucherzimmer. Jedes Mal gingen wir zu Charlie und Emma in Zimmer 112 und besuchten Katherine in Zimmer 114. Wir wurden immer auf die gleiche Weise empfangen – Charlie winkte uns stets ins Zimmer und Emma klopfte erwartungsvoll auf die Matratze, damit Beau zu ihr käme und sie leckend begrüßte. Beide wirkten in dem, was sie taten, völlig lebendig. Und danach gingen wir zu Katherine, die vereinsamt in ihrem Rollstuhl saß und kein anderes Lebenszeichen von sich gab als ein schwaches Atmen.

Bei jedem Besuch versuchte ich Katherine in ein Gespräch zu verwickeln, indem ich sie nach etwas aus ihrem Leben fragte oder ihr von mir und Beau erzählte. Aber kein einziges Mal zeigte sie auch nur die geringste Reaktion. Da ich immer unzufriedener über unsere fehlende Kommunikation wurde, reichte es mir bald nicht mehr, einfach nur bei ihr zu sein. An diesem Punkt jedoch zeigte mir Beau, der meditierende Hundemönch, was es bedeutete, einfach nur *da* zu sein und still zu lieben und bei jedem Besuch 15 Minuten lang seine »Meditationshaltung« anzunehmen.

Bei unserem vierten Besuch spürte ich keinen Impuls mehr, Katherines Zimmer zu betreten, denn was machte es schon für einen Unterschied, ob wir sie besuchen oder nicht. Ich sah keinen Sinn mehr darin, mich weiter um sie zu kümmern, aber Beau hatte andere Pläne. Er zog mich in Katherines Zimmer und nahm die gewohnte Haltung zu ihrer linken Seite ein, den Kopf auf ihrem Schoß. Ich fügte mich, aber da ich später am Nachmittag noch ein geschäftliches Treffen hatte, das mir gedanklich keine Ruhe ließ, wollte ich statt den gewohnten 15 nur fünf Minuten bei ihr bleiben. Ich redete nicht, sondern saß bloß still da und konzentrierte mich innerlich auf das bevorstehende Treffen. Sicherlich würde Katherine mein Verhalten gar nicht bemerken und sich nicht um uns kümmern. Als ich aufstand, um zu gehen, wollte ich Beau mit mir ziehen, aber er rührte sich nicht von der Stelle.

Und dann geschah das Wundersamste überhaupt. Katherine legte ihre Hand auf Beaus Kopf und ließ sie dort liegen. Keine andere Bewegung, nur ihre Hand. Obwohl Beau in solch einem

Moment eigentlich immer anfing zu schnüffeln und mit dem Schwanz zu wedeln, stand er weiter da wie eine Statue und bewegte sich nicht vom Fleck.

Ich war so überrascht, dass ich mich wieder hinsetzen musste. Die nächsten zehn Minuten schwelgte ich in dem Lebensstrom, der zwischen Katherines Hand und Beaus Kopf strömte. Als die Uhr 14.30 schlug und das Ende unserer 15 Minuten anzeigte, glitt Katherines Hand langsam auf ihren Schoß zurück und Beau drehte sich um und lief aus dem Zimmer.

Zehn Jahre sind nun seit diesem denkwürdigen Besuch vergangen und acht Jahre, seit Beau nach einem Herzanfall in meinen Armen gestorben ist. Die Liebe hat viele Gesichter, um sich zu zeigen. Immer wenn ich so weit bin, jemanden aufzugeben und wegzugehen, erinnere ich mich an Beaus liebevolle Geduld mit Katherine und mit mir. Wenn Beau zehn Minuten länger bleiben konnte, kann ich das sicherlich auch.

Mary Marcdante

4

Das unsichtbare Band

Du bist zeitlebens für das verantwortlich,
was du dir vertraut gemacht hast.

Antoine de Saint-Exupéry

Die Sprache der Pferde

Mein Vater war sehr autoritär und diese Einstellung prägte auch seinen Umgang mit Pferden. Er benutzte Einschüchterung und Gewalt, um sie zu »brechen« und ihnen seinen Willen aufzuzwingen. Unglücklicherweise wendete er diese Methoden auch auf mich an. Mit acht Jahren wurde ich einmal Zeuge eines besonders brutalen Beispiels der Methoden meines Vaters und schwor mir, niemals in seine Fußstapfen zu treten. Anstatt die Pferde mit Gewalt zu zwingen, wollte ich mit ihnen kommunizieren und ihr Vertrauen gewinnen. Ich war mir sicher, dass Pferde eine eigene Sprache haben und ich sie auf völlig andere Weise trainieren konnte, wenn ich diese Sprache verstand. Und so setzte ich mir mit acht Jahren ein klares Lebensziel: Ich wollte eines Tages in der Lage sein, fließend mit Pferden zu »sprechen«.

Mein Vater hielt die Idee für blanken Unsinn und so musste ich meinen Weg ohne seine Hilfe gehen. Auch meine Mutter unterstützte mich nur heimlich, denn sie wollte sich nicht mit meinem Vater anlegen. Wir lebten zu jener Zeit in Kalifornien, wo uns in Salinas eine Pferderanch gehörte. Da ich unbedingt ihre Sprache verstehen wollte, verbrachte ich jede freie Minute mit unseren ungezähmten Pferden.

Als ich 13 war, ging ich in den Sommerferien für drei Wochen nach Nevada, um dort wilde Mustangs einzufangen. Dies war meine erste Gelegenheit, mit Pferden zu arbeiten, die noch keinen Kontakt zu Menschen gehabt hatten. Ich war fest entschlossen, meine Zeit intensiv zu nutzen, und so stand ich morgens schon in aller Frühe auf und ritt den langen Weg in die einsame Bergwelt.

Dort beobachtete ich dann mit Hilfe eines Feldstechers die wilden Mustangherden, um das Verhalten einzelner Tiere zu studieren.

Ich war von diesen Pferden vollkommen fasziniert und konnte stundenlang einfach nur dasitzen und diesen wundervollen Tieren zuschauen.

Die Kommunikation der wilden Pferde untereinander erstaunte mich sehr. Sie gaben selten einen Laut von sich, sondern benutzten stattdessen eine sehr komplexe Bewegungssprache. Die Schlüsselelemente ihrer Sprache waren Körperhaltung sowie Geschwindigkeit und Richtung ihrer Bewegungen. Indem sie zusätzlich die Schärfe ihres Blicks und die Haltung der Ohren, des Nackens, des Kopfes und der Wirbelsäule variierten, konnten die Pferde all das kommunizieren, was sie mitzuteilen wünschten.

Als ich sie so beobachtete, stellte ich mir eines Tages die Frage, ob ich ein wildes Pferd dazu bringen könnte, mich nah herankommen zu lassen.

Ich wählte ein Pferd mit einer auffälligen Fellzeichnung, das ich leicht im Auge behalten konnte, und versuchte es von den anderen Pferden der Herde abzusondern. Die ersten Tage ließ ich mir alles Mögliche einfallen, um mich dem Pferd anzunähern, aber es witterte mich immer früh und rannte weg, bevor ich wirklich nah herankam. Eines Tages hatte ich jedoch Glück und näherte mich ihm von hinten in einem kleinen Canyon. Zum Schluss richtete das Pferd seine ganze Aufmerksamkeit auf mich. Nur mithilfe meines Körpers übermittelte ich die Signale, die ich bei anderen Pferden im Umgang untereinander gesehen hatte, und brachte den wachsamen Hengst dazu, einfach nur ruhig dazustehen. Er beobachtete äußerst aufmerksam, wie ich immer näher herankam, und schien keine Angst zu haben. Ich wagte nicht mehr zu atmen, als ich den letzten Schritt machte, der mich bis auf Armlänge an ihn heranbrachte. Ich schaute dem Mustang nicht in die Augen, als ich meine Hand nach ihm ausstreckte und sie behutsam auf seinen Nacken legte. Es dauerte nur ein paar Sekunden, aber das war lang genug. Ich zerbarst beinahe vor Freude, als ich ihn davongaloppieren sah. Ich hatte mit einem Pferd »gesprochen«!

Als ich wieder zu Hause war, erzählte ich meiner Mutter aufgeregt von meinem Erlebnis mit dem Mustang. Obwohl ich merkte, wie sehr sie sich für mich freute, sagte sie, ich solle weder meinem Vater noch jemandem sonst davon erzählen, wenn ich keine Schwierigkeiten bekommen wollte. Ich fühlte mich allein gelassen, aber ich wusste auch, dass sie Recht hatte. Mein Wunsch, die Sprache der Pferde zu lernen, wurde zu einer tiefen inneren Leidenschaft, die ich bewusst vor dem Rest der Welt verbarg.

Da ich das, was mich zutiefst bewegte, nicht mit anderen teilen konnte, zog ich mich von anderen Menschen zurück und fühlte mich nur in der Gesellschaft von Pferden wohl. Ich hatte kein Interesse mehr an den herkömmlichen Dingen des Lebens, sondern wollte mir nur noch meinen Traum erfüllen.

Ich ging von nun an jeden Sommer für drei Wochen nach Nevada, um meine Beobachtungen in der Einöde fortzusetzen. Vier Jahre später, ich zwar inzwischen 17, konnte ich nicht nur ohne Probleme einen wilden Mustang anfassen. Ich war auch in der Lage, ihn zu satteln, ihm Zaumzeug umzulegen und ihn zu reiten – und all das ohne ihm auch nur einmal zu drohen oder Schmerzen zuzufügen! Stolz ritt ich auf dem wilden Mustang zurück zur Ranch. Die Arbeiter, die mich reiten sahen, nannten mich einen Lügner, als ich ihnen erzählte, wie ich es geschafft hatte, das Pferd zu zähmen. Sie machten sich über mich lustig und waren nicht von ihrer Meinung abzubringen, dass mein wilder Mustang ein bereits domestiziertes Pferd sei, das von zu Hause weggelaufen war und sich den Mustangs angeschlossen hatte. Ich war zutiefst verletzt und erkannte die Nutzlosigkeit meiner Träume. Meine ganze Hoffnung zerbrach, weil mir niemand Glauben schenken wollte.

Irgendwann überwand ich jedoch den Schmerz der Demütigung und führte meine Ausbildungsmethoden weiter. Ich schwor mir allerdings, in Zukunft niemandem mehr davon zu erzählen.

Und so wurde ich zum Pferdetrainer. Bei jedem Pferd halfen mir meine bisherigen Erfahrungen, um mehr über die Sprache der Pferde herauszufinden. Es war eine langwierige, aber äußerst befriedigende Prozedur.

Als ich gerade 20 geworden war, engagierte mich eine Familie, die große Schwierigkeiten mit ihrer Stute My Blue Heaven hatte. My Blue Heaven war ein wunderschönes, intelligentes und sehr talentiertes Pferd. Einer ihrer Vorbesitzer hatte sie jedoch während ihrer Ausbildung falsch behandelt und so hatte sie ein ernsthaftes Problem entwickelt: Sie hielt nicht an, wenn man es von ihr verlangte. Sie schoss davon wie eine Rakete und ließ sich nicht mehr halten, sodass sie Zäune durchbrach und gefährlich scharfe Kehrtwendungen machte, in denen sie hin und her schlitterte und sich kaum auf den Beinen halten konnte. Sie war völlig unberechenbar. Es war noch nicht lange her, als die Stute beinahe die Tochter ihres gegenwärtigen Besitzers getötet hätte. Die Familie war in den Urlaub gefahren und hatte mich gebeten, das Pferd für sie zu dem Preis zu verkaufen, den ich noch für sie bekam. Sie hatten gehört, dass ich gut mit schwierigen Pferden umgehen konnte, und wussten, dass ich sie vorher zum Anhalten bringen musste, um sie überhaupt verkaufen zu können.

My Blue Heaven war das gefährlichste Pferd, das mir jemals unter die Augen gekommen war. Jetzt konnte ich, um ihr zu helfen, all das anwenden, was ich über die Jahre gelernt hatte. Ich bewegte mich langsam und beschränkte unsere Kommunikation auf das Grundlegende. Auf diese Weise gelang es mir nach und nach, ihr Vertrauen zu gewinnen. Es dauerte nicht lange und ihr Widerstand schmolz dahin. Von diesem Zeitpunkt an machten wir schnell bemerkenswerte Fortschritte. Es geschah, was niemand geglaubt hatte, und nach wenigen Tagen schon war sie wie ausgewechselt.

Während die Besitzer noch im Urlaub waren, nahm ich mit ihr an einem Wettkampf teil und belegte den ersten Platz. Ich nahm den Preis, einen kostbaren Sattel, mit ins Haus der Familie, denn

My Blue Haven war noch immer ihr Pferd. Ich schrieb eine kurze Mitteilung, in der ich erklärte, dass My Blue Heaven den Sattel gewonnen hätte und sie es noch einmal überlegen sollten, ob sie ihr Pferd auch unter diesen veränderten Umständen weiterhin verkaufen wollten. Ich heftete die Mitteilung an den Sattel und legte ihn mitten auf den Wohnzimmertisch, sodass sie ihn sofort bei ihrer Rückkehr entdecken mussten.

Die Familie war ganz außer sich, als sie sahen, wie sehr sich My Blue Heaven verändert hatte. Und natürlich wollten sie ihre Stute auf jeden Fall behalten. Schon bald entwickelte sich My Blue Heaven zu einem Weltklasse-Rennpferd, aber für ihre Besitzer war ihre neu erwachte Willigkeit und ihr sanftes Gemüt noch wertvoller als ihr Wettkampfwert.

My Blue Heaven war einer meiner ersten öffentlichen Triumphe. Im Laufe der nächsten 30 Jahre wiederholte sich ihre Geschichte noch oft bei anderen Pferden. Ich bekam all die hoffnungslosen Fälle, aber mit so einfachen Mitteln wie Freundlichkeit, Respekt und Kommunikation schaffte ich es immer wieder, die Pferde zu heilen.

Irgendwann konnte ich meine Arbeit nicht länger geheim halten. Die meisten Menschen begegneten meiner Methode mit großer Offenheit und sogar mit regelrechtem Enthusiasmus, obwohl es auch immer wieder Menschen gab, die skeptisch waren oder mich gar mit Spott oder Verachtung straften.

Besonders in England wurde ich herzlich aufgenommen. Ich konnte es als Sohn eines amerikanischen Pferdeausbilders nicht so recht glauben, als ich im Jahre 1989 Ihrer Königlichen Majestät, Elisabeth der Zweiten, Königin von England, vorgestellt wurde. Ein langer und oft schmerzhafter Weg führte von den einsamen Bergen Nevadas zur Pracht und Herrlichkeit von Schloss Windsor.

Der Empfang im englischen Königshaus markierte einen Wendepunkt in meiner Karriere. Die Königin empfahl meine Methoden weiter und stellte mir ihren Privatwagen zur Verfügung, damit ich England bereisen und meine Techniken im ganzen Land vorstellen konnte. Heutzutage kann man meine Methode der Pferdeausbildung sogar am West Oxfordshire College studieren.

Ich habe das erreicht, was ich mir als Achtjähriger vorgenommen hatte. Dennoch habe ich das Gefühl, nur ein Wegbereiter für all diejenigen zu sein, die mir folgen werden. Wenn ich die jungen Leute, die meine Arbeit studieren, beobachte, keimt in mir die Gewissheit, dass sie mein Werk weiterführen und zu einem Grad der Kommunikation mit Pferden kommen werden, den ich mir noch nicht einmal ansatzweise vorstellen kann.

In gewisser Weise bin ich meinem Vater dankbar dafür, dass er meinem Leben diese Ausrichtung gegeben hat. Indem ich seinen Umgang mit Pferden sah, entwickelte sich meine Leidenschaft für diese wundervollen Geschöpfe. Aus seiner Gewalt heraus wurde mein Traum geboren – und er besteht darin, allen Pferden den unnötigen Schmerz und das sinnlose Leiden zu ersparen, »gebrochen« zu werden.

Monty Roberts
(aufgeschrieben von Carol Kline)

Froh, noch am Leben zu sein

Maria war eine liebenswerte Frau Anfang 70, die sich ein kindliches Staunen bewahrt hatte. Strahlend, als sei sie die Sonne selbst, begrüßte sie jeden Tag die Morgendämmerung und erfreute sich an den unscheinbarsten Dingen: einer Taube, die in ihrem Vogelhäuschen saß, dem frischen Tau am Morgen und dem süßen Duft des Jasmins in ihrem Garten.

Maria war Witwe und lebte allein in einer heruntergekommenen Gegend in Deerfield Beach, Florida. Eines Tages pflegte sie gerade den kleinen Garten vor ihrem bescheidenen Häuschen, als jemand aus einem fahrenden Auto heraus auf sie schoss und sie am rechten Oberschenkel traf. Sie schrie auf vor Schmerz und fiel auf den

Bürgersteig. Nach ungefähr einer Stunde fand sie der Postbote bewusstlos und mit einem stark blutenden Bein auf dem Boden liegen. Sie schaffte es gerade noch rechtzeitig ins Krankenhaus und der Arzt meinte, Maria könne froh sein, dass sie noch lebte.

Als sie wieder zu Hause war, fühlte sich Maria keineswegs froh. Bevor auf sie geschossen wurde, war die alte Dame immer dankbar für ihre Gesundheit gewesen, aber jetzt erforderte allein der tägliche Gang zum Briefkasten eine übermenschliche Anstrengung. Und obendrein türmten sich die Arztrechnungen auf alarmierende Weise und belasteten ihre magere Rente. Obwohl sie hatte ansehen müssen, wie es Jahr für Jahr mit der Nachbarschaft bergab ging, hatte sie sich bislang am Tag sicher gefühlt. Leider war es damit nun vorbei. Zum ersten Mal in ihrem Leben hatte Maria Angst und fühlte sich allein und hilflos.

»Ich habe das Gefühl, dass mir der Boden unter den Füßen weggezogen wurde«, sagte sie ihrer Freundin Vera. »Ich bin nur noch eine alte Frau, die nichts mehr zu tun hat und auf die niemand mehr wartet.«

Als Vera eines Tages kam, um Maria zur Nachuntersuchung abzuholen, erkannte sie ihre langjährige Freundin kaum wieder. Marias Gesicht war eingefallen und ihre sanften braunen Augen hatten einen traurigen und verstörten Blick bekommen. Alle Vorhänge waren zugezogen und ihre Hände zitterten vor Angst, als sie nach draußen auf die Veranda humpelte, wobei sie ihr verletztes Bein nur mühsam mit einer Krücke abstützte.

Sie waren ein wenig zu früh dran und so fuhr Vera einen kleinen Umweg durch eine landschaftlich schöne Gegend, um Maria aufzuheitern. Sie hielten gerade an einer roten Ampel, als Maria plötzlich schrie: »Da, die Katze! Sie versucht über die Straße zu laufen!«

Vera sah eine schwarz-weiß getigerte Katze mitten auf der Straße laufen. Die beiden Frauen kreischten laut auf, als das Kätzchen nacheinander von drei Autos angefahren wurde. Zuletzt wurde der kleine Körper an den Fahrbahnrand geschleudert und blieb dort bewegungslos liegen. Die anderen Autos fuhren zwar langsamer, aber keiner hielt an, um zu helfen.

»Wir müssen dieses arme Geschöpf retten«, rief Maria. Vera fuhr rechts ran, stieg aus dem Wagen und ging zu dem verletzten Tier. Wie durch ein Wunder lebte es noch, obwohl es schwer verletzt war.

»Nimm meine Jacke und wickel das Kätzchen darin ein«, sagte Maria. Vera legte die Katze vorsichtig zwischen ihnen auf den Sitz. Das Tier schaute hoch zu Maria und schenkte ihr ein wehklagendes, kaum hörbares Miauen. »Alles wird gut, mein kleiner Freund«, sagte Maria mit Tränen in den Augen.

Als sie eine Tierklinik gefunden hatten, erzählten sie vorne am Eingang, was geschehen war. »Tut mir Leid«, sagte die Frau an der Rezeption, »aber wir behandeln keine herrenlosen Tiere.« Bei der nächsten Klinik ging es ihnen genauso. Endlich, beim dritten Versuch, trafen sie die freundliche Tierärztin Dr. Susan Shanahan, die ihnen Hilfe zusicherte und sich sofort um die Katze kümmerte.

»Dieser kleine Kerl kann froh sein, dass er noch am Leben ist«, sagte Dr. Shanahan zu Maria und Vera. »Wenn sie beide nicht zur Stelle gewesen wären, hätte er niemals überlebt.« Die Ärztin nahm Maria zur Seite. »Die Verletzungen des Katers sind sehr ernst«, sagte sie. »Er hat ein schweres Kopftrauma, zerquetschte Pfoten und ein gebrochenes Schlüsselbein. Er wird viele teure Medikamente brauchen. Allein die Rechnung für die heutige Behandlung beträgt mindestens 400 Dollar.«

Maria rang um Luft. Sie kramte ihren alten, abgenutzten Geldbeutel aus ihrer Handtasche hervor und gab der Ärztin 50 Dollar – das ganze Geld, das übrig geblieben war, nachdem sie all ihre anderen Rechnungen bezahlt hatte.

»Mehr habe ich zur Zeit nicht, aber ich verspreche Ihnen, dass ich den Rest nach und nach abbezahle. Schläfern Sie das Kätzchen bitte nicht ein. Wir *brauchen* einander.«

Dr. Shanahan spürte den Ernst der Situation. Sie ging in die Knie und nahm Marias Hände. »Mein Chef wird kein Verständnis für das haben, was ich hier tue«, sagte sie mit ruhiger Stimme. »Eigentlich hätte ich dem Kater gar nicht helfen dürfen, ohne vorher über die Bezahlung zu sprechen. Aber machen Sie sich keine Sorgen, ich werde die Kosten selbst übernehmen.«

Solange der kleine Kater in der Klinik war, kam Maria jeden Tag, um nach ihm zu sehen. Sie redete ihm gut zu und streichelte sein Fell behutsam mit dem kleinen Finger. Nach ein paar Tagen schon begann der Kater wieder zu schnurren und Marias Augen erstrahlten im neuen Glanz.

Schließlich kam der Tag, an dem der Kater nach Hause durfte. Maria war aufgeregt wie ein kleines Mädchen, das auf die Bescherung am Heiligabend wartet, als sie ihn freudestrahlend in der Klinik abholte.

»Welchen Namen wollen Sie ihm geben«, fragte Dr. Shanahan. Maria wiegte ihr Kätzchen in den Armen und antwortete: »Ich werde ihn Lucky nennen, denn ich bin froh, dass wir beide noch am Leben sind.«

Christine E. Belleris

Hunde des Krieges

In Vietnam mussten wir ständig lebenswichtige Entscheidungen treffen. Nehmen wir lieber mehr Munition mit oder mehr Wasser? Wenn der rettende Hubschrauber nur noch Platz für drei Männer hat, aber vier auf den Abtransport warteten, lassen wir dann einfach einen von uns zurück oder landen wir einmal kurz durch, schmeißen den Piloten von Bord und entführen die Maschine? Und die schlimmste Entscheidung von allen, wenn es dunkel ist und du allein bist, lässt du dann einen schwer verletzten Jungen langsam sterben oder gibst du ihm einfach den Gnadenstoß?

Ich habe nicht nur Entscheidungen getroffen, die ich hinterher bereut habe. Und nicht alle Erinnerungen reißen mich aus dem

Schlaf und schnüren mir um drei Uhr morgens die Kehle zu, sodass ich mit geballten Fäusten auf den ersten gesegneten Lichtstrahl warte. Die Dunkelheit meiner Zeit in Vietnam hatte einen hellen Tupfer: einen großen Deutschen Schäferhund namens Beau.

Beau war als Spähhund meiner Infanterieeinheit zugeordnet. Seine Aufgabe bestand darin, Tunnel, Waffenverstecke und Sprengfallen der Vietcong aufzuspüren. Wie die meisten von uns war er nach außen hin ein Soldat, aber im Herzen ein kleiner, verspielter Hund.

Immer wenn wir auf unseren nächsten Einsatz warten mussten, was oft vorkam, sorgte Beau für Unterhaltung. Sein Hundeführer versperrte zum Beispiel den Weg mit einem dünnen Draht und einer von uns musste versuchen, ihn zu überschreiten. Beaus Job bestand darin, es nicht zuzulassen, dass irgendwer eine Sprengfalle auslöste. Er hatte gelernt, notfalls einen GI anzugreifen, um zu verhindern, dass dieser eine Mine auslöste, die nach oben sprang und auf Kopfhöhe detonierte.

Ich kraulte Beau eine Minute lang und gab ihm von meiner Lebensmittelration. Wenn ich dann auf den Draht zuging, sprang Beau sofort auf. Er ließ sich nie durch Zuwendung oder Fressen bestechen, sondern stellte sich blitzschnell zwischen mich und den Draht. Er legte seine Radarohren an und fletschte die strahlend weißen Raubtierzähne. Er schaute mir direkt in die Augen und sein wuchtiger Körper ging in Lauerposition, bereit zum Sprung. Wir mussten zwar immer wieder über unsere Angst hinausgehen, aber wenn Beau uns aufforderte, stehen zu bleiben, wagte keiner mehr einen Schritt.

Nachdem ich also fast von diesem großen Burschen zerfleischt worden wäre, setzte ich mich wieder hin und aß weiter. Sofort legte sich Beau wieder neben mich und bettelte mich an, ihm etwas abzugeben.

An einem feuchtheißen und elenden Tag bewegte sich meine Einheit durch ein leichtes Dschungelgebiet mit hohen Bäumen.

Ich marschierte in der vierten Reihe der Vorhut, Beau und sein Hundeführer waren hinter mir. Plötzlich flogen uns Maschinengewehrsalven um die Ohren, die wir wegen der stehenden Hitze und der wabernden Feuchtigkeit um uns herum jedoch nur gedämpft wahrnahmen. Dennoch warfen wir uns instinktiv auf den mit Kletterpflanzen bedeckten Boden und Beau duckte sich zwischen mich und seinen Hundeführer. »Unter die Bäume«, zischte irgendwer. Der Beschuss hatte zugenommen und wurde lauter. Beau wich zurück, zeigte aber keine Anzeichen einer Verletzung. Ich leerte drei Magazine in Richtung der feindlichen Maschinengewehre und meine Kameraden taten in ihrer Panik das Gleiche. Es dauerte nicht lange und alles war vorbei.

Ich schaute nach Beau. Er schien okay zu sein und so halfen wir ihm beim Aufstehen. Erst jetzt entdeckte ich das dunkle, blaurote Rinnsal, das wir alle nur zu gut kannten. Eine Kugel hatte sein Vorderbein durchschlagen. Es schien ein glatter Durchschuss zu sein, denn die Wunde blutete nur wenig. Ich streichelte ihn und er wedelte mit dem Schwanz. Seine traurigen, intelligenten Augen schienen sagen zu wollen: »Es ist schon gut, Joe. Kümmere dich nicht um mich. Ich bin nur hier, um dich zu beschützen.«

Mit dem nächsten Hubschrauber wurden der Hund und sein Hundeführer aus der Gefahrenzone geflogen. Ich tätschelte Beau zum Abschied und fragte mich, ob sie den tapferen Kerl nach Hause schicken würden. Ich merkte jedoch schon bald, wie naiv es gewesen war, so etwas anzunehmen, denn ein paar Wochen später waren beide zurück. Beau hatte sogar neue Tricks gelernt, um mir mein Abendessen abzuluchsen.

Es war inzwischen Hochsommer 1967. Wir waren nur noch tausend Meter von einem winzigen Dörfchen namens Sui Tres entfernt. In seiner unmittelbaren Umgebung befand sich eine große Plantage, in der eine amerikanische Artillerieeinheit von ungefähr 2500 Vietcong eingeschlossen war. Wir hatten den Befehl, den Weg freizuschießen und unsere Haubitzenschützen in Sicherheit zu bringen.

Wir schliefen mit dem Kopf auf dem Stahlhelm auf dem nackten Dschungelboden. Kurz vor Tagesanbruch hörten wir Maschinengewehrfeuer und die Detonationen von schwerem Geschütz aus der Richtung von Sui Tres. Die Zeit war gekommen, sich dem Feind zu stellen.

Ich setzte den Helm auf und kramte meine Sachen zusammen. Beau kam angelaufen, um zu sehen, ob wir noch Zeit zum Frühstücken hatten. Der dunkle Dschungel war erfüllt von leisen Flüchen und klappernder Ausrüstung. Vor uns explodierten russische Raketensprengsätze in den Baumkronen. Die herannahenden Raketen hörten sich an wie zischender Dampf. Sie verstummten für einen kurzen Moment und zerbarsten dann in einem ohrenbetäubenden und lungenzerreißenden Krachen.

Rauchschwaden hingen in der Luft. Ich lag mit dem Gesicht nach unten auf dem Boden und wusste nicht, wie ich dorthin gekommen war. Die Leute schrien nach Sanitätern. Mein Helm war von Granatsplittern getroffen und passte mir nicht mehr. Beaus langer, schwarzer Schwanz wedelte verwirrt in meiner Nähe. Sein Hundeführer hatte ihn neben sich niedergeduckt und so wartete Beau in dieser Position auf neue Befehle. Aber es konnten keine neue Anweisungen für ihn kommen, denn der junge Soldat hatte seinen letzten Befehl gegeben.

Ich zog Beau vorsichtig von dem Toten weg. Als ich sein Rückenfell streichelte, bemerkte ich eine klebrige Flüssigkeit an meiner Hand und sah, wie sie an seiner Seite hinunterlief. Ein kleiner Granatsplitter war genau unterhalb der Wirbelsäule in seinen Rücken eingedrungen. Wieder schien er sich nicht um seine eigene Verletzung zu kümmern und drängte immer wieder zu seinem Hundeführer hin. »Er hat kein Glück gehabt«, sagte ich und kniete mich hin, um den Schäferhund an meine Brust zu drücken. »Er hat einfach kein Glück gehabt.«

Jeder GI trägt normalerweise eine große Verbandsrolle in einem olivgrünen Beutel mit sich, der an seinem Tarnnetz befestigt ist.

Die Vorschrift lautet, dass man immer den Verband des Verletzten benutzt und seinen eigenen für sich aufhebt. Da Beau keine Verbandsrolle bei sich trug, wickelte ich ihn in meine.

Schließlich wurde der Hund zusammen mit den anderen Verwundeten weggebracht. Ich sah Beau nie wieder.

Es war der 18. September 1967. Nach elf Monaten und 29 Tagen ging es wieder nach Hause. Die Malaria hatte mein Gewicht von 165 auf 130 Pfund reduziert. Ich sah aus und fühlte mich wie eine Leiche in Kampfstiefeln. Mein Herz war verseucht vom Tod – seinem Geruch, seinem Aussehen und seiner unentrinnbaren Endgültigkeit.

Ich stand zusammen mit anderen Soldaten in einer Schlange und wartete darauf, dass meine Augen überprüft wurden. Wir hatten alle Klemmmappen unterm Arm und mussten verschiedene Formulare ausfüllen. Der Typ vor mir fragte mich, ob er meinen Kugelschreiber benutzen dürfe. Er meinte, er sei Hundeführer gewesen. Nun ginge es zurück zur Farm seiner Familie in Iowa. »Es ist ein wundervoller Ort«, sagte er, »ich hatte nie gedacht, dass ich jemals dorthin zurückkehren würde.«

Ich erzählte ihm von dem Spähhund, den ich sehr mochte, und was mit ihm und seinem Hundeführer geschehen war. Was der Soldat daraufhin erwiderte, verschlug mir den Atem.

»Du meinst Beau!«, rief er aus und war plötzlich voller Leben und Freude. »Ja, woher kennst du ihn?« »Er wurde mir zugeteilt, nachdem mein Hund getötet worden war.«

Einen kurzen Moment lang war ich glücklich. Dann schoss mir ein unangenehmer Gedanke durch den Kopf. Ich musste den Soldaten fragen, was aus Beau geworden war, denn als Hundeführer befand er sich allein auf dem Weg nach Hause.

Ich schaute also verlegen auf die Sohle meiner Kampfstiefel und fragte: »Was ist mit dem Hund passiert?«

Der junge Soldat senkte seine Stimme wie jemand, der eine schlechte Nachricht mitzuteilen hatte. »Er ist weg.«

Ich hatte den Tod so satt, dass ich mich am liebsten übergeben hätte. Ich wollte mich einfach nur noch hinsetzen und heulen. Ich glaube, mein Gegenüber bemerkte meine geballten Fäuste und meine feuchten Augen, denn er blickte nervös um sich und sprach noch leiser.

»Er ist nicht tot, Mann«, flüsterte er. »Er ist *weg*. Ich konnte den Kommandeur meiner Kompanie dazu bringen, ihm einen Totenschein auszustellen, und schickte ihn nach Haus zu meinen Eltern. Er ist schon seit zwei Wochen bei ihnen. Beau ist zurück in Iowa.«

Was dieser dürre Farmjunge und sein kommandierender Offizier getan hatten, war sicherlich nur ein Tropfen auf den heißen Stein. Aber sie sprachen damit uns allen aus dem Herzen. Und von allen Entscheidungen, die in Vietnam getroffen wurden, gefällt mir diese am besten.

Joe Kirkup

Tiny und der Kleiderschrank

> Eine Katze, die eine ganze Familie glücklich gemacht hat, lässt sich nicht so einfach ersetzen wie ein abgetragener Mantel oder abgefahrene Reifen. Aus jedem Kätzchen entwickelt sich eine eigenständige Katze und keine gleicht der anderen. Ich bin vier Katzenleben alt und zähle meine Jahre nach den Freunden, die aufeinander folgten, einander jedoch niemals ersetzten.
>
> *Irving Townsend*

Er war fast zwei Meter groß und schaute finster drein. Seine Schultern waren so breit wie mein Esstisch und Haare und Vollbart verdeckten die Hälfte des Gesichts. Die muskulösen Arme und der starke Brustkorb waren mit Tattoos übersät. Er trug eine abgewetzte Jeans und dazu eine Jeansjacke mit abgeschnittenen Ärmeln. Ketten rasselten an seinen Motorradschuhen und an seinem breiten Ledergürtel. Auf seiner ausgestreckten Hand, die so groß wie ein Kuchenteller war, lag ein winziges, missgebildetes Kätzchen.

»Was fehlt Tiny, Doc?«, fragte er barsch mit einer rauen Stimme.

Ich untersuchte den kleinen Kater und stellte fest, dass er einen Geburtsfehler hatte. Tinys Wirbelsäule war nicht zusammengewachsen und daher konnte er seine Hinterläufe nicht bewegen. Nichts konnte ihm in seinem Zustand helfen, weder ein operativer Eingriff noch Medikamente oder Gebete. Ich fühlte mich hilflos.

Ich konnte diesem haarigen Riesen nur sagen, dass sein kleiner Freund im Sterben lag. Ich schämte mich zwar meiner Vorurteile, aber ich musste zugeben, dass ich etwas nervös war, denn ich wusste nicht, wie der Motorradfahrer auf diese Mitteilung reagieren würde. Es ist kein angenehmes Gefühl, schlechte Nachrichten überbringen zu müssen, und wenn ich mir mein Gegenüber so anschaute, wusste ich nicht, was ich zu erwarten hatte.

Ich versuchte so einfühlsam wie nur möglich zu sein, als ich ihm Tinys Zustand erläuterte. Ich sagte, das Einzige, was wir erwarten könnten, sei ein langsames, sich in die Länge ziehendes Sterben. Angespannt wartete ich auf seine Antwort, denn ich wusste nicht, wie er reagieren würde. Aber der mächtige Bursche schaute mich nur mit traurigen Augen, die ich bei all den Haaren in seinem Gesicht kaum erkennen konnte, an und sagte: »Schätze, wir sollten sein Leiden beenden, Doc.«

Ich stimmte ihm zu, denn die einzige Möglichkeit, Tiny zu helfen, bestand darin, ihm eine Spritze zu geben, die seine Schmerzen beenden würde. Und während der Besitzer Tiny hielt, erlösten wir den kleinen Kater aus seinem bedauerlichen Zustand.

Als es vorbei war, war ich überrascht zu sehen, wie dieser Machotyp, groß wie ein Kleiderschrank, einfach nur dastand und Tiny im Arm hielt, während Tränen an seinem Bart hinunterkollerten. Ihm schien es nicht peinlich zu sein, dass er weinte. Mit einem kurzen »Danke, Doc« ging er hinaus, um seinen kleinen Freund irgendwo zu beerdigen.

Obwohl es immer schmerzhaft ist, einen Patienten einschläfern zu müssen, waren meine Mitarbeiter und ich froh, dass wir den qualvollen Zustand des kleinen Katers hatten beenden können. Die Wochen vergingen und unsere Erinnerungen an den Vorfall verblassten.

Eines Tages jedoch erschien der motorradfahrende Kleiderschrank erneut in der Klinik. Es hatte den Anschein, als wiederhole sich die gleiche Situation wie damals. Der hoch aufgeschossene Mann trug dieselben Sachen und hielt wieder eine kleine Katze in seiner kuchentellergroßen Hand. Nachdem ich »Tiny II« untersucht hatte, war ich erleichtert, denn diesmal gab es an dem Zustand des kleinen Katers nichts auszusetzen. Er war völlig normal und gesund.

Ich begann damit, Tiny II zu impfen und auf Wurmbefall zu untersuchen, während ich gleichzeitig mit seinem Besitzer all das besprach, was notwendig war für die gesunde Pflege der kleinen Katze. Mir war inzwischen klar geworden, dass Herr Kleiderschrank nur nach außen hin eine harte Schale präsentierte. Im Innern hatte er ein Herz, das zu seiner Körpergröße passte.

Ich frage mich heute, wie viele andere Typen vom Schlage der Hell's Angels im Innern weich wie Zuckerwatte sind. Immer wenn ich nun auf der Straße einen Haufen finster ausschauender Motorradfahrer sehe, die ihre Motoren aufheulen lassen und an mir vorbeirasen, achte ich darauf, ob nicht ein kleines Kätzchen aus einem chromglänzenden Beiwagen oder gar einer Lederjacke herausschaut.

Dr. med. vet. Dennis K. McIntosh

Der Kapitän

Der Mensch hat das Netz des Lebens
nicht gewebt, er ist nur ein Strang
dieses Netzes. Was immer er dem
Netz antut, tut er sich selbst an. Alle
Dinge sind miteinander verbunden
und voneinander abhängig.

Häuptling Seattle

Mitten in Iowa, auf einem Stück Land am Rande einer kleinen Stadt, liegt eine alte Farm. Im Haus gibt es viele Sofas und Sessel, selbst gebaute Sitze in sicherer Höhe und Kratzbäume. An allen Seiten befinden sich kleine Durchlässe in der Wand, die zu Wiesen und Bäumen sowie zu vielen sonnigen Plätzen führen, auf denen es sich wunderbar ausstrecken lässt. Jeden Tag kommen Menschen aus der Umgebung, die sich um die vielen Katzen kümmern, die ganz allein auf dieser Farm leben. Sie versorgen ihre Lieblinge mit frisch gekochter Nahrung und vielen Streicheleinheiten. Es gibt auch bezahltes Personal, das das Katzenhaus blitzsauber hält.

Auf der Farm leben auch ein paar Hunde. Hinter dem Haus, in unmittelbarer Nähe des Gartens und der Obstbäume, befinden sich große Zwinger mit abgeteilten und beheizten Hundehütten. Hier wohnen die Hunde, deren Zeit im städtischen Tierheim abgelaufen ist. Die Menschen kommen, um mit ihnen spazieren zu gehen oder sie zu füttern und durch Zuwendung und Liebe »aufzupäppeln«.

Die Stiftung Arche Noah, eine staatlich unterstützte Wohltätigkeitsorganisation auf nicht kommerzieller Basis, hat mit dieser Farm, die schon über zehn Jahre lang besteht, einen ungewöhnlichen Zufluchtsort geschaffen.

Viele Jahre lang hatte ich davon geträumt, ein Heim für herrenlose Tiere zu schaffen. Mir schwebte eine Einrichtung vor, in der sich die Tiere wohl fühlen konnten und mit gesunder Nahrung von hoher Qualität gefüttert wurden. Und wenn sie krank waren, sollten sie mit natürlichen Heilverfahren behandelt werden. Mit der Arche Noah ist dieser Traum für mich in Erfüllung gegangen. Es ist wundervoll zu beobachten, wie die oftmals misshandelten Tiere bei uns wieder vollständig gesund werden. Ihre glänzenden Felle und strahlenden Augen sind der Lohn für die oft schwere Arbeit. Auch die Persönlichkeit der Tiere blüht bei uns häufig von neuem auf. Ein paar Katzen haben die Rolle von offiziellen Begrüßern übernommen und inspizieren jeden Besucher.

Freddy, ein großer und wunderschöner grauer Perserkater, war einer dieser Begrüßer auf der Arche Noah. Er war darin so überzeugend, dass ich ihn »Kapitän« nannte. Er war kein verschmuster Kater, denn dafür war er viel zu sehr ein Macho. Aber er hatte ein freundliches Wesen und so inspizierte er jeden, der kam, und rieb sich vielleicht sogar am Bein des Besuchers. Freddy war schon sechs oder sieben Jahre auf unserer Farm und mein persönlicher Liebling.

An einem Samstagmorgen erhielt ich einen Anruf von demjenigen, der an diesem Morgen die Katzen füttern wollte. Es war etwas Schreckliches geschehen. Ich solle sofort zur Farm kommen. Nichts hätte mich auf den Anblick vorbereiten können, der mich auf der Farm erwartete. Während der Nacht war jemand in das verschlossene Haus eingebrochen und hatte anscheinend nur so zum Spaß 25 Katzen mit stumpfen Gegenständen ermordet oder verstümmelt.

Ich war fast nicht in der Lage, die Polizei zu benachrichtigen. Ich war völlig betäubt, als ich mich ans Telefon hängte, um freiwillige Helfer zusammenzutrommeln, die sich um die verletzten Katzen kümmern konnten. Wir brauchten dringend helfende Hände, um die toten Katzen einzusammeln und die Überlebenden zu beruhigen und das Haus wieder in die gewohnte Ordnung zu bringen. Die entsetzliche Nachricht sprach sich schnell herum. Die örtliche Kirche sandte sofort zehn Helfer, unter ihnen zwei Geistliche. Ohne die mitfühlende und gewissenhafte Hilfe aller Freiwilligen hätte ich diesen schlimmen Morgen nicht überstanden.

Nach ungefähr einer Stunde schreckte ich plötzlich hoch: »*Was war mit den Hunden?*« Ich rannte hinüber zu den Zwingern und war unglaublich erleichtert, sie alle unverletzt vorzufinden. Zwei der Hunde, die in unserer Obhut waren, hießen Duke und Dolly. Sie waren kraftvolle Mischlinge aus Rhodesian Ridgeback und Bulldogge, und bei Leuten, die sie kannten und liebten, waren sie verspielt wie kleine Hunde. Zum ersten Mal war ich froh, dass ihre äußere Erscheinung allein schon Eindruck machte, obwohl ihre Statur leider auch der Grund zu sein schien, warum sie bislang noch kein neues Zuhause gefunden hatten. Kein Fremder war unvorsichtig genug, sich an sie heranzuwagen.

Als ich zum Haus zurückkehrte, wurden die toten Katzen gerade auf eine Karre geladen, um sie dorthin zu fahren, wo sie begraben werden sollten. Ich hatte beim Anblick meiner toten kleinen Freunde Tränen in den Augen. Dann sah ich einen grauen Körper unter einem Handtuch hervorschauen.

»Nicht Freddy«, flehte ich. »Hoffentlich ist es nicht Freddy.« Aber der Kapitän war nirgendwo zu sehen und so musste ich mich damit abfinden, dass Freddy höchstwahrscheinlich tot war.

Ich fühlte mich körperlich elend, wenn ich daran dachte, dass ausgerechnet seine freundliche und vertrauensvolle Art ihn zu einem leichten Opfer für jemanden machte, der böse Absichten gegenüber einem unschuldigen Tier hegte.

Das Mitgefühl und die Teilnahme aus den Reihen unserer Gemeinde war beeindruckend. Und nachdem die lokale Zeitung über den Vorfall berichtet hatte, griffen nationale Nachrichtenagenturen die Geschichte auf. Bald schon wurden wir mit Anrufen und Briefen aus dem ganzen Land überflutet. Es kamen sogar Menschen aus den Nachbarstaaten, um Überlebende des Massakers zu adoptieren.

Für mich war es eine schwere Zeit. Ich hatte viele Tiere verloren, die mir ans Herz gewachsen waren, aber am meisten verwirrte mich die Sinnlosigkeit des Ganzen. Drei Jugendliche der örtlichen High-School wurden schließlich der Tat überführt.

Der Vorfall verursachte einen ungeheueren Aufruhr in unserer kleinen Stadt. Die Gewalt, die über die Arche Noah hereingebrochen war, löste eine hitzige Debatte aus. Eine kleine, aber lautstarke Minderheit meinte, die Opfer seien ja »bloß Katzen«, und man solle nicht so ein großes Aufhebens um sie machen. Die große Mehrheit jedoch, durchweg aufgebrachte Tierliebhaber, forderten eine konsequente Strafverfolgung.

Ich fühlte mich wie benommen, gefangen in einem schlechten Traum, aus dem ich nicht erwachte. Nichts auf der Welt konnte die toten Katzen zurückbringen. Unsere traurige Aufgabe bestand nun darin, die verängstigten Katzen, die sich noch rechtzeitig nach draußen in Sicherheit gebracht hatten, nach und nach wieder einzusammeln, und uns um die traumatisierten und verletzten Katzen zu kümmern, die den Angriff im Haus überlebt hatten. Ich trauerte sehr um meine Freunde, besonders um Freddy.

Einige Tage später sah ich einen großen grauen Perser langsam auf mich zukommen. Ich erschreckte uns beide, als ich aus vollem Halse »Freddy!« schrie. Er konnte es doch gar nicht sein, aber er war es tatsächlich. Er war etwas wackelig auf den Beinen und sah sehr mitgenommen aus. Keine Spur mehr von dem freundlichen und liebenswerten Begrüßer von einst, aber er lebte! Ich nahm ihn in die Arme und drückte ihn an die Brust und während ich ihn in meinen Armen wiegte und streichelte, fielen meine Tränen auf seinen Kopf. Freddy war wieder da!

Im Chaos jenes schrecklichen Morgens hatte ich Freddy mit einem anderen grauen Perserkater verwechselt, der tot und halb von einem Handtuch bedeckt auf der Karre gelegen hatte. Freddy hatte zu den Glücklichen gezählt, denen es gelungen war, aus dem Haus zu entkommen und dem schrecklichen Schicksal der anderen zu entrinnen.

Wie durch ein Wunder brauchte Freddy nur ein paar Wochen, um wieder der Alte zu sein. Schließlich übernahm er auch wieder seine Verpflichtungen als offizieller Begrüßer.

Das Massaker an den Katzen hatte mich tief getroffen und als erste Reaktion wollte ich alles aufgeben. Ich war einfach nicht mehr motiviert weiterzumachen. Die Bereitschaft des Katers, den Menschen wieder zu vertrauen, half mir sehr dabei, selbst wieder neue Zuversicht zu fassen. Letztlich war es die Zuneigung zu Freddy und zu den anderen Tieren, die mich in dem Entschluss stärkte, das lebensrettende Werk der Arche Noah weiterzuführen, egal was auch passiert war.

Wenn Sie heute unser Farmhaus besuchen, werden Sie von einem großen und zutraulichen grauen Kater begrüßt, der Ihnen stolz entgegenkommt. Seinen grünen Augen entgeht nichts, wenn er Sie von Kopf bis Fuß inspiziert. Wenn Sie seine Musterung erfolgreich überstanden haben, presst er seine massige Gestalt gefühlvoll gegen Ihr Schienbein. Was den Kapitän anbelangt, so kann ich frohen Herzens berichten, geht alles wieder seinen gewohnten Gang.

David Sykes

Die Frau, die Hühner unter ihre Fittiche nahm

> Die Jahre mögen Falten auf deiner Haut hinterlassen, aber deine Seele schrumpft erst dann, wenn du deinen Enthusiasmus verlierst.
>
> *Samuel Ullman*

Minnie Blumfield verlor niemals ihren Enthusiasmus. Sie glaubte daran, dass im Alter der Mut zu Visionen und wahre Begeisterung für jede Form von Leben zunähmen. Dies ist auch der Grund, warum Minnie mit 86 Jahren anfing, sich als Einzige um eine Hühnerschar zu kümmern, die nach dem Unfall eines Geflügeltransporters herrenlos an einer der meistbefahrenen Stadtautobahnen Südkaliforniens zurückgelassen worden war. Aus unerklärlichen Gründen hatte sich nach dem Unfall niemand mehr für die Hühner zuständig gefühlt. Sie blieben stattdessen einfach dort, wo sie waren, und wurden schließlich von den Einheimischen »Hollywoods Autobahnhühner« genannt.

Minnie lebte wie viele alte Menschen allein und musste mit einer schmalen Pension auskommen. Dennoch war für sie jedes Lebewesen wertvoll und durfte nicht teilnahmslos ignoriert und seinem Schicksal überlassen werden – selbst wenn es sich »nur« – wie bei den Hühnern – um Schlachtvieh handelte. Minnie sah, dass Geschöpfe in Not waren, und eilte ohne ein Zögern zu Hilfe. Neun Jahre lang pilgerte Minnie zweimal am Tag zu den verlassenen Hühnern, um sie mit Nahrung und Wasser zu versorgen, während andere sorglos an ihnen vorbeirasten. Sie bezahlte alles von dem wenigen Geld, das ihr zur Verfügung stand. Während die Jahre vergingen, machte sich Minnie immer mehr Gedanken, was aus den adoptierten Hühnern werden würde, wenn sie sich einmal nicht mehr um sie kümmern konnte. Wer würde nach diesen armen, hilflosen Geschöpfen sehen, wenn sie ihre tägliche Reise nicht mehr antreten konnte?

Mit 95, als der Zahn der Zeit an Minnies Körper zu nagen begann, erschien die junge Schauspielerin Jodie Mann. Das Gründungsmitglied einer Tierschutzorganisation von Schauspielern wurde Minnies Nachbarin. Jodie hatte Minnie bei ihren Ausflügen beobachtet und gesehen, dass die alte Frau auch viele herrenlose Katzen in der Nachbarschaft fütterte. Eines Tages sprach Jodie Minnie an, um sie nach dem Besitzer eines Hundes zu fragen, den Jodie von der Straße aufgelesen hatte. Spontan entwickelte sich zwischen den beiden eine tiefe Freundschaft. Als Jodie mitbekam, wie sehr Minnie das Schicksal ihrer Hühner am Herzen lag, versprach sie, im Rathaus dafür zu kämpfen, dass das Federvieh eine neue Bleibe erhielt.

Jodie fand tatsächlich eine Ranch, auf der die Hühner frei herumlaufen konnten, und organisierte ein paar Leute, um die Hühner einzufangen. Der »Umzug« brachte allerlei Schwierigkeiten mit sich, er testete Jodies Geduld und Entschlossenheit sowie Minnies Lebenswillen. Als die Hühner schließlich an ihrem neuen Platz waren, fand auch Minnie nach einer Reihe von Schlaganfällen, die sie sehr schwächten, in einem Genesungsheim einen neuen Platz.

Jodie hielt die herzliche Beziehung zu Minnie aufrecht und besuchte sie oft. Sie fand jemanden, der Minnies Kater Blacky aufnahm, und sorgte dafür, dass die herumstreunenden Katzen, die von den Wohltaten der alten Dame abhängig geworden waren, auch weiterhin gefüttert wurden.

Als Präsident der Tierschutzorganisation der Schauspieler hatte ich später die Ehre, Minnie Blumfield – inzwischen 96 Jahre alt – den ersten humanitären Preis unserer Organisation zu verleihen. Der Preis ist nicht nur durch Minnie inspiriert, sondern auch nach ihr benannt. Er besteht aus einer eleganten Bronzestatue einer gütigen Frau mit einem Strohhut auf dem Kopf. Stattliche Hühner halten zu ihren Füßen Wache und eine Katze liegt schlummernd in ihrem Arm. Alle Anwesenden erfüllte die bizarre Geschichte der herrenlosen Hühner und Minnies unerschrockener Wille, ihnen zu helfen, mit Ehrfurcht. Viele waren von dem großen Herz dieser gebrechlichen, aber entschlossenen Frau zu Tränen gerührt. Tränen liefen auch Minnie über das gelähmte Gesicht, als sie den Preis entgegennahm und es irgendwie schaffte, »danke« zu flüstern.

Minnie ist nicht mehr unter den Lebenden, aber ihre Sorge um das Wohlergehen ihrer Mitgeschöpfe lebt weiter in dem Preis, der ihren Namen trägt und nach ihrem Abbild angefertigt wurde. Minnies Mut und ihr selbstloses Beispiel sind für mich, Jodie und all die anderen in unserer Organisation eine konstante Quelle der Inspiration und Kraft für unsere Arbeit, die darin besteht, allen lebenden Geschöpfen zu dienen, die unseren Planeten, unser Zuhause und unsere Herzen mit uns teilen.

Earl Holliman
Präsident der Tierschutzorganisation
»Actors and Others for Animals«

Wunder geschehen wirklich

Wo große Liebe ist,
geschehen immer Wunder.
Willa Cather

Als frisch gebackener Tierarzt in den besten Zwanzigern hatte ich mein festes Weltbild. Es bestand hauptsächlich aus Schwarz und Weiß und hatte sehr wenig Grautöne. Die tierärztliche Medizin hatte für mich eine festgelegte Struktur, die fast ausschließlich auf den Gesetzen der Wissenschaft beruhte. Wenige Jahre nach Abschluss meiner Ausbildung machte ich jedoch eine Erfahrung, die mich nachdenklich werden ließ.

Ich führte eine kleine Praxis in einer Stadt in den Bergen und zu meinen besten Klienten gehörte ein älteres Ehepaar im Ruhestand. Nettere und liebenswertere Menschen als die beiden konnte ich mir nicht vorstellen. Ihr Verständnis füreinander und ihre Hingabe an ihre Tiere waren einzigartig. Wo man sie auch immer in unserer kleinen Stadt antraf, sie waren stets in Begleitung ihrer Hunde. Für alle war offensichtlich, dass ihre wunderbaren Hunde die Kinder waren, die sie nie hatten. Darüber hinaus wusste jeder, dass dieses Paar tief im religiösen Glauben verwurzelt war.

An einem kalten Wintermorgen kamen sie mit Fritz, ihrem ältesten Hund, zur Klinik. Ihr großer alter Freund hatte Schmerzen, wenn er die Hinterbeine belastete, und daher versuchte er sich so wenig wie möglich zu bewegen. Wenn er seine Position verändern musste, zog er sich wie eine Robbe an seinen Vorderbeinen nach vorne und schleppte seine zusammengezogenen und verkümmerten Hinterläufe ausgestreckt hinter sich her. Wie sehr man Fritz auch ermutigte oder ihm half, er schaffte es nicht, auf seinen kranken Hinterbeinen zu stehen oder gar mit ihnen zu laufen. Seine Besitzer hatten in bester Absicht schon den ganzen Winter über eine Vielzahl von Hausmitteln angewandt, ohne eine Verschlechterung seines Zustandes verhindern zu können. Seine Augen spiegelten eine bemerkenswerte Intelligenz und Gutmütigkeit, aber auch großen Schmerz.

Wir behielten den liebenswerten Hund für ein paar Stunden in der Klinik, damit wir genug Zeit hatten, um ihn gründlich zu untersuchen, Röntgenaufnahmen zu machen und bestimmte Tests abzuschließen. Traurigen Herzens kamen wir zu dem Ergebnis, dass Fritz alle Anzeichen einer Fehlbildung der Hüfte im Endstadium hatte. Sein fortgeschrittenes Alter, seine verkümmerten Muskeln, seine schmerzenden und verunstalteten Gelenke machten jede Hoffnung auf den Erfolg einer medikamentösen Behandlung oder eines operativen Eingriffs zunichte. Es war offensichtlich, dass Fritz niemals mehr ein glückliches und schmerzfreies Leben würde führen können. Wir kamen zu dem Schluss, dass seine einzige Rettung vor den qualvollen Schmerzen darin bestand, ihn sanft einzuschläfern.

Später am Tag, als sich die kalte winterliche Dunkelheit über unser kleines Bergstädtchen senkte, kam das alte Paar, um unseren Befund zu hören. Während ich im Untersuchungszimmer vor ihnen stand, fröstelte ich, als stünde ich draußen im Winterabend. Sie ahnten sicherlich, was ich sagen würde, denn beide weinten bereits leise vor sich hin, als ich anfing zu sprechen. Nur zögernd erklärte ich ihnen, in welchem furchtbaren Zustand sich ihr Hund befand. Ich hatte Mühe, ihnen zum Schluss zu sagen, dass es das Beste wäre, ihn einzuschläfern, damit er nicht weiter leiden müsse.

Tränen flossen über ihre Gesichter, als sie zustimmend nickten.

Dann fragte der Mann: »Können wir mit der Entscheidung, ihn einzuschläfern, bis morgen früh warten?« Ich sagte, dass ich nichts dagegen hätte, worauf er meinte: »Wir wollen nach Hause gehen und heute Nacht beten. Der Herr wird uns in unserer Entscheidung helfen.« Sie sagten ihrem alten Freund gute Nacht und ließen ihn in der Klinik, damit er sich ausruhen konnte. Als ich sie hinausgehen sah, dachte ich mitfühlend, dass kein Gebet, so innig es auch sei, ihrem alten Hund mehr helfen konnte.

Am nächsten Morgen war ich schon früh in der Klinik, um neu eingelieferte Fälle zu behandeln. Der verkrüppelte Hund des alten Paares schaute genauso aus wie am Vorabend. Die Schmerzen standen ihm ins Gesicht geschrieben und er konnte immer noch nicht stehen. Dennoch war sein Ausdruck weiterhin freundlich und intelligent. Ungefähr eine Stunde später kam dann auch das alte Ehepaar in die Klinik.

»Wir haben die ganze Nacht über gebetet. Können wir zu Fritz? Wir werden erst wissen, was der Herr will, wenn wir ihn sehen.«

Ich führte sie durch die Klinik bis zu dem Zimmer, in dem Fritz lag. Als ich die Tür öffnete und in den Raum schaute, traute ich meinen Augen nicht: Fritz stand in seinem Käfig! Er wedelte mit dem Schwanz und war offensichtlich hoch erfreut, die Stimmen seiner Besitzer zu vernehmen. Er zeigte keine Anzeichen mehr von Schmerz oder körperlichem Gebrechen.

Das Wiedersehen zwischen Fritz und dem alten Paar war eine Mischung aus tierischen und menschlichen Freudenschreien, Küssen und Tränen. Die Freude des Ehepaars kannte keine Grenzen, als sie sahen, dass Fritz wie ein junger Hund nach draußen zum Auto sprang. Alle drei ließen einen verwirrten jungen Tierarzt zurück, der soeben begriffen hatte, dass das Leben nicht bloß Schwarz und Weiß ist, sondern auch über einen großen Grauanteil verfügt. Mir wurde an diesem Tag klar, dass Wunder wirklich geschehen.

Dr. med. vet. Paul H. King

Darlene

Die erste Pflicht der Liebe
besteht im Zuhören.

Paul Tillich

Drei Jahre lang arbeitete ich zusammen mit meinem Hund Pokey auf freiwilliger Basis im Programm »Tierbesuche auf Rezept« am Kinderkrankenhaus in Denver. Pokey war eine junge Terrierhündin und ständig in Bewegung, sodass ich sie oft eher als »Terror« denn als Terrier empfand. Nur wenn wir unsere Krankenbesuche machten, verhielt sie sich anders. Sie schien dann eine innere Stärke zu finden, die es ihr ermöglichte, sich zu benehmen. Jedes Mal wenn ich mit Pokey Patienten besuchte, geschahen kleine Wunder, aber eines Tages ereignete sich etwas, das mir deutlich machte, auf welch tiefer Ebene Pokey geben konnte.

An diesem Tag wurden wir gebeten, eine Patientin auf der Onkologiestation in der vierten Etage zu besuchen, und so machten wir auf unserer gewohnten Runde einen besonderen Stopp in Darlenes Zimmer.

Darlene war 16 Jahre alt, hatte schulterlanges blondes Haar und war gut gelaunt. Ich fragte sie: »Möchtest du gern Pokey sehen?«, worauf sie nickte. Ich wusste sofort, dass sich hier etwas Ungewöhnliches ereignete, als meine Terror-Terrier-Mischung auf das Bett sprang und sich in den Arm des Mädchens kuschelte. Pokey legte dabei den Kopf so auf die Schulter des Mädchens, dass sich beide direkt ins Gesicht schauen konnten.

Während Darlene hinunter in die glänzenden braunen Augen blickte, flüsterte sie Pokey etwas zu. Dieses Verhalten gehörte nun bestimmt nicht mehr zum gewöhnlichen Patientenkontakt, in dem es meistens nur darum ging, das der Hund seine Kunststücke vorführte. Darlene und Pokey hatten augenscheinlich ernsthafte

Dinge zu besprechen und so drehte ich meinen Stuhl um und sah fern. Nach ungefähr einer halben Stunde ergriff Darlene wieder das Wort. »Vielen Dank für den Besuch, der mir sehr viel bedeutet hat. Ich weiß, dass sie noch zu anderen Patienten müssen, also gehen Sie jetzt besser.« Während sie das sagte, strahlte sie über das ganze Gesicht.

Drei Wochen später rief uns Ann an, die den Einsatz der freiwilligen Teilnehmer koordinierte und in die Geschichte mit Darlene eingeweiht war. Sie sagte: »Ich wollte Ihnen nur mitteilen, dass Pokeys Freundin Darlene jetzt im Himmel ist.«

Darlene, dieses schöne und tapfere 16-jährige Kind, hatte an dem Tag, an dem wir sie besuchten, schreckliche Neuigkeiten erfahren. Ihr Krebs war zum dritten Mal ausgebrochen und die Ärzte hatten schon alles getan, was sie tun konnten. Sie würde sterben – schon sehr bald.

Darlene hatte bestimmt große Angst, aber sie wollte ihre Ängste weder ihrer Familie noch ihren Freunden, Ärzten oder Krankenschwestern anvertrauen. Es gab offensichtlich keinen Menschen, mit dem sie hatte reden können. Und so war es dieser kleine Hund, dem sie ihr Herz ausschüttete! Sie wusste, dass Pokey niemandem ihre Geheimnisse verraten und sich nicht über ihre Träume lustig machen konnte, die nun niemals in Erfüllung gehen würden.

Wir werden nicht in Erfahrung bringen können, was Darlene an jenem Tag Pokey zugeflüstert hat und was die 30 Minuten liebender Stille für das Mädchen bedeutet haben. Aber Darlene spürte instinktiv, was alle Hundeliebhaber aller Zeiten schon immer gewusst haben: Kein Freund schenkt so viel Vertrauen und Liebe wie ein Hund.

Dr. med. vet. Sara (Robinson) Mark

Die kleine Hündin, die keiner wollte

Wenn die Gebete eines Hundes
erhört würden, regnete es
Knochen vom Himmel.
Altes Sprichwort

Es war ein heißer Tag in meiner Heimatstadt im südlichen Missouri, als Dad im Sommer 1979 auf Tippy stieß – oder besser: Tippy meinen Vater fand.

Die meiste Zeit seines Lebens hatte sich Dad nicht viel aus Hunden gemacht, aber der Anblick des mageren, mit Räude infizierten Welpen hatte eine Tür in seinem Herzen geöffnet, durch die der arme kleine Hund hindurchschlüpfen konnte.

An jenem Morgen hatte sich Dad mit Kunden in dem Elektroladen getroffen, in dem er nach seiner Pensionierung halbtags arbeitete. Plötzlich stürzte laut kläffend ein verängstigter kleiner Hund in den Laden, der offensichtlich keinen Besitzer hatte.

»Ich habe schon viele Jahre auf dem Buckel«, sagte Dad am Abend, als er mit einem Pappkarton zur Tür hereintrat, »aber ich habe niemals etwas so Bemitleidenswertes gesehen, wie dieses hier.« Er öffnete den Karton und zeigte uns den armseligen, kranken, verwahrlosten Welpen.

Dad konnte nicht länger die Tränen zurückhalten. »Ich konnte sie einfach nicht wieder auf die Straße werfen. Schaut sie euch nur an… sie braucht dringend unsere Hilfe. Sie hat die ganze Zeit über nur gewimmmert und ist so verängstigt.« Meine Mutter nahm Dad den Karton aus der Hand, als er sagte: »Schau dir diese offenen Entzündungen an. Wer konnte es nur zulassen, dass sie in einen solchen Zustand geriet?« Mom betrachtete den Kartoninhalt aus der Nähe und wich erschrocken zurück. »Sie ist nicht mehr zu retten«, sagte sie zu meinem Vater und schüttelte ungläubig ihren

Kopf. »Der Tierarzt sollte sie so schnell wie möglich von ihrem Leid befreien.«

Die kleine Terrierhündin war nicht größer als ein Wasserkessel und von Krankheit und Hunger gezeichnet. Leblose Augen saßen traurig über einer dünnen, spitzen Nase und lange, knöchrige Beine umschlangen einander wie gekochte Spagetti.

»Es tut mir aufrichtig Leid«, meinte der Tierarzt am nächsten Tag zu meinem Vater. »Ich kann wirklich nichts mehr für sie tun. Sie ist nicht mehr zu retten.«

Aber Dad bestand auf Hilfe.

»Nun gut, wenn Sie es unbedingt versuchen wollen. Hier sind ein paar Pillen und eine Creme für ihre Entzündungen. Aber machen Sie sich keine großen Hoffnungen. Ich glaube nicht, dass sie das Wochenende übersteht.«

Dad wickelte die kranke und herrenlose Hündin in ein altes Badetuch und brachte sie zurück zum Auto. Am Nachmittag trug er sie vorsichtig in den Hinterhof unter die Ahornbäume und begann, ihr die Medikamente zu geben.

Von nun an schleppte mein Vater die arme Hündin jeden Tag hinaus unter die Bäume und massierte Salbe auf ihre Haut. Ihr ganzer Körper war voll von eiternden Entzündungen. Dad konnte noch nicht mal sagen, welche Farbe ihr Fell hatte, denn alle Haare waren von der Räude und der Infektion weggefressen.

»Ich will sie nur so lange behalten, bis sie wieder gesund ist«, versprach Dad meiner Mutter. »Sobald die Medizin anschlägt, suche ich ihr ein neues Zuhause.« Mom war nicht gerade scharf darauf, einen dreckigen und unansehnlichen Winzling ohne Fell und mit Spagettibeinen zu beherbergen.

»Ich glaube, darum müssen wir uns jetzt noch keine Sorgen machen«, seufzte meine Mutter. »Aber mach dir keine Vorwürfe, wenn die Medizin nicht anschlägt. Du hast es wenigstens versucht.«

Jeden Tag verarztete mein Vater draußen im Schatten der

großen Ahornbäume mit großer Zuversicht die kleine herrenlose Hündin, die keine Haare und dürre Beine hatte. In den ersten Tagen, nachdem die kleine Hündin, die keiner wollte, in das Leben meines Vaters getreten war, gab es kaum Hoffnung, dass sie überleben würde. Zu schwer schien das arme Tier von Krankheit und Hunger gezeichnet. Dem äußeren Anschein nach konnte nur noch ein Wunder helfen.

Keiner erinnert sich mehr genau, wie lange es dauerte, bis der erste Hoffnungsschimmer sich auf dem Gesicht meines Vaters – und in den großen Augen des Hundes – zeigte. Aber langsam, obgleich noch ängstlich und zurückhaltend, begann die kleine Hündin meinem Vater zu vertrauen, und als sie das erste Mal mit ihrem dünnen Schwanz wedelte, war mein Vater ganz außer sich vor Freude.

Meine Mutter wollte sich niemals an der Rettung des Welpen beteiligen, denn sie hatte kein Interesse an einem Hund in ihrem Haus. Aber als sie das Gesicht ihres Mannes sah, während die kleine Hündin zum ersten Mal wieder Anzeichen von Verspieltheit zeigte, wusste sie, dass sich Dad nicht nur aus Mitgefühl für das hilflose Tier einsetzte.

Mein Vater stammte aus einer bodenständigen Familie, die die steinigen Hänge der Ozarkberge bewirtschaftete. Er hatte als Kind nicht viel zu lachen und arbeitete später als Erwachsener hart in handwerklichen Tätigkeiten. Indem er eine kleine geschwächte und räudige Hündin aufnahm und es tatsächlich schaffte, sie trotz aller Widrigkeiten und gegenläufigen Prophezeiungen wieder gesund zu machen, schien er seine eigene verwundete Seele zu heilen.

»Schau sie nur an!«, sagte meine Mutter und lächelte. »Du hast es wirklich geschafft! Ihr Haar wächst wieder und sie tollt wieder herum. Niemand gab ihr auch nur einen weiteren Tag, aber du hast zu ihr gehalten und daran geglaubt, dass sie es schaffen wird.«

Je mehr ihre Genesung voranschritt, desto mehr offenbarte die kleine Hündin ihr eigentliches Aussehen – auch wenn ihr Fell nicht gerade die schönsten Farben mit der schönsten Zeichnung hatte. Hier und dort ein weißer Fleck, eine Menge unscharfer schwarzer Punkte um die Schnauze und den Brustkorb sowie gesprenkelte weiße Flecken auf schwarzem Untergrund. Auf Grund ihrer weißen Schwanzspitze wurde ein gewöhnlicher Name für einen gewöhnlichen Hund gewählt: Tippy.

»Ich habe versucht, jemanden zu finden, der sie haben will, aber zurzeit braucht keiner einen kleinen Hund«, klagte mein Vater. »Ich habe mich überall umgehört. Ich schwöre, ich habe wirklich alles versucht.« Meine Mutter wusste, dass er sich so angestrengt hatte wie jemand, der sich an einem heißen Sommertag zwischen dem Rasenmäher und der Hängematte entscheiden soll.

»Ich kann mir auch nicht vorstellen, wer sie haben wollte«, sagte Mom. »Selbst wenn ihr Haar nachgewachsen und die ganze Räude verschwunden ist, ist sie noch ziemlich hässlich und schlaksig.«

Einige Wochen später, nachdem er erfolglos versucht hatte, sie an den Mann zu bringen, meinte Dad: »Sie ist nun mal kein kleiner niedlicher Hund, aber alle glauben, dass sie einer sein müsste. Niemand ist an ihr interessiert!«

Da! Er hatte es ausgesprochen. Meine Mutter wusste in diesem Moment, dass die kleine Hündin, die keiner wollte, es geschafft hatte, bei ihnen zu bleiben.

Mom schimpfte und meinte, dass Tippy nicht im Haus, sondern nur draußen im Waschraum schlafen könne. Dad und Tippy hielten sich an diese Regel und ihre einzigartige Freundschaft brachte viele Knospen und Blüten hervor. Sie schufen sich auf angenehme Weise ein gegenseitiges Fundament, auf dem sie beide sicher standen, als die dunkelste Zeit meines Vaters hereinbrach.

»Dieser kleine Hund begleitete deinen Vater drei Jahre lang im Kampf gegen Schmerzen und Krebs«, erinnerte sich meine Mutter. »Manchmal glaube ich, Gott hat diesen kleinen Hund geschickt, damit er bis zum Ende bei deinem Vater blieb.«

Als Dad tot war, ging Mom eines Tages in den Waschraum und blickte hinunter auf das ruhige kleine Geschöpf, das artig zusammengerollt in seinem Bett aus Pappkarton lag. »Hmmm... okay, Tippy«, sagte sie mit sanfter Stimme. »Vielleicht ist es gar nicht verkehrt, wenn du ab und zu ins Haus kommst, ich fühle mich dort nämlich schrecklich einsam.« In diesem Moment spürte meine Mutter eine enge Verbindung mit dem anhänglichen Hund. Es war, als würde Dad seine Hände herunterstrecken, um beiden in ihrer Not zu helfen.

In den folgenden Monaten wurden Tippy und Mom Seelengeschwister der besonderen Art. Das Bett aus Pappkarton wurde vom Waschraum in Moms Schlafzimmer gebracht und blieb dort für die nächsten 15 Jahre.

»So lange ich diesen kleinen Hund hatte«, meinte meine Mutter, »fühlte ich, dass ein Teil deines Vaters immer noch anwesend war. Sie brachte Leben ins Haus zurück.«

Schließlich forderten der Zahn der Zeit und das Alter von Moms kleiner Freundin Tribut. Sie erblindete und ihre Gelenke fingen an zu schmerzen. Obwohl es ihr fast das Herz brach, bat meine Mutter meinen Bruder, Tippy das letzte Mal zum Tierarzt zu bringen.

»Ich reichte hinunter, um ihren Kopf in meinen Händen zu wiegen«, sagte Mom, »und sie drückte ihr Gesicht gegen meins, als ob sie sich für alles bedanken wollte, was wir für sie getan hatten.«

Tippy lebte noch 17 Jahre nach der schrecklichen Schicksalsreise durch den Verkehr und die heruntergekommenen Geschäfte, durch Schmerz und Leid, um meinen Vater zu finden. Und wenn ich die Jahre zurückschaue, scheint mir das wahre Wunder nicht darin zu liegen, dass die liebenden Hände meines Vaters und sein Zutrauen zu der kleinen verlorenen Hündin, die keiner wollte, große Heilkräfte entfacht hatten. Das wahre Wunder lag in dem positiven Einfluss, den beide – mein Vater und Tippy – auf das Leben des jeweils anderen hatten.

Jan K. Stewart Bass

5

Erstaunliche Tiere

Ich habe gelernt, das Wort unmöglich nur mit
äußerster Vorsicht zu gebrauchen.

Wernher von Braun

Doktola

Der ... Hund ist der engste Freund
im Leben. Er kommt als Erster,
um dich zu begrüßen, und kämpft
in vorderster Reihe, um dich
zu beschützen.

Lord Byron

Ich beendete meine Ausbildung zum Tierarzt im Juni 1984 und saß schon im nächsten Monat in einem Flugzeug und flog tief ins Herz von Afrika, um dort im August meinen Posten als Tierarzt des Thyolodistrikts aufzunehmen. Mein Leben als Freiwilliger der Friedenstruppe verlief im Zeitraffertempo.

Meine Aufgabe bestand darin, in Malawi die tierärztliche Versorgung in den Distrikten Thyolo und Mulanji sicherzustellen und Programme zur Kontrolle von Krankheiten zu überwachen. Meine Ausrüstung bestand aus einem Wandschrank, gefüllt mit uralten Medikamenten, und einem 100 Kubikzentimeter starken Motorrad. Ich hatte die Aufsicht über 23 tierärztliche Helfer, die weit verstreut in den beiden Distrikten wohnten, und war im gesamten Gebiet für die Gesundheit der Haus- und Hoftiere zuständig.

Einen Monat, nachdem ich die neue Stelle angetreten hatte, kehrte ich eines Abends nach Sonnenuntergang in mein Büro zurück und wurde dort schon von einem älteren Herrn erwartet. Er saß auf dem Stuhl, der immer draußen vor meiner Bürotür stand. Auf seinem Schoß befand sich ein Karton voller Welpen. Ich erwiderte den Gruß und führte ihn in mein Büro. Wir unterhielten uns im örtlichen Dialekt Chichewa.

Der ältere Herr war Dr. Mzimba, ein bekannter Medizinmann des Distrikts. In Afrika ist der Medizinmann für seine Leute sowohl ein spiritueller Führer als auch ein Weiser und Heiler. Ich schätzte sein Alter auf ungefähr 60, konnte mich aber gut um 20 Jahre nach oben oder unten täuschen.

Um zu mir zu gelangen, war er zwei Stunden bis zur nächsten Bushaltestelle gelaufen, um dann mit dem Bus sechs Stunden bis zu meinem Büro zu fahren. Er war morgens früh um 5 Uhr losgefahren und hatte bei mir seit seiner Ankunft um 16 Uhr gewartet. Inzwischen war es 19 Uhr und Dr. Mzimba erklärte mir, dass er nicht viel für die kranken Welpen tun konnte, weil seine Medizin nur bei Menschen wirke. Die kleinen Hunde lagen ihm sehr am Herzen und er hatte »gesehen«, dass einige von ihnen dazu auserkoren waren, große Dinge zu tun. Er bat mich, alles für sie zu tun, was in meiner Macht stand.

Die sechs Welpen waren sehr krank. Ich erklärte ihm, dass eine intensive Behandlung über mehrere Tage nötig sei, um die Tiere zu retten. Er war damit einverstanden, sie bei mir zu lassen, und meinte, er würde zurückkommen und sie wieder abholen, wenn er fühlte, dass die Zeit reif dafür sei. Mit diesen Worten verschwand er in die Dunkelheit.

Die Welpen benötigten eine Betreuung rund um die Uhr und begleiteten mich überallhin. Selbst zubereitete elektrolytische Lösungen und Antibiotika waren das Einzige, was ich an Medikamenten für sie hatte. Obwohl ich alles tat, um sie zu retten, starb ein Welpe nach dem anderen langsam dahin. In der sechsten Nacht legte ich mich mit den verbleibenden zwei Hunden zum Schlafen nieder. Ich ging davon aus, dass es diesen beiden genauso ergehen würde wie den anderen. Sie zeigten keine Anzeichen einer Besserung und ich war mir sicher, dass sie keinen weiteren Tag überstehen würden.

So war ich dann hoch erfreut, als ich am nächsten Morgen von zwei fröhlichen und lebhaften Hunden geweckt wurde, die meine

Aufmerksamkeit haben wollten. Sie sahen zwar aus wie Skelette, aber immerhin waren es lebendige und wachsame Skelette. Ihr Appetit war gewaltig. Häufige kleine Mahlzeiten wurden zu häufigen großen Mahlzeiten und es dauerte nicht lange, bis die Skelette wieder ausgefüllt waren.

Nach neun weiteren Tagen in meiner Obhut fragte ich mich, ob Dr. Mzimba jemals wieder auftauchen würde, um sie abzuholen. Aber genau am zehnten Tag ihrer Genesung war Dr. Mzimba wieder da. Er war überglücklich, dass zwei der Welpen überlebt hatten und sich normal entwickelten. Der eine Hund war schwarz mit vier weißen Pfoten und einem großen weißen Stern auf der Brust. Der andere war braun und hatte einen großen weißen Fleck auf der rechten Gesichtshälfte. Beide hatten einen muskulösen Rücken.

Ich sah zu, wie die jungen Hunde das Gesicht des alten Mannes zur Begrüßung ableckten, während er sie liebevoll streichelte und umarmte. Nach einer Weile kramte er Münzen und ein paar zerknitterte Geldscheine hervor und fragte mich, was er mir schulde. Ich berechnete ihm den Einheitspreis für eine Behandlung – insgesamt 3,50 Dollar. Erleichtert bezahlte er die Rechnung und übertrug mir die ehrenvolle Aufgabe, den beiden Welpen zum Abschied einen Namen zu geben. Ich musste lange nachdenken und wählte schließlich »Bozo« für den schwarzen und »Skippy« für den braunen Hund. Ich erzählte Dr. Mzimba, dass ich selbst Hunde mit diesen Namen gehabt hatte und dass sie meine besten Freunde gewesen waren.

»Kommen Sie nur oft, um mich zu besuchen, Doktola«, sagte er. »Für diese beiden Hunde sind Sie jetzt Vater und Mutter. Sie werden nie vergessen, was Sie für sie getan haben, und werden sich eines Tages dafür revanchieren.« Dr. Mzimba und ich gaben einander die Hand und verabschiedeten uns.

Im Laufe der folgenden 18 Monate sah ich Dr. Mzimba, Bozo und Skippy mindestens einmal im Monat. Alle drei bis vier Wochen machte ich eine dreitägige Rundreise im Thyolodistrikt, um nach dem Rechten zu sehen und dort behilflich zu sein, wo ich als Tierarzt gebraucht wurde. Am Ende jeder Rundreise machte ich Halt im Dorf von Dr. Mzimba. Er lud mich dann immer zu sich ins Haus ein und ich genoss seine großzügige Gastfreundschaft.

Auf diese Weise sah ich Bozo und Skippy zu prächtigen Hunden heranwachsen. Sie hatten beide ein Gewicht von etwa 80 Pfund und waren doppelt so groß wie die anderen Hunde im Dorf. Dr. Mzimba waren sie treu ergeben. Ich impfte und entwurmte sie regelmäßig und behandelte ihre Wunden und Schmerzen. Wenn ich Dr. Mzimba und seine Hunde besuchte, hatte ich immer das Gefühl, zu meiner Familie zu kommen. Sobald Bozo und Skippy mich sahen, verwandelten sie sich in verspielte Welpen.

Die Hunde genossen bei den Leuten im Dorf ein hohes Ansehen. Bei jedem Besuch hörte ich eine neue Geschichte, wie sie zum Beispiel einen Viehdieb vertrieben oder das Dorf gegen herumstreunende Hyänen und Schakale verteidigt hatten.

Einmal hatten die Hunde sogar einen Leoparden getötet. Im Kampf mit dem Raubtier waren beide schwer verwundet worden. Ihre Körper waren übersät mit Bisswunden und sie hatten viel Blut verloren. Ich war die ganze Nacht beschäftigt, um all ihre Wunden zu nähen. Am anderen Morgen war ich überrascht, dass die Hunde schon wieder auf den Beinen waren und sogar ein kleines Frühstück zu sich nahmen.

Als ich zum Abschied meine Sachen aufs Motorrad packte, erteilte ich Dr. Mzimba noch ein paar Instruktionen zur Nachsorge und gab ihm noch Antibiotika zur weiteren Behandlung. Er dankte mir überschwänglich und umarmte mich mit Tränen in den Augen.

»Sie haben ihnen nun zum zweiten Mal das Leben gerettet. Von nun an sind die beiden Hunde Ihre Beschützer. Ich habe es gesehen!«

Fünf Monate später war ich während meiner dreitägigen Rundreise wieder in der Gegend. Ich war auf dem Weg zu Dr. Mzimbas Dorf und kam nur mühsam vorwärts. Heftige Regenfälle hatten die staubigen Straßen in regelrechte Schlammflüsse verwandelt. In den letzten 40 Minuten war ich viermal gestürzt und hatte alle Hände voll zu tun, den Hügel zu Dr. Mzimbas Dorf hochzukommen. Es nieselte und ich war durchnässt und verschmutzt. Mir war kalt und ich hatte schlechte Laune, als ich versuchte, mein Motorrad in der glitschigen Fahrspur zu halten.

Dann musste ich plötzlich anhalten. Vor mir im Licht des Scheinwerfers stand eine Hyäne und versperrte mir den Weg. Sie kam langsam auf mich zu und schien weder vor dem Licht noch vor dem laufenden Motor Angst zu haben. Ich betätigte die Hupe, aber nichts passierte. Die Hyäne näherte sich mir weiterhin, langsam und zielstrebig. »Seltsam«, dachte ich. Bislang waren Hyänen immer schon beim ersten Blickkontakt ängstlich davongelaufen. Jetzt aber sah ich Blut und Speichel aus dem Maul der Hyäne tropfen. Als ich dann noch ihren starren Blick sah, schoss es mir blitzartig durch den Kopf: Tollwut!

Während die Hyäne auf mich zukam, wich ich langsam zurück und versuchte auf Distanz zu bleiben. Der Schlamm war zu tief und zu glitschig, um weit darin laufen zu können, und die Fahrspur war zu eng für ein Wendemanöver.

Ich hatte nur die Wahl wegzulaufen und konnte lediglich hoffen, dass die Hyäne nicht mich, sondern das Motorrad angriff. Obwohl ich versuchte, mir das Raubtier vom Leib zu halten, gelang es mir nicht, mich schnell genug zurückzuziehen. Die Hyäne hatte mich fast erreicht. Als sie mit ihren mächtigen Kiefern in die Luft schnappte, hörte es sich an wie ein teuflisches Lachen. Ich wollte gerade losrennen, da tauchten plötzlich Bozo und Skippy auf und sprangen zwischen mir und der Hyäne auf den Weg. Ihre Muskeln waren angespannt und ihr Nackenfell stand kerzengerade. Sie fletschten ihre Zähne und ließen die Hyäne keinen Schritt näher kommen.

Der anschließende Kampf war hart und blutig. Die Hunde gaben keinen einzigen Ton von sich, sondern kämpften mit einer Schnelligkeit und Ausdauer, die ich niemals für möglich gehalten hätte. Der Kampf auf Leben und Tod fand direkt im Scheinwerfer meines Motorrads statt. Als er vorüber war, lag die Hyäne tot auf dem Boden und die Hunde waren verschwunden. Ich rief immer wieder nach ihnen, aber sie kamen nicht zurück.

Ich fuhr so schnell ich konnte zu Dr. Mzimbas Haus. Als ich den schmalen Weg entlangschlitterte und stolperte, dachte ich an die bevorstehende Verarztung der Hunde: Nähen, Antibiotika, Tollwutspritze, Tinkturen und Schockbehandlung. Ich schuldete diesen wundervollen Hunden alles. Ich musste sie finden und ihnen danken, denn sie mussten leben, und alles andere spielte jetzt keine Rolle.

Als ich bei Dr. Mzimba ankam, wartete er bereits seelenruhig in einem Stuhl auf der Veranda außerhalb seiner Hütte. Ich lief auf ihn zu und berichtete ihm in einer Mischung aus Chichewa und Englisch, was geschehen war. Ich war sehr aufgeregt und außer Atem und daher war ich nicht sicher, ob meine Worte für ihn überhaupt einen Sinn machten. Aber er schien mich zu verstehen.

»Kommen Sie mit mir, ich zeige Ihnen, wo die Hunde sind«, sagte er und gab mir ein Zeichen, ihm zu folgen.

Ich ergriff meine Medizintaschen und folgte ihm hinter seine Hütte. Er blieb stehen und zeigte auf zwei Gräber.

»Bozo und Skippy schlafen dort. Vor drei Tagen kam ein Rudel Hyänen aus den Bergen und griff unser Vieh an. Bozo und Skippy kämpften wie zehn Hunde, vertrieben die Hyänen und retteten unser Vieh. Aber es war zu viel für sie gewesen, Doktola«, sagte er, während Tränen an seinen Wangen hinunterliefen. »Sie starben beide kurz nach dem Kampf. Es blieb keine Zeit, um nach Ihnen zu schicken.«

Ich schüttelte den Kopf.

»Nein! Das kann nicht sein! Sie haben mir gerade vor 15 Minuten das Leben gerettet. Ich weiß, dass sie es waren. Ich habe sie gesehen und erkannt.«

Ich fiel auf die Knie und schaute hoch in den schwarzen Himmel. Der strömende Nieselregen vermischte sich mit meinen eigenen Tränen.

»Es gibt keine anderen Hunde weit und breit, die so aussehen wie Bozo und Skippy. Es konnten nur sie gewesen sein!«, sagte ich und schluchzte hemmungslos.

»Ich glaube Ihnen, Doktola«, sagte der weise Afrikaner und kniete sich neben mich. »Ich habe Ihnen gesagt, dass die Hunde Ihnen eines Tages den gleichen Dienst erweisen werden, den Sie ihnen erwiesen haben. Sie werden Sie immer beschützen!«

Dr. med. vet. Herbert J. (Reb) Rebhan

Mutterliebe

Ich bin Feuerwehrmann in New York City. Der Beruf des Feuerwehrmanns ist zwar interessant, hat aber auch seine Schattenseiten. Es kann einem das Herz brechen, wenn man mit ansehen muss, wie das Geschäft oder das Zuhause eines anderen Menschen zerstört wird. Man sieht viele schreckliche Dinge und schaut manchmal auch dem Tod direkt ins Auge. An dem Tag, an dem mich Scarlett fand, war jedoch alles andes. An dem Tag ging es um das Leben. Um um die Liebe.

Es geschah an einem Freitag. Schon früh am Morgen kam ein Alarm aus Brooklyn, wo ein großes Parkhaus brannte. Als ich am Brandort angelangt war und den Schutzanzug anlegte, hörte ich das Geschrei von Katzen. Ich hatte im Moment keine Zeit für sie, wollte mich aber um sie kümmern, sobald die Flammen erstickt waren.

Da es sich um ein großes Feuer handelte, waren auch andere Firmen mit Haken und Leitern vor Ort. Man sagte uns, dass alle Menschen rechtzeitig das Gebäude verlassen konnten. Ich hoffte sehr, dass es stimmte, denn das gesamte Parkhaus war inzwischen ein Flammenmeer und es gab keine Chance mehr für irgendwelche Rettungsversuche. Wir brauchten lange und benötigten viele Feuerwehrmänner, um die enorme Feuersbrunst unter Kontrolle zu bringen.

Als der Brand gelöscht war, hatte ich Zeit, nach den Katzen zu schauen, die ich immer noch hörte. Aus dem Gebäude drangen weiterhin viel Rauch und eine große Hitze. Ich konnte nicht viel sehen und folgte daher einfach dem Miauen bis zu einer Stelle auf dem Gehweg, ungefähr zwei Meter vor dem Parkhaus. Dort hockten drei kleine verängstigte Kätzchen eng aneinander gedrängt und jammerten. Dann fand ich noch zwei, eins auf der Straße und eins jenseits der Straße. Sie mussten sich während des Brands im Gebäude aufgehalten haben, denn ihr Fell war stark versengt. Ich rief nach einer Katzenbox und es tauchte tatsächlich eine aus der Menschenmenge um mich herum auf. Ich setzte die fünf Katzen in die Box und stellte sie auf die Veranda des Nachbarhauses.

Jetzt hielt ich Ausschau nach der Katzenmutter. Offensichtlich war die Mutter immer wieder in das brennende Parkhaus gelaufen, um jedes ihrer Babys, eins nach dem anderen, hinaus auf den Gehweg zu tragen. Fünfmal hintereinander in diese wütende Hitze und diesen tödlichen Rauch – ich konnte mir kaum vorstellen, wie so etwas möglich war. Danach hatte sie versucht, ihre Kinder vom Gebäude weg über die Straße zu schaffen. Erneut ein Baby nach dem anderen. Offensichtlich hatte sie es jedoch nicht geschafft, ihr Vorhaben zu beenden. Was war mit ihr geschehen?

Ein Polizeibeamter sagte mir, er habe eine Katze in einer Parklücke verschwinden sehen, nahe der Stelle, an der ich die letzten zwei Kätzchen gefunden hatte. Als ich nachschaute, fand ich sie an dem beschriebenen Platz. Sie lag auf dem Boden und jammerte, denn sie war furchtbar verbrannt. Ihre Augen waren blasig verquollen, ihre Pfoten schwarz und ihr Fell am ganzen Körper versengt. An einigen Stellen konnte ich ihre rote Haut unter den verbrannten Haaren sehen. Sie war zu schwach, um sich noch bewegen zu können. Ich ging langsam auf sie zu und sprach ruhig mit ihr, als ich mich näherte. Ich hielt sie für eine wilde Katze und wollte sie nicht beunruhigen. Als ich sie hochhob, schrie sie vor Schmerzen, wehrte sich aber nicht. Das arme Tier stank nach versengtem Fell und verbranntem Fleisch. Ihr Blick signalisierte vollkommene Erschöpfung und ich merkte, wie sie sich in meinem Arm entspannte, so weit es ihre Schmerzen zuließen. Als ich ihr Vertrauen spürte, schnürte es mir die Kehle zu und Tränen traten in meine Augen. Ich war entschlossen, diese tapfere Katze und ihre Familie zu retten. Ihr Leben lag buchstäblich in meiner Hand.

Ich legte die Katzenmutter zu ihrem miauenden Nachwuchs in die Box. Selbst in ihrem bemitleidenswerten Zustand kroch die blinde Mutter in der engen Kiste umher und berührte jedes einzelne ihrer Babys mit der Nase, um zu prüfen, ob sie auch alle da und in Sicherheit waren. Trotz ihrer großen Schmerzen wirkte sie zufrieden, nachdem sie festgestellt hatte, dass alle ihre Kinder noch am Leben waren.

Die Katzenfamilie benötigte sofort medizinische Hilfe. Ich dachte an eine besonders gute Tierklinik auf Long Island, zu der ich vor elf Jahren schon mal einen Hund mit schweren Verbrennungen gebracht hatte. Wenn irgendjemand den armen Tieren helfen konnte, dann sie.

Ich rief in der Klinik an, um ihnen Bescheid zu geben, dass ich mit einer durch Verbrennungen schwer verletzten Katze und ihren Jungen auf dem Weg sei. Ich war immer noch in meinem Schutzanzug und fuhr den Feuerwehrwagen so schnell ich konnte. Als ich in die Einfahrt zur Klinik bog, warteten bereits zwei Teams von Tierärzten und Helfern vor dem Haus. Sie brachten die Katzen sofort in den Behandlungsraum. Das eine Team versorgte die Katzenmutter und das andere kümmerte sich um ihre Jungen.

Völlig erschöpft vom Löschen des Feuers, blieb ich im Behandlungszimmer und bemühte mich, nicht im Weg zu sein. Ich hatte nicht viel Hoffnung, dass die Katzen überleben würden. Dennoch musste ich aus irgendeinem Grund bei ihnen bleiben. Nachdem ich lange gewartet hatte, erzählten mir die Tierärzte, dass sie die jungen Katzen und ihre Mutter über Nacht beobachten müssten, aber auch ihrer Meinung nach hatte die tapfere Mutter nur eine geringe Überlebenschance.

Als ich am nächsten Tag zurückkam, musste ich lange warten. Meine Hoffnung war schon auf den Nullpunkt gesunken, als die Ärzte schließlich auf mich zukamen. Sie hatten erfreuliche Neuigkeiten, denn es war sicher, dass die Katzenbabys überleben würden.

»Und was ist mit der Mutter?«, fragte ich. Ich hatte Angst vor der Antwort der Ärzte, aber sie sagten, es sei noch zu früh, um eine eindeutige Aussage zu treffen.

Ich kam jeden Tag, aber immer musste ich hören, dass die Ärzte noch nicht wussten, ob die Mutter überleben würde. Eine Woche nach dem Feuer kam ich missmutig zur Klinik. *»Wenn die Mutter wirklich überleben würde, hätte es sich bis jetzt bestimmt schon gezeigt. Wie lange noch kann sie in einem Zustand zwischen Leben und Tod verharren?«* Aber als ich zur Tür hereinkam, begrüßten mich die Tierärzte mit einem breiten Lächeln und hielten die Daumen hoch. Die Katzenmutter war nicht nur wieder auf den Beinen – sie konnte sogar wieder sehen!

Da klar war, dass sie leben würde, brauchte sie nun einen Namen. Einer der Helfer schlug »Scarlett« vor, weil dieser Name gut zu ihrer rot gewordenen Haut passe.

Da ich wusste, was Scarlett alles für ihre Kinder erlitten hatte, strömte mein Herz über, als ich sah, wie sie wieder mit ihnen vereint war. Und was tat sie als Erstes? Sie zählte erneut ihre Babys! Sie berührte eins nach dem anderen mit der Nase, um sich zu vergewissern, dass alle anwesend und gesund waren. Sie hatte ihr Leben riskiert, und zwar nicht nur einmal, sondern gleich fünfmal – und es hatte sich gelohnt. Alle ihre Kinder hatten überlebt.

Als Feuerwehrmann werde ich fast jeden Tag Zeuge von heroischem Verhalten. Aber was Scarlett mir an jenem Tag zeigte, war ein Heldentum besonderer Art. Es war der absolute Gipfel der Tapferkeit, der nur wahrer Mutterliebe zu entspringen vermag.

David Giannelli

Tochter des Sonnenscheins

Das Gorillababy kam im Zoo auf die Welt und weil seine Mutter Lulu nicht genügend Milch hatte, um es zu stillen, sprangen die Tierpfleger ein. Sie wechselten sich rund um die Uhr darin ab, den zwei Monate alten Menschenaffen am Körper zu tragen, genauso wie es eine wirkliche Gorillamutter tun würde. Das Baby gedieh prächtig und wurde ein außergewöhnlich liebenswertes und sanftmütiges Geschöpf. Es bekam den Namen Binti Jua, was auf Suaheli »Tochter des Sonnenscheins« bedeutete.

Da Binti Jua im Zoo geboren wurde, kannte sie nur das Leben in Gefangenschaft und war damit zufrieden. Sie kletterte auf die Bäume in ihrem Gehege und spielte glücklich mit den anderen Gorillas.

Es gab einen alten männlichen Gorilla im Zoo, einen großen Silberrücken, der niemals irgendein Interesse an den Tag gelegt hatte, sich seinem Nachwuchs zuzuwenden. Irgendetwas an Binti Jua musste den alten Menschenaffen jedoch angezogen haben, denn als Binti sechs Jahre alt war, wurde sie trächtig.

Die Mitarbeiter vom Zoo machten sich Sorgen, weil das junge Gorillaweibchen niemals ein mütterliches Rollenvorbild gehabt hatte und daher möglicherweise nicht richtig auf eine Mutterschaft vorbereitet war. Also gaben ihr die Tierpfleger »Unterrichtsstunden«. Sie benutzten ein Stofftier als Babyersatz und brachten ihr bei, das »Baby« an die Brust zu legen und es ohne Unterlass am Körper zu tragen, so wie Gorillas in der freien Wildbahn es tun.

Binti Jua war eine gute Schülerin und eine perfekte Mutter für ihre Tochter Koola. Die Kombination aus natürlicher Mütterlichkeit und vertrautem Umgang mit Menschen sollten sie später zu einer international gefeierten Heldin machen.

Eines Tages, Koola war inzwischen anderthalb Jahre alt, hielt sich Binti Jua gerade wieder im Freigehege auf. Sie hatte ihr Baby wie immer am Körper und kraulte es. Die Zoobesucher genossen den Anblick der Gorillas, als plötzlich ein dreijähriger Junge, der auf dem Geländer des Geheges herumgeturnt war, das Gleichgewicht verlor und sechs Meter nach unten auf den Betonboden fiel.

Es gab einen dumpfen Aufprall und die Mutter des kleinen Jungen begann hysterisch um Hilfe zu schreien.

Binti Jua, die immer noch Koola trug, lief sofort hinüber zu dem bewusstlosen Kind. Die Menschenmenge hielt vor Schreck den Atem an, denn die meisten Leute verbinden Gorillas unbewusst mit dem Kinomonster King Kong. Was würde der große Affe mit dem kleinen Jungen machen?

Zuerst hob die Gorillamutter einen Arm des Jungen, um zu sehen, ob er noch lebte. Dann nahm sie ihn vorsichtig hoch und hielt in zärtlich an ihre Brust. Sie wiegte ihn sanft hin und her und brachte ihn hinüber zu der Tür, die die Tierpfleger als Ein- und Ausgang des Geheges benutzten. Als ein anderes Gorillaweibchen sich näherte, hielt Binti Jua es mit einem kehligen Laut auf Distanz. In diesem Moment ging die Tür auf und die Tierpfleger betraten zusammen mit zwei Sanitätern das Gehege, um den verletzten Jungen zu holen. Binti Jua legte das Menschenkind vorsichtig auf den Boden und die Sanitäter ergriffen den kleinen Jungen und brachten ihn in Sicherheit. Als die Tür wieder verschlossen war, ging Binti Jua ruhigen Schrittes zu ihrem Baum zurück und fing wieder an ihr Baby zu kraulen.

Die Menschen, die den Vorgang beobachtet hatten, waren verblüfft, denn der Vorfall wäre auch ohne das Auftreten eines Gorillas in der Rolle des Helden dramatisch genug gewesen. Die »Tochter des Sonnenscheins« verkörperte eine Heldin in Reinkultur, denn sie scherte sich nicht um Ruhm und Anerkennung.

Der Junge wurde schnell wieder gesund und behielt keinerlei bleibende Schäden durch den Unfall. Die Menschen aber waren von Binti Juas guter Tat gerührt. Aus aller Welt kamen Glückwünsche und Geschenke. Sie erhielt sogar eine Medaille von der amerikanischen Legion und wurde Ehrenmitglied einer kalifornischen Vereinigung für Elternfortbildung.

Indem sie ihrem Herzen folgte, tat Binti Jua das, was alle Mütter tun würden. Sie half einem Kind und beschützte es. Dieses Gorillaweibchen half jedoch keinem Gorillababy, sondern einem Menschenkind. Sie zeigte dadurch etwas, was viele Menschen sehr schätzen: Liebe und Mitgefühl für alle Wesen.

Carol Kline

Die Augen von Tex

Eric Seal schätzte das Alter des hageren Welpen zu seinen Füßen auf vielleicht fünf Wochen. Das kleine Mischlingsweibchen hatte nachts schon öfter draußen vor dem Tor gekauert.

»Ich ahne deine Frage«, meinte er zu seiner Ehefrau Jeffrey, »aber die Antwort ist ein klares *Nein*! Wir werden sie nicht aufnehmen, denn wir können nicht noch einen Hund gebrauchen. Und falls wir uns jemals einen weiteren Hund anschaffen sollten, dann nur einen reinrassigen.«

Als ob sie ihrem Mann nicht zugehört hätte, fragte Jeffrey: »Für was für eine Mischung hältst du sie?«

Eric schüttelte den Kopf. »Das ist schwer zu sagen. Auf Grund ihrer Fellzeichnung und der Art und Weise, wie sie ihre Ohren hält, meine ich, dass sie zur Hälfte Deutscher Schäferhund ist.«

»Wir können sie nicht einfach wegschicken«, sagte Jeffrey. »Ich werde ihr was zu essen geben und sie sauber machen. Danach werden wir jemanden finden, der sie aufnimmt.«

Das junge Weibchen, das zwischen ihnen stand, schien zu

ahnen, dass gerade über ihr Schicksal entschieden wurde. Sie wedelte zaghaft mit dem Schwanz und blickte vom einen zum anderen. Eric fiel auf, dass ihre Augen lebhaft waren und strahlten, obwohl sie so mager war, dass man ihre Rippen durch ihr mattes Fell sehen konnte.

Schließlich lenkte er ein. »Nun gut, wenn du sie an der Nase herumführen willst, mach nur. Aber dass wir eins klarstellen: Wir brauchen keinen 08/15-Mischling.«

Der Welpe kuschelte sich in Jeffreys Arme, als sie zum Haus zurückgingen. »Lass uns noch ein paar Tage warten, bevor wir sie zu Tex in den Zwinger stecken. Wir wollen Tex nicht überfordern, denn er kommt im Moment ganz gut zurecht.«

Tex war ein sechsjähriger Hütehund, den die Seals von klein auf groß gezogen hatten. Für einen australischen Schäferhund, eine Züchtung von Ranchern auf dem fünften Kontinent, war er außergewöhnlich sanftmütig und liebenswert. Und obgleich er bereits seinen Zwinger mit einer Katze teilte, war Tex hoch erfreut und machte gerne Platz für die junge Hündin, der die Seals den Namen »Greta« gaben.

Kurz bevor Greta aufgetaucht war, hatten die Seals bemerkt, dass Tex nicht mehr gut sehen konnte. Der Tierarzt hatte grauen Star festgestellt, der sich möglichereise operativ entfernen ließ.

Aber als sie Tex zu einem Spezialisten nach Dallas brachten, stellte sich heraus, dass Tex geschwächtes Augenlicht nur teilweise auf grauen Star zurückzuführen war. Tex bekam einen Termin für eine weitere Untersuchung in der tierärztlichen Abteilung des örtlichen Colleges.

Dort stellten die Ärzte fest, dass Tex bereits völlig erblindet war. Sie meinten, keine medikamentöse oder operative Behandlung hätte Tex' zunehmende Erblindung verhindern oder aufhalten können.

Auf dem Weg zurück nach Hause wurde den Seals klar, dass Tex in den letzten Monaten versucht hatte mit der drohenden Blindheit fertig zu werden. Nun verstanden sie, warum er manchmal ein offenes Tor nicht fand oder mit seiner Schnauze gegen den Maschendrahtzaun seines Zwingers stieß. Sie wussten jetzt, warum er immer auf dem Kiesweg blieb, wenn er sich vom Haus entfernte oder zum Haus zurückkehrte. Und wenn er ein wenig abseits geriet, lief er so lange hin und her, bis er wieder den vertrauten Kies unter seinen Pfoten spürte.

Während die Seals sich hauptsächlich mit Tex' Problemen befassten, wurde Greta immer pummeliger und lebhafter und ihr braun-schwarzes Fell strotzte vor Gesundheit.

Es stellte sich schnell heraus, dass die kleine Schäferhundmischung sich zu einem großen Hund entwickeln würde – zu groß, um weiterhin den Zwinger mit Tex und der Katze zu teilen. Und so bauten die Seals an einem Wochenende einen weiteren Zwinger neben den, den sich die Hunde miteinander geteilt hatten.

Erst jetzt erkannten sie, dass hinter Gretas Verhalten gegenüber Tex, das sie für die Verspieltheit eines jungen Hundes gehalten hatten, ein bestimmter Sinn steckte. Ohne jegliche Ausbildung oder Anleitung war Greta zu Tex' »sehenden Augen« geworden.

Jeden Abend, wenn es Zeit war, das Nachtlager aufzusuchen, nahm Greta vorsichtig Tex' Schnauze ins Maul und führte ihn zur Hundehütte. Morgens weckte sie ihn auf und führte ihn genauso wieder aus seiner Hütte heraus.

Wenn die beiden Hunde sich einem Tor näherten, benutzte Greta ihre Schulter, um Tex hindurchzugeleiten. Wenn sie am Zaun ihres Zwingers entlangliefen, achtete Greta darauf, dass sie zwischen Tex und dem Draht war.

»An sonnigen Tagen schläft Tex ausgestreckt auf dem Asphalt der Einfahrt«, sagt Jeffrey. »Wenn sich ein Auto nähert, weckt Greta ihn auf und führt ihn aus dem Gefahrenbereich.«

»Wir haben oft gesehen, wie Greta Tex zur Seite gestoßen hat, damit er den Pferden aus dem Weg ging. Zuerst verstanden wir nicht, wie die beiden es anstellten, Seite an Seite mit voller Geschwindigkeit über die Wiese zu toben, bis ich einmal mit meinem Pferd ausritt und beide Hunde mich begleiteten. Bei dieser Gelegenheit hörte ich Greta ›reden‹ – sie machte eine Reihe leiser, grunzender Töne, um Tex an ihrer Seite zu halten.«

Die Seals waren von Gretas Verhalten tief beeindruckt. Ohne jegliches Training hatte die junge Hündin alle Hilfsmaßnahmen entwickelt, die nötig waren, um ihren blinden Freund zu führen und zu beschützen. Es war nur zu offensichtlich, dass Greta nicht nur ihre Augen mit Tex teilte, sondern auch und vor allem ihr Herz.

Honzie L. Rogers

Die Weihnachtsmaus

> Indem wir uns vor dem Leben
> verbeugen, treten wir in eine
> spirituelle Beziehung mit der Welt.
> *Albert Schweitzer*

Vor fast 20 Jahren lebten wir in einem Teil eines großen Gebäudes mit massiven Steinmauern, das über 100 Jahre alt war und eine interessante Vergangenheit hatte. Es lag an einer Straßengabelung auf einem Höhenzug im ländlichen Gebiet von Lockport, New York, und war einst eine Schmiede. Davor soll es eine Postkutschen-Haltestelle gewesen sein. Obwohl es eher an eine Festung erinnerte, war es ein großartiges altes Gebäude, und wir liebten es alle. Es hatte Charakter und Charme – und überall undichte Stellen und Löcher. Oft froren Leitungen ein und wir mit ihnen. Unsere Katzen brachten uns regelmäßig kleine blutige Geschenke – Überbleibsel von Hausmäusen, die ins Haus kamen, während wir schliefen.

Es war Weihnachten 1981 und wir hatten gerade schwere Zeiten hinter uns. Ich war im Sommer an Krebs operiert worden und freute mich seitdem auf jeden neuen Tag. Liebe und Familie hatten für mich einen neuen Stellenwert bekommen. Es waren ganz besondere Weihnachtstage, weil alle unsere sechs Kinder gekommen waren. Rückblickend war dieses Weihnachtsfest das letzte Mal, dass sich die ganze Familie zur selben Zeit am selben Ort einfand.

Ich bereitete in einem Teil des großen Raumes, der gleichzeitig als Wohnzimmer, Esszimmer und Küche diente, das Abendessen vor. Es war ziemlich laut, denn die Weihnachtsmusik aus der Stereoanlage mischte sich mit dem Geklapper aus der Küchenecke und der Unterhaltung von neun jungen Erwachsenen (einige meiner Kinder hatten ihre Freunde oder Freundinnen mitgebracht). Die Katzen hatten sich wegen des Lärms in gewohnter Manier nach oben zurückgezogen, weg von dem ganzen Tohuwabohu.

Plötzlich bemerkte ich im Augenwinkel eine flinke Bewegung. Ich drehte den Kopf, um genau hinzuschauen, und war baff: In dem ganzen Trubel saß mitten im Katzenfressnapf eine Feldmaus und fraß das trockene Katzenfutter! Ich traute meinen Augen nicht und starrte das kleine Tierchen mit offenem Mund an. Zum einen wollte ich sichergehen, dass ich mir die Maus nicht einbildete, und zum anderen wollte ich die Maus ein paar Minuten für mich allein haben. Sie war nämlich sehr putzig.

Sie saß auf ihren Hinterbeinen und hielt das Stück Katzenfutter in ihren kleinen Pfoten. Es waren runde Stücke mit einem Loch in der Mitte. Die Maus umklammerte ihren Leckerbissen rechts und links und sah aus wie ein kleiner dicker Junge, der seinen Donut mampfte. Wenn sie einen verspeist hatte, holte sie sich den nächsten. Sie drehte ihn mit ihren kleinen Fingern in die richtige Position und fing erneut an zu nagen.

Ich hockte mich nieder und schaute ihr zu, wobei ich ihr direkt in die glänzenden braunen Augen blickte. Wir sahen uns gegenseitig an und dann blickte sie in eine andere Richtung und fraß weiter, als wäre nichts geschehen. Jetzt war es Zeit, die Zeugen hereinzuholen.

»Hey«, rief ich leise der versammelten Menge zu. »Kommt und schaut euch das hier an!« Als ich mich schließlich bei meinen Kindern und Gästen bemerkbar gemacht hatte, dachte ich, dass alles vorüber sei und die Maus weglaufen und sich vor den vielen Gesichtern verstecken würde. Aber weit gefehlt! Sie blieb einfach sitzen, um sie herum elf vornüber gebeugte Beobachter, die sie anstarrten (und dabei noch nicht einmal still waren). Die kleine Maus schaute uns voller Vertrauen an, gab ihrem Donut eine Viertelumdrehung und mampfte weiter.

Wir waren beeindruckt. Die Maus hatte überhaupt keine Angst vor uns. Was brachte sie dazu, so tapfer und wagemutig zu sein? Einige von uns holten den Fotoapparat, aber selbst das Blitzlicht hielt die Maus nicht davon ab, weiter feierlich ihren »Weihnachtsbraten« zu verspeisen. Von Zeit zu Zeit hielt sie inne und blickte vertrauensvoll mit funkelnden Augen in die Runde, während das Futter in der Schale immer weniger wurde.

Wir sahen ihr freudig eine ganze Weile zu, wie sie sich – scheinbar ein Fass ohne Boden – mit gutem Essen voll schlug. So beglückt ich jedoch auch war, dieser Maus etwas Kulinarisches bieten zu können, so unwohl fühlte ich mich bei dem Gedanken, dass es inzwischen auch Abendbrotzeit für die zwei hier wohnenden Raubtiere war. Würden unsere Katzen jetzt auf der Bildfläche erscheinen, könnte unsere Weihnachtsmaus im nachfolgenden Inferno schnell ernsthaft verletzt oder gar getötet werden, auch wenn es uns gelingen sollte, die Katzen davon abzuhalten, den Fressenden in ein Fressen zu verwandeln (was aus Katzensicht aus sicherlich eine perfekte Umwandlung wäre).

Ich beugte mich näher zur Maus hin. »Hör zu«, flüsterte ich, »wir haben uns sehr über deine Anwesenheit gefreut. Aber nun musst du wieder mit den anderen Mäusen nach draußen gehen. Du bist zwar bei uns in guter Gesellschaft, aber dennoch ist dein Leben in Gefahr. Wenn du einverstanden bist, werde ich dich hinausbegleiten.«

Indem ich dies sagte, griff ich vorsichtig in die Schale und nahm die Maus in die Hand. Sie ließ es einfach mit sich geschehen, ohne zu beißen oder irgendwelche Anzeichen von Panik zu zeigen. Stattdessen saß sie – ihre Vorderpfoten auf meinem Daumen – ruhig und gelassen in meiner Hand und wartete ab, was geschehen würde. Ich hatte mit einem derartigen Verhalten überhaupt nicht gerechnet, sondern erwartete von ihrer Seite aus Angst, Widerstand und Kampf. Aber nichts dergleichen geschah. Die Maus sah mich nur wie eine intelligente und freundliche Maus aus dem Märchenbuch an, so als sei sie direkt einem Disneyfilm entsprungen.

»Was bist du wirklich?«, fragte ich mit ruhiger Stimme. »Bist du wirklich eine Maus?« Der kühle und vernünftige Teil von mir wunderte sich über diese Frage, aber dennoch war ohne Zweifel irgendetwas Besonderes an unserem weihnachtlichen Besucher.

Ich trug die Maus nach draußen und die Familie folgte mir. Es war inzwischen dunkel geworden – eine jener blau-weißen nördlichen Winternächte mit verschneitem Boden und einer schneidend scharfen Luft.

Ich hockte mich nahe an einen Busch hinter dem Haus und wollte sie laufen lassen. Aber anstatt sofort wegzulaufen, nahm sie sich Zeit und blieb auf meiner offenen Handfläche sitzen und schaute umher. Dann sprang sie auf meine Schulter und blieb dort oben eine ganze Weile sitzen. Ich stand mit beiden Beinen im Schnee und sie saß auf meiner Schulter – und so schauten Frau und Maus hinaus in die Nacht. Schließlich sprang sie, mit einem gewaltigen Satz für so ein kleines Tier, durch die Luft, landete im Schatten des Busches und war verschwunden. Wir Menschen blieben noch eine Weile draußen stehen. Wir wünschten ihr alles Gute und fühlten uns ein wenig verlassen.

Ihr Besuch ließ uns mit einem Staunen zurück, das bis heute anhält, und zwar besonders, weil wir als Menschen vom Land nur zu gut wissen, wie sehr wilde Mäuse den Menschen fürchten. Darüber hinaus sind ausgerechnet Feldmäuse äußerst ängstlich. Ganz im Gegensatz zur Hausmaus meiden sie die menschlichen Behausungen eigentlich völlig. Unter sich sind sie sehr gesellig (und singen sogar in freier Wildbahn), aber dem Menschen gegenüber sind sie sehr scheu.

Diese seltenen und unerklärlichen Gelegenheiten, wenn wilde, gesunde Tiere die Trennungslinie zu uns überschreiten, lassen uns verwundert zurück. Wir treten in Verbindung mit etwas, das uralt ist und wunderschön. Als wir alle zusammen um die kleine Maus herumstanden, strömte von ihrer wilden Gegenwart wortlos so etwas wie Freude, Frieden, Vertrauen und Staunen aus. Sie war ein Glück bringendes Mysterium und ein kleines Wunder.

Diane M. Smith

Simon

> Jede Katze ist in ihrer Art
> außergewöhnlich.
>
> *Colette*

Nur 53 Tiere wurden bislang weltweit mit der Dickinmedaille ausgezeichnet. Es handelt sich dabei um eine Auszeichnung für Tiere, die in der britischen Armee oder Zivilverteidigung gedient und dabei »außergewöhnliche Tapferkeit oder Pflichterfüllung« an den Tag gelegt haben. Die Tiere erhielten die Medaille – die nach Maria Dickin, der Gründerin der PDSA, einer privaten Ambulanz für kranke Tiere, benannt wurde – für ihr heldenhaftes Verhalten während des Zweiten Weltkriegs oder in bewaffneten Konflikten direkt nach dem Krieg. Zu den Ausgezeichneten gehörten 18 Hunde, drei Pferde, 31 Tauben und eine Katze. Und diese Katze war Simon von der *Amethyst*, einem Schiff der königlich britischen

Flotte. Am frühen Morgen des 20. April 1949 ging das britische Kriegsschiff *Amethyst* im chinesischen Jangtsefluss vor Anker. Zur Besatzung gehörte auch ein kleiner schwarz-weißer Kater namens Simon.

Kein Schiff, das auf hohe See fährt, kommt ohne Katzen aus, denn Ratten und Mäuse leben gern auf Schiffen. Sie klettern über die Taue, springen von der Kaimauer oder kommen mit dem Fracht-gut ins Innere. Ratten und Mäuse beschädigen Schiffe, fressen Le-bensmittel und zernagen Verpackungen, um daraus Nestmaterial für ihre Jungen zu machen. Darüber hinaus beherbergen sie Viren, die durch Mücken auf die Besatzung und auf Passagiere übertragen werden können. Alle waren froh, Simon an Bord zu haben, denn eine Katze war besser als 100 Ratten- und Mäusefallen.

An jenem Morgen im April wartete der Kapitän auf Tageslicht, um seine Fahrt auf dem gefährlichen Fluss fortzusetzen. Die chi-nesischen Nationalisten, die den Jangtse kontrollierten, hatten je-den Verkehr bei Nacht untersagt. Der Bürgerkrieg konnte in jedem Moment ausbrechen und daher erhielt der Kapitän der *Amethyst* den Befehl, stromaufwärts bis nach Nanking zu fahren, um dort die britische Botschaft zu beschützen.

Kurz nach Tagesanbruch, noch bevor die *Amethyst* entkommen konnte, wurde der Fluss zum Kriegsgebiet. Explosionen erschüt-terten die Luft und die Granaten gingen auf das Schiff nieder. Schließlich wurde das Schiff nacheinander von zwei Raketen ge-troffen. Als der Granatenbeschuss kurze Zeit später aufhörte, lagen zahlreiche britische Matrosen tot auf dem Deck der *Amethyst*. Viele Besatzungsmitglieder waren verwundet, darunter auch Si-mon. Die manövrierunfähige *Amethyst* saß in der Falle und es sah so aus, als sei das britische Schiff aus politischen Gründen für einige Zeit gestrandet. Sicherlich würde sich die Besatzung noch länger mit diesem Zustand abfinden müssen. Als der Kapitän die Vorräte an Lebensmittel, Wasser und Brennstoff überprüfte, kam er zu dem Schluss, dass alles noch ungefähr zwei Monate lang reichte. »Sicher haben wir bis dahin eine Möglichkeit gefunden, von hier zu verschwinden«, dachte er.

Das Leben auf dem Jangtse verwandelte sich in eine dumpfe, heiße und feuchte Abfolge langweiliger Tage, an denen das Schiff repariert wurde und die Besatzung schwitzte. Simon erholte sich von seinen Verletzungen so weit, dass er wieder seinen Pflichten als oberster Rattenfänger nachkommen konnte.

Während dieser Zeit sahen die Schiffsärzte Simon eines Tages am Krankenlazarett vorbeihumpeln, als er auf seinem Weg zum Laderaum war. »Warum kommst du nicht mal rein und besuchst die Burschen hier?«, fragte einer der Ärzte und hielt die Tür auf. Simon nahm die Einladung an und ging ins Innere, wo in langen Feldbettreihen verletzte Soldaten lagen.

»Ich probiere jetzt mal was aus«, sagte der Arzt zu seinem Helfer. Er nahm Simon hoch und trug ihn zu einem Bett in der Ecke, wo der Seemann Mark Allen mit geschlossenen Augen lag. Der 16-jährige Junge hatte im Granatenfeuer beide Beine unterhalb der Knie verloren. Seit er sein Bewusstsein vor vier Tagen wiedererlangt hatte, weigerte er sich zu sprechen oder zu essen oder auch nur die Augen zu öffnen.

Der Doktor setzte Simon auf das Bett des Jungen. Der Kater blieb ruhig sitzen und schaute den Jungen an, aber die Augen des Jungen blieben geschlossen. Daraufhin setzte der Arzt Simon auf die Brust des Jungen und legte dessen leblose Hand auf den Rücken des Katers.

»Hier ist jemand, der dich begrüßen möchte, Mark«, sagte der Arzt.

Mark öffnete ein wenig seine Augen. Als er sah, wie Simon ihn unentwegt anschaute, öffnete er sie weiter. Auch seine Mundwinkel bewegten sich ein wenig. »Ich habe zu Hause auch eine Katze«, sagte er, »aber ich werde sie nie wieder sehen.« Er stieß Simon von sich und vergrub sein Gesicht im Kissen.

Am nächsten Tag brachte der Doktor Simon erneut zu dem Jungen und setzte den Kater auf Marks Bett. Simon kroch auf Marks Bauch und fing an sich zu putzen, so wie er es oft tat, bevor er sich irgendwo länger niederließ. Mark öffnete seine Augen. Er streckte seine dünne Hand aus und streichelte Simons raues Fell. Der Junge begann zu schluchzen. Der Doktor eilte herbei und meinte zu Mark: »Der Koch hat noch einen Rest Gemüsesuppe auf dem Herd. Kann ich dir einen Teller davon bringen? Simon wird so lange bei dir bleiben.« Mark nickte kaum wahrnehmbar. Er streichelte Simon, der sich auf ihm niedergelassen hatte und zu schnurren anfing.

Von diesem Tag an begann Mark zu essen und seine Kraft zurückzugewinnen. Simon schaute nun jeden Tag vorbei und schon einen Monat später war Mark stark genug, um auf dem Schiff aus eigener Kraft mit dem Rollstuhl eine Runde zu drehen.

Die Tage vergingen und verwandelten sich in Wochen. Unter Deck stieg das Thermometer jeden Tag auf 40 Grad Celsius. Das Leben auf dem Schiff war bei dieser Hitze und den streng begrenzten täglichen Lebensmittelrationen fast unerträglich.

Die Besatzung wurde immer magerer und hatte bereits eingefallene Wangen, während die drückende Hitze alle Energie aufsog. Unter diesen extremen Bedingungen hielt nur ein Matrose seine täglichen Aktivitäten mit Zuversicht und gutem Willen aufrecht: der unentwegte Seemann Simon. Er machte auf dem Schiff seine Runde, besuchte die Kranken, tötete Ratten und Mäuse und machte so das Leben für seine Schiffskameraden erträglich. Niemals beschwerte er sich über die Hitze oder seinen angeschlagenen Gesundheitszustand.

Am 19. Juli erreichte die Temperatur an Deck 40 und im Maschinenraum 45 Grad. Selbst Simon schlich jetzt nur noch übers Deck. Dieser Zustand konnte nicht mehr lange andauern. Die Vorräte waren fast verbraucht und es gab kaum noch Trinkwasser, eine furchtbare Qual in der unerbittlichen Hitze. Das Schiff war inzwischen vollständig repariert, aber weil es eine Geisel der Krieg führenden Chinesen war, konnten sie nicht einfach losfahren, ohne erneut ernsthaften Schaden für Schiff und Besatzung zu riskieren.

Anfang August jedoch hielten sie es nicht länger an ihrem Aufenthaltsort aus. Sie beschlossen, sich im Schutze der Dunkelheit aus dem Staub zu machen. Es war ein gefährliches Spiel, aber sie hatten keine andere Wahl.

Das erfolgreiche Zusammenspiel von günstigem Wetter, geschickt ausgeführten Täuschungsmanövern und purem Glück ermöglichte es dem Schiff zu entkommen. Am 3. August fuhr die *Amethyst*, endlich wieder frei, an der chinesischen Küste hinunter nach Hongkong. Zu hunderten begrüßten die britischen Einwohner das Schiff, als es in den Hafen einlief.

Schon bald darauf schrieb ein Offizier des Schiffs nach England an die PDSA, um Simon für die Dickinmedaille vorzuschlagen. Noch während sie in Hongkong vor Anker lagen, traf eine Rückantwort ein. Das Preiskomitee hatte einstimmig beschlossen, Simon in diesem Jahr die Dickinmedaille zu verleihen. Die Zeremonie zur Preisverleihung solle stattfinden, sobald die *Amethyst* nach England zurückgekehrt sei. In der Zwischenzeit sandten sie Simon ein dreifarbiges Halsband und verkündeten der Weltpresse: »Hiermit machen wir bekannt, dass der Seemann Simon die *Amethyst*, ein Schiff der königlichen Flotte, vom 22. April bis zum 4. August durch unnachgiebiges Vertrauen von Seuchen und Ungeziefer freigehalten hat. Simons Verhalten war während dieses Zeitraums äußerst vorbildlich und seine Anwesenheit trug entscheidend dazu bei, die hohe Moral der Besatzung aufrechtzuerhalten.«

Simon wurde auf der Stelle zum Helden. Das Foto des kleinen schwarz-weißen Katers erschien in hunderten von Zeitungen und Magazinen. Wochenlang erhielt Simon mehr als 200 Briefe pro Tag. Simon beeindruckte es wenig, so im Mittelpunkt des Interesses zu stehen. Nur widerwillig posierte er für Bilder. Viel lieber tötete er weiterhin Ratten und Mäuse.

Während Simon nach England unterwegs war, fing er sich einen

Virus ein. Da er immer noch durch die Verletzungen, die er beim Granatangriff erlitten hatte, geschwächt war, schaffte er es nicht, ihn wieder loszuwerden. Und so wurde der Termin der offiziellen Preisverleihung, die nach seiner Rückkehr nach England geplant war, zum Tag seiner Beerdigung.

Der Tierfriedhof der PDSA hat ein geschwungenes schmiedeeisernes Tor und den Eingang schmücken die Worte: »Auch sie dienten dem Vaterland«. Am Tage von Simons Begräbnis stand ein kleiner Sarg auf diesem besonderen Friedhof. Er war mit der englischen Fahne bedeckt und von Blumenkränzen umgeben.

Unmittelbar vor Beginn der Zeremonie schritt ein schicker junger Mann in Marineuniform langsam durch das Tor, um sich der kleinen Menschengruppe anzuschließen, die sich um das offene Grab versammelt hatte. Auf seiner Mütze stand in großen Buchstaben: H.M.S. AMETHYST. Er benutzte zwar Krücken, aber er stand aufrecht, und die Schuhe an seinen Füßen glänzten in der Sonne. Es war Mark Allen, der Matrose, der mehr als jeder andere Simon sein Leben verdankte.

Und als der kleine Held der *Amethyst* begraben wurde, ertönte der 28. Psalm mit Marks kräftiger, junger Stimme: »Der Herr ist mein Hirte...«

Rosamond M. Young

6

Tiere als Gefährten

Tiere sind äußerst angenehme Freunde –
sie stellen keine Fragen
und üben keine Kritik.

George Eliot

Der hässliche Welpe

Alles, was man liebt, ist wunderschön.

Jean Anouilh

Im Frühjahr 1980 lebte ich in Woodstock im Bundesstaat New York, als meine Tibetterrierhündin Shadow sechs Junge zur Welt brachte. Ich verkaufte den gesamten Nachwuchs bis auf einen Welpen, den niemand haben wollte. Tibetterrier sind für ihr glänzendes Fell bekannt, das aus zwei Schichten besteht. Die untere ist dick und baumwollartig, während die obere mit ihrem seidigen Glanz an menschliches Haar erinnert. Die Kombination dieser beiden Schichten gibt dem Hund sein flauschiges Aussehen, das sehr beliebt ist. Auch das wohlproportionierte Gesicht dieser Hunderasse wird oft gerühmt. Mein Welpe hatte jedoch nichts von beidem. Die kleine Hündin hatte eine zu lange Schnauze und ein völlig unscheinbares Fell. Da die untere Schicht fehlte, war die Oberschicht dünn und struppig. Sie sah aus wie ein Vagabund, der es gerade noch vor dem Regen ins Trockene geschafft hatte. Ein potenzieller Käufer meinte stellvertretend für alle anderen Interessenten: »Sie macht zwar einen zufriedenen Eindruck, aber ihr Äußeres ist nicht gerade ansprechend.« Niemand wollte unsere kleine Freundin, noch nicht einmal geschenkt!

Ich war erstaunt, dass niemand die seltenen Qualitäten dieser Hündin zu schätzen wusste. Sie war von Natur aus glücklich und obgleich alle Welpen Glück verströmen, hatte sie einen sechsten Sinn, eine gewisse spirituelle Präsenz, so als ob sie in die Menschen hineingucken und sie zufriedener machen konnte.

Im Juni hatte ich die kleine Hündin immer noch, denn ihr »Haarproblem« war nicht aus der Welt zu schaffen. Ich musste in ein paar Tagen zurück an die Uni und wollte unbedingt vorher noch jemanden finden, bei dem sie gut aufgehoben war.

Eines Abends hatte ich eine Idee. Ungefähr eine Meile von meinem Wohnort entfernt lag ein tibetisches Kloster, in dem ich ab und zu war, um zu meditieren. Einige der dort lebenden tibetischen Mönche kannten mich sogar persönlich. Vielleicht war einer von ihnen willens, meine Hündin zu adoptieren. Es kam auf einen Versuch an.

Am nächsten Morgen fuhr ich mit meiner kleinen Freundin zum Kloster. Als ich ankam, standen viele Autos auf dem Parkplatz. *»Oje, hier ist es immer so ruhig gewesen. Was geht hier vor?«*, dachte ich. Ich stieg mit dem Welpen auf dem Arm aus dem Wagen und ging die Stufen hoch bis zum vertrauten Eingangstor. Als ich in die Eingangshalle trat, sah ich viele Menschen von einer Wand zur anderen Schlange stehen. Sie warteten offensichtlich auf etwas, das hinter den handgeschnitzten Innentüren stattfand. Plötzlich erblickte ich ein bekanntes Gesicht. Es war ein Mönch, den ich auf einem früheren Besuch kennen gelernt hatte. Als er mich mit dem Hund sah, grinste er über das ganze Gesicht und sagte: »Komm bitte mit.«

Er zog mich am Ärmel und stellte mich vor die wartende Schlange. Nach einem speziellen Klopfzeichen sprang die zweiflügelige Tür auf und wir wurden von einem weiteren Mönch begrüßt. Der eine Mönch flüsterte dem anderen etwas ins Ohr, worauf dieser zustimmend nickte. Die kleine Hündin und ich wurden daraufhin an die Spitze einer weiteren Warteschlange gesetzt, in der Menschen standen, die alle irgendein Geschenk in der Hand hielten, sei es eine Frucht, eine Süßigkeit, eine Pflanze, wertvolle Schalen oder selbst gemachtes Kunsthandwerk.

Als ich zur Stirnseite des Raumes blickte, sah ich dort jemanden mit großer Ausstrahlung und strahlenden Augen sitzen, von Kopf bis Fuß in roten und gold-gelben Samt gehüllt. Dieser eindrucksvolle Mann schaute zuerst auf meinen Welpen und blickte anschließend mir direkt in die Augen. Er streckte seine offenen Hände aus und sagte: »Ja, ja. Oh ja.« Er legte der kleinen Hündin ein rotes Band um den Hals und sang dabei ein mir unbekanntes Lied. Danach legte er auch mir singend ein Band um den Hals und sang weiter, als er mir langsam die kleine Hündin aus dem Arm nahm. Behutsam umhüllte er sie dabei mit seiner samtenen Robe. Er nickte und verbeugte sich, wobei er etwas in einer fremden Sprache sagte. Er legte mir kurz seine Hand auf den Kopf und machte kehrt, um mit meinem Welpen im Arm zu seinem Sitz zurückzukehren.

Der Mönch, der mich in den Raum geführt hatte, sorgte nun dafür, dass ich schnell wieder draußen war. In der Eingangshalle kamen andere Mönche hinzu und führten mich durch das große Tor des Klosters nach draußen. Da stand ich nun hundelos oben auf den Stufen und sollte einen Moment warten.

Während ich wartete, durchströmte mich eine Woge mütterlicher Besorgnis. »Wo ist mein Hund und was geschieht mit ihm?«, dachte ich. Ich wandte mich an einen der Umstehenden und erzählte ihm, was ich in den vergangenen 15 Minuten erlebt hatte.

Er lächelte und erklärte mir, dass ich dem »Karmapa« begegnet sei, einem sehr hoch stehenden Mönch in der buddhistisch-tibetischen Tradition, der in der spirituellen Hierarchie gleich hinter dem Dalai-Lama käme. Er erzählte mir, was für ein großes Glück ich habe, weil heute der berühmte und geliebte Karmapa aus Tibet hier sei, um das Kloster und das umliegende Land zu segnen. Aus der ganzen Welt seien Menschen gekommen, um ihm Geschenke zu bringen, aber nur wenige hätten es geschafft, in den Raum vorzudringen, in dem er die Geschenke in Empfang nahm. Dort hineinzugelangen und von Seiner Heiligkeit gesegnet zu werden, sei ein viel versprechendes Ereignis. Und dass er auch noch mein großzügiges Geschenk so liebevoll aufgenommen habe, sei ein Moment, wie er nur ganz selten im Leben geschehe. Mein Gegenüber schüttelte ungläubig den Kopf. »Du musst in vergangenen Leben große Verdienste errungen haben, damit dir jetzt dieses Glück zuteil werden konnte.« Nachdenklich schloss er seine Augen für einen Moment und fügte hinzu: »Vielleicht sind es aber auch die Verdienste deines Hundes!«

In diesem Augenblick flog das Eingangstor auf und dieser wunderbare buddhistische Mönch verließ das Gebäude und schritt die mit einem roten Teppich bedeckten Stufen hinab. Erhobenen Hauptes verabschiedete er sich von den Frauen und Kindern, die ihn umringten und ihm aus großen Blumenkörben Blüten vor die Füße streuten.

Ich war von dem Anblick so bezaubert, dass ich den Welpen im Arm des Karmapas anfangs gar nicht bemerkte. Plötzlich jedoch stach mir meine kleine Hündin in die Augen. Bislang hatten sie alle für hässlich gehalten, aber nun sah sie ganz wundervoll aus! Der Karmapa hielt sie stolz in die Höhe und die Menge schrie entzückt auf. Auch die Hündin schien mir außer sich vor Freude.

Von nun an lief alles wie in Zeitlupe ab. Der Karmapa schritt weiter mit dem Welpen im Arm die Treppe hinunter. Unten angekommen, stieg er langsam in die bereits wartende Limousine. Obwohl der Wagen von einer Menschenmenge umzingelt wurde, erhaschte ich einen letzten Blick auf den Hund und den Karmapa hinter den getönten Scheiben. Als ich beide in der Limousine zusammensitzen sah, wusste ich, dass es meine kleine Hündin gut haben würde. Sie war jetzt nicht einfach nur beim Karmapa, sondern saß bei ihm direkt auf dem Schoß. Beide schienen in der kurzen Zeit viel Respekt und Vertrauen füreinander gewonnen zu haben. Und so fuhr die Limousine mit ihnen davon und hinterließ einen Pfad farbenprächtiger Rosenblüten.

Die Mönche des Klosters informierten mich in der Folgezeit immer wieder über die Abenteuer und Aufenthaltsorte der kleinen Hündin. Ich hörte, wie der Karmapa im Laufe der Jahre mit seiner

Tibetterrierhündin die ganze Welt bereiste. Der Karmapa schätzte seine nicht menschliche Begleiterin über alle Maßen und so war sie während ihres ganzen Lebens nur sehr selten von ihm getrennt. Ihr fröhlicher Gesichtsausdruck bescherte ihm und anderen immer ein Gefühl der Freude und daher gab er ihr einen tibetischen Namen, der im Deutschen »die wunderschöne Glückliche« bedeutet. Sie wurde zu seiner Freundin und ergebenen Begleiterin und verbrachte fast ihr ganzes Leben an seiner Seite.

Anfangs hielten sie alle für hässlich und niemand schätzte ihre wahren Qualitäten, obwohl sie von Geburt an pures Glück verströmte. Mir kommt es vor, als hätte die wunderschöne Glückliche von Anfang an gewusst, dass sie in diesem Leben ihrem wundervollen Freund, dem Karmapa, begegnen würde, der ihre wahre Schönheit schätzte und ihr großes Herz liebte.

Angel Di Benedetto

Anonyme Brabbler

Schon zu Collegezeiten versuchte ich in das Bild zu passen, das ich mir von einer angehenden Autorin machte. Ich sah mich als Sprachexpertin und erschauderte, wenn ich auf den Missbrauch der Sprache stieß. Am meisten verachtete ich Menschen, die in Babysprache mit kleinen Kindern oder – noch widerlicher – mit ihren Haustieren redeten. Ich selbst hatte weder Kinder noch Haustiere, aber ich war mir sicher, dass ich gegebenenfalls eine vorbildliche Mutter oder Tierliebhaberin sein würde.

Dann rief eines Tages meine Freundin Marcia an und fragte mich, ob ich einen obdachlosen Kater aufnehmen wolle. »Er friert und ist verängstigt. Irgendjemand hat ihn ausgesetzt und seitdem haust er bei meinem Nachbarn auf dem Garagendach.«

»*Katzen sind einfühlsame Tiere*«, dachte ich. Ich hatte ihr königliches Benehmen und ihre Unabhängigkeit immer bewundert.

Und außerdem besaßen auch Charles Dickens, H. G. Wells und Mark Twain Katzen. Ich stellte mir vor, wie eine Katze sich um meine Füße legte und mich, während ich an der Schreibmaschine saß, zu einer Kreativität unbekannten Ausmaßes inspirierte. Ich sagte Marcia, sie könne den Vagabunden vorbeibringen.

Als Marcia sich meiner Wohnung näherte, hörte ich den Kater bevor ich ihn zu Gesicht bekam. Er protestierte lautstark, bis Marcia die Transportkiste auf meinem Wohnzimmerteppich absetzte. Kaum hatte sie die Tür der Kiste geöffnet, schoss eine dünne schwarze Katze heraus, rannte ins Schlaf- und dann ins Badezimmer, sprang in die Badewanne, krabbelte wieder hinaus und kehrte ins Wohnzimmer zurück – mitten auf meinen Schoß.

»Ich muss weiter«, sagte Marcia und schnappte sich die Transportkiste. »Schrei, wenn du irgendetwas brauchst.«

Inzwischen bearbeitete der Kater meinen Bauch in einem wilden Rhythmus, ungefähr so wie ein Boxer mit dem Sandsack trainiert. »Du bist nicht gerade schüchtern«, sagte ich mit gezwungenem Lächeln. Obwohl der Kater spindeldürr war, glänzte sein blauschwarzes Fell im Lampenlicht. Seine senfgelben Augen blitzten kurz zu mir auf, bevor er seine Aktivität fortsetzte.

»Ich glaube, ich muss dir einen Namen geben.« Meine eigenen Worte blieben mir Halse stecken. *»Hör sich das einer an«*, sagte ich mir, *»ich spreche zu diesem Tier so, als ob es mich verstehen würde.«*

»Ralph«, fuhr ich fort, ohne auf mich selbst zu hören. »Ralph ist ein netter, normaler Name.« Ich hasste nämlich alle verniedlichenden Namensschöpfungen.

An diesem Abend stellte ich die Regeln für meinen neuen Mitbewohner auf. Ralph durfte nicht in mein Bett, sondern musste auf dem Teppich im Wohnzimmer schlafen. Der Kater sollte lernen, auf einfache Kommandos zu hören, die aus nur einem Wort bestanden. Und meinerseits wollte ich ihn als das intelligente Lebewesen ansprechen, das er zweifellos war.

Nachdem ich Ralph zwei Nächte auf den Fußboden gesetzt und ihn beim Aufwachen wieder in meinem Bett vorgefunden hatte, nahm ich Abstand von dieser Regel. Ich redete mir ein, dass dies zu meinem und nicht zu seinem Wohl geschehe, weil mich sein Schnurren entspannte und sich sein warmer pelziger Körper wunderbar an meinem Rücken anfühlte.

Je weiter die Woche voranschritt, desto besser verstanden wir uns. Ich achtete darauf, mich Ralph gegenüber mit der notwendigen Autorität zu verhalten. Dann kam der Morgen, als ich aus Versehen auf seinen Schwanz trat. Solch ein bedauernswertes Gejammere! Ich nahm ihn auf den Arm und schmiegte ihn an mich.

»Oh, Mama tut es so Leid!«

Erschrocken schaute ich mich um. Wer hatte das gesagt? Oh nein, nun war es geschehen. Ich fing an, so wie *sie* zu reden.

Die folgenden Tage war ich verzweifelt bemüht, meine mütterlichen Gefühle zu verbergen. Ich hatte keine Lust auf dieses Mamagetue, aber wie sollte ich mich sonst verhalten? Die Herrin zu spielen, ging etwas zu weit. Aber war ich einfach nur Kathy? Nein, das klang zu familiär und würde meine Autorität untergraben. Am besten passte halt die Bezeichnung »Mama« zu meiner Rolle. Und so wurde ich zähneknirschend Ralphs Mama – aber ich versprach mir, keine weiteren Zugeständnisse zu machen.

Bis Ralph eines Abends krank auf dem Teppich lag. Ich nahm ihn in die Arme und streichelte ihn.

»Armes kleines Baby«, gurrte ich. »Es ist krank.«

Es ist krank! Ich sah, wie meinem Englischprofessor der Bissen im Hals stecken blieb. Während Ralph sein Mittagsschläfchen hielt, führte ich mir meinen sich verschlimmernden Zustand vor Augen. Ich musste den Tatsachen ins Angesicht sehen, denn ich war auf dem besten Weg, einer von den Menschen zu werden, die dummes Zeug mit ihren Tieren brabbelten.

In den nächsten Wochen kontrollierte ich jedes Wort, das über meine Lippen kam, aber das Unvorstellbare geschah. Sprachliche

Verwirrungen wie »Du kleines knutschiges Baby« kamen wie von selbst über meine Lippen, so als ob ich immer dann vom bösen Geist sprachlicher Verstöße besessen war, wenn ich Ralph anschaute. Und was noch schlimmer war, ihm gefiel es, wenn ich so zu ihm sprach.

Eines Abends beschloss ich, alles auf eine Karte zu setzen und den ganzen Mist auf der Stelle loszuwerden. Ich setzte Ralph auf meinen Schoß, sodass er mich anschauen musste. »Nun«, begann ich und achtete peinlich darauf, jegliches Gebrabbel zu vermeiden, »du bist ein einfühlsames, intelligentes Lebewesen. Also willst du auch einen Besitzer haben, der dich entsprechend behandelt, stimmt's?« Ralphs Mimik zeigte keine Regung. Ich deutete es als Zustimmung und machte weiter. »Von nun an werde ich dich mit der Würde und dem Respekt behandeln, den eine noble Katze verdient.« Ralphs Maul öffnete sich. Sein Blick war dabei so intensiv, dass ich für einen Moment glaubte, er würde anfangen zu sprechen. Stattdessen gähnte er mich an. »Du dummer kleiner Kater«, sagte ich lachend und knuddelte ihn.

Inzwischen habe ich mich von allen Regeln verabschiedet. Ich hatte wohl auch nie die Autorität, sie durchzusetzen. Übrig geblieben ist nur Liebe und Gebrabbel. Weiß irgendwer, wo sich die »Anonymen Brabbler« treffen?

Kathleen M. Muldoon

Ein Hund mit schwerer Vergangenheit

Ein gellender Schrei riss mich früh am Freitagmorgen aus dem Schlaf. Als ich zum Fenster rannte, sah ich, was ich befürchtet hatte: Ein Hund war angefahren worden und der Fahrer des Autos hatte sich einfach aus dem Staub gemacht. Das hagere, wolfsähnliche Geschöpf lag zusammengekrümmt vor einer Hauseinfahrt. Ich wusste sofort, dass er niemandem gehörte. Seinem Äußeren nach war er einer jener herrenlosen, hungrigen Köter, die sich in den Straßen der ukrainischen Hauptstadt Kiew herumtrieben – wo ich vorübergehend als Journalist arbeitete.

Mein erster Gedanke war: »*Hoffentlich ist er nicht schwer verletzt.*« Aber als er zu laufen versuchte, fiel er immer wieder auf seine verletzte Schulter. Er schleppte sich vorwärts und hinterließ dabei eine deutliche Blutspur auf dem Bürgersteig. »*Er könnte gefährlich sein*«, dachte ich besorgt. Aber ich täuschte mich. Er stubste immer wieder vorbeilaufende Fußgänger mit der Schnauze an, so als wolle er sie bitten, ihm zu helfen.

In Windeseile verließ ich das Haus und gesellte mich zu der kleinen Gruppe, die sich mittlerweile um das unter Schock stehende Tier gebildet hatte. Die Menschen diskutierten aufgeregt, was am besten zu tun sein. »Ich nehme ihn zu mir«, sagte ich und wunderte mich über meine eigenen Worte. »Vorübergehend.«

Jemand brachte ein Betttuch und ich musste schmunzeln, als ich sah, dass der Hund sofort versuchte sich auf das Tuch zu rollen. Yelena, meine Nachbarin, bot ebenfalls ihre Hilfe an, und so fuhren wir in ihrem Auto von einer primitiven Klinik zur anderen. Aber alles, was uns die Tierärzte empfahlen, war ein schmerzloser Tod. Ein Bein des Hundes war zertrümmert und niemand hatte die technischen Voraussetzungen, die Ausbildung oder die Medikamente, um ihn zu behandeln. Die Ukraine war 1992 ein armes Land.

Der Hund sah mich wehklagend an, seine Augen waren glasig vom Morphium. Zum Glück hatte ich ein Bündel amerikanischer Dollars in meiner Jackentasche und so war ich fest entschlossen, das Leben dieses Geschöpfs zu retten. »Irgendetwas lässt sich bestimmt tun«, sagte ich.

»Wenn irgendjemand etwas tun kann, dann Professor Oleg Feodoseyewicz von der Landwirtschaftsakademie. Er ist der beste Chirurg der Veterinärmedizin, den dieses Land zu bieten hat«, wurde mir erzählt. Und schon kurz darauf trugen Yelena und ich unseren Patienten durch einen Stall voller Schweine und Kühe in einen großen Operationssaal, der voll von kichernden Studenten mit lustigen weißen Papiermützen war. Der berühmte Oleg Feodoseyewicz tastete behutsam den Körper des Hundes ab. Er lächelte und sagte schließlich die magischen Worte: »Das kriegen wir schon wieder hin.«

Die Operation dauerte vier Stunden und ich schaute zu, wie der Professor geduldig eine Metallschiene in das Bein des Hundes einpflanzte. Der Hund war die ganze Zeit über wach. Er jaulte jedes Mal, wenn die örtliche Betäubung abnahm. »Er braucht mehr Betäubung«, sagte dann immer irgendwer. Und meistens war ich derjenige.

Nur wenige Minuten nach der Operation saßen wir wieder im Auto. Der Hund hatte zwei weiße Gipsverbände und ich eine Liste mit Anweisungen für die häusliche Nachbehandlung und die dafür notwendige Medizin, die ich noch kaufen musste. Wo aber sollte ich Gazetupfer und Schmerzmittel in einer Stadt herbekommen, deren Apotheken kaum mehr als Vitamine und Kräutertees im Angebot hatten?

»Mach dir keine Sorgen«, sagte Yelena. »Die Apotheken sind zwar leer, aber die privaten Medizinschränke sind voll.« Und tatsächlich, noch am selben Abend kam Yelena mit einer Tasche voller Glasfläschchen, Tuben, Spritzen und Tabletten an.

Drei Tage und Nächte lang stöhnte mein kranker Patient und lag bewegungslos auf einer Decke. Er bewegte nur ab und zu seinen Schwanz, der jedes Mal laut auf den Parkettfußboden schlug, wenn ich das Zimmer betrat. Ich fütterte ihn mit Hühnersuppe aus einer Pipette. Sechsmal am Tag wechselte ich den Verband, der den Gips zusammenhielt, und wenn ich die Gaze von seiner blutigen, rasierten Haut entfernte, hatte er jedes Mal große Schmerzen.

Da ich hoffte, vielleicht doch den Besitzer zu finden, schaltete ich Suchanzeigen in der Zeitung. Ich erhielt viele Anrufe, aber leider nicht von der Person, zu der er gehörte. Mehrere Anrufer boten an, ihn zu adoptieren, und so fing ich an, eine Liste von möglichen Besitzern für den Tag anzulegen, an dem er wieder gesund war.

Schon bald konnte der Hund wieder feste Nahrung zu sich nehmen, und daher ließ ich schnell meine Putzfrau Nadia kommen, damit sie ihm etwas zum Fressen zubereiten konnte, denn Dosenfutter westlichen Stils gab es damals noch nicht in der Ukraine. Und so stand die etwas füllige Nadia, die Hunde über alles liebte, schon bald an meinem Herd und kochte einen Brei aus Kartoffeln, Möhren und Fleischstückchen. Da ich nie zuvor einen Hund gehabt hatte, war sie es auch, die mich in die Grundlagen der Hundehaltung einführte.

Schließlich kam der Tag, an dem mein Patient wieder laufen konnte, und ich es wagte, mit ihm das Haus zu verlassen, nachdem ich ihn die letzten 20 Stufen hinunter zur Straße getragen hatte. Als er mit den beiden vergipsten Beinen schwanzwedelnd den Gehweg entlanghumpelte, schlug ihm eine große Welle der Sympathie entgegen. Auf den Balkonen schüttelten Großmütter bewundernd ihren Kopf und Kinder sprangen um uns herum und fragten, ob es dem Hund wehtun würde, wenn sie seinen Kopf streichelten. Jeder Hundebesitzer, der uns sah, hielt an und empfahl uns sein spezielles Hausmittel gegen Knochenbrüche.

»Eierschalen«, meinte eine Frau, die fast einen ganzen Block weit gelaufen war, um mir dies mitzuteilen.

Dann war endlich der Tag da, an dem Oleg Feodoseyewicz kam, um die Gipsverbände abzunehmen. Wir hievten den Hund in die Badewanne und Yelena und ich hielten ihn, während der Arzt den Verband wegschnitt.

»Sie wissen, dass ein Hund einen Namen haben muss«, sagte er.

»Oh nein«, antwortete ich und zeigte ihm die Liste von Interessenten. »Ich habe nicht vor, ihn zu behalten. Wissen Sie, mein Lebensstil, das viele Reisen, das zu meinem Beruf gehört…«

Der gute Doktor schaute mich nur an und lächelte.

Und er sollte Recht behalten, denn Olivier – wie ich ihn schließlich nannte – blieb bei mir. Er wurde wieder völlig gesund und überschüttete mich mit seiner Liebe. Er bestätigte immer wieder, wie richtig mein spontaner Entschluss an jenem traumatischen Freitagmorgen gewesen ist. Oft holte er mich aus meiner Einsamkeit, meiner Wut und meiner Antriebslosigkeit. Ihm verdanke ich großartige Sonnenaufgänge über dem Dnjepr und viele Bekanntschaften im Park. Er verzauberte mich stundenlang, wenn ich ihm beim Spiel mit seinen vierbeinigen Freunden zuschaute. Er schenkte mir feuchte Küsse und erwärmte mein Herz mit lautem Begrüßungsgebell.

Habe ich ihn gerettet oder er mich?

Zwei Jahre später verließ mich Olivier genauso unvorhergesehen, wie er in mein Leben getreten war. Er spielte gerade mit seinem besten Freund im Park, als er plötzlich zusammenbrach und starb. Die nachfolgende Autopsie ergab als Todesursache einen Riss in der Leber, die doppelt so groß war, wie sie eigentlich hätte sein dürfen. Er hatte keine Chance, meinte die behandelnde Tierärztin der Landwirtschaftsakademie. Olivier habe viele gesundheitliche Probleme gehabt, weil er als vagabundierender Straßenhund lange Zeit unterernährt gewesen ist.

Als die Ärztin meinen Kummer sah, versuchte sie mich in der typisch schroffen Weise der Slawen zu trösten. »Wissen Sie, man sollte einfach keinen alten Hund von der Straße auflesen. Sie haben zu viel mitgemacht, um lange zu leben. Es lohnt sich nicht, Gefühle in sie zu investieren.«

»Weiß diese Frau überhaupt, wovon sie redet?«, fragte ich mich, als ihre Worte in mir nachklangen.

Ich verließ die Tierklinik und wusste genau, dass ich die gut gemeinten Ratschläge dieser Ärzte niemals befolgen würde.

Roma Ihnatowycz

Eine französische Katze

Es ist noch gar nicht lange her, da reisten mein Mann Gene und ich mit dem Mietwagen durch Europa. Wir fuhren auf Nebenstrecken und übernachteten in malerischen Gasthöfen abseits des Wegs. Der einzige Wermutstropfen auf dieser wunderbaren Reise war die schreckliche Sehnsucht, die ich nach unserem Kater Perry hatte. Ich vermisse ihn jedes Mal, wenn wir verreisen, aber auf dieser Reise, die länger als drei Wochen dauerte, war mein Bedürfnis, ihn im Arm zu halten und sein weiches Fell zu streicheln, fast unerträglich. Jede Katze, die uns über den Weg lief, verstärkte noch dieses Gefühl.

Eines Morgens waren wir hoch in den französischen Bergen und packten gerade unser Auto für die Weiterreise, als ein älteres Ehepaar auf das Auto zulief, das neben uns stand. Die Frau hatte einen großen siamesischen Kater im Arm und sprach mit ihm auf Französisch.

Ich blieb stehen und beobachtete sie. Meine Sehnsucht nach Perry war mir wohl ins Gesicht geschrieben. Die Frau blickte mich an und sprach kurz mit ihrem Mann und ihrem Kater. Dann kam sie direkt auf mich zu und hielt mir, ohne ein Wort zu sagen, ihren Kater hin.

Ich nahm ihn sofort in den Arm. Im ersten Moment fuhr er aus Vorsicht seine Krallen aus, denn er war es nicht gewohnt, von einer Fremden gehalten zu werden. Aber dann zog er sie wieder ein, schmiegte sich an mich und begann zu schnurren. Ich vergrub mein Gesicht in seinem weichen Fell, während ich ihn sanft hin und her schaukelte. Danach gab ich ihn – noch immer wortlos – der Frau zurück.

Ich lächelte sie dankbar und mit Tränen in den Augen an. Die Frau hatte gefühlt, dass ich gerne ihren Kater in den Arm nehmen würde, und der Kater hat gespürt, dass er mir trauen konnte. Und so haben beide nach ihrem Gefühl gehandelt und mir damit ein großes Geschenk gemacht.

Gut zu wissen, dass die Sprache der Katzenliebhaber – und der Katzen – auf der ganzen Welt verstanden wird.

Jean Brody

Barney

Mary Guy war der Ansicht, dass es einem gewöhnlichen Eichhörnchen wahrscheinlich reichen würde, eine nationale Berühmtheit zu werden. Aber Barney war kein gewöhnliches Eichhörnchen.

Mary hatte einen Getränkemarkt in Garden City im Bundesstaat Kansas und war als Tierliebhaberin weit und breit bekannt. Eines Tages im August 1994 brachte ihr ein Kunde ein verwaistes Eichhörnchenbaby, das er gefunden hatte. Er bat sie, das kleine Tier in ihre Obhut zu nehmen, und Mary willigte ein.

Der Zufall wollte es, dass Marys Katze Corky eine Woche später vier Junge zur Welt brachte. Marys Mann Charlie hatte die Idee, das Eichhörnchen dem Wurf hinzuzufügen – und es funktionierte! Barney (benannt von einem Enkel nach dem purpurfarbenen Dinosaurier einer Comicserie) wurde nicht nur von Corky angenommen, sondern auch von allen vier Katzenjungen als Geschwisterchen akzeptiert. Besonders eng wurde die Beziehung zu seiner Katzenschwester Celeste.

Einer der Gäste der Familie Guy war so fasziniert von der Katzen-Eichhörnchen-Gemeinschaft, dass er davon der Zeitung erzählte. Die Zeitung brachte prompt einen Artikel mit einem Foto, auf dem die Katzenmutter ihre vier Jungen und Barney säugte. Die Schlagzeile darüber lautete: »Eins dieser Kätzchen hat große Ähnlichkeit mit einem Eichhörnchen.«

Die ungewöhnliche Geschichte wurde von der Nachrichtenagentur Associated Press aufgegriffen und an alle Zeitungen Amerikas weitergeleitet. Und so erhielt Mary aus dem ganzen Land und sogar aus Kanada Anrufe und Briefe von Leuten, die vom Bild und seiner Geschichte gerührt waren. Barney war eine Berühmtheit geworden!

Unglücklicherweise hatte Barneys Ruhm eine Schattenseite. Der Zeitungsartikel wurde nämlich auch von Mitarbeitern der Forstverwaltung gelesen. Und so suchte ein Mitarbeiter die Guys auf und erklärte ihnen, dass im Staat Kansas keine Eichhörnchen als Haustiere gehalten werden dürfen und Barney wieder ausgesetzt werden müsse.

Mary war wie vom Blitz getroffen. Sie hatte ihr ungewöhnliches Haustier nicht nur ins Herz geschlossen und wollte es nicht verlieren, sondern fürchtete auch um sein Leben, wenn es freigelassen werden würde. Barney hatte keine Angst vor Katzen – er war ja von einer großgezogen worden! Aber Eichhörnchen sind Nagetiere und Katzen sind daher ihre natürlichen Feinde. Sollte Barney tatsächlich zurück in den Wald gebracht werden, würde er bei der nächstbesten streunenden Katze auf dem Mittagstisch landen. Mary versuchte dies der Forstverwaltung klarzumachen, hatte aber keinen Erfolg. Gesetz sei Gesetz.

»Eine Möglichkeit gäbe es jedoch für die nächste Zeit«, schlug ein Verwaltungsmitarbeiter vor. »Wenn sie eine Jagdlizenz kaufen, können sie das Tier bis zum Ende der Eichhörnchensaison am 31. Dezember behalten.« Obwohl es nur eine vorübergehende Lösung war, blätterte Mary sofort die 13 Dollar für die Jagdlizenz auf den Tisch.

Als das Jahresende näher rückte, machte sich Mary große Sorgen. Nicht nur, dass sie den immer zu Streichen aufgelegten kleinen Kerl wirklich in ihr Herz geschlossen hatte. Sie war überzeugt, dass ein Aussetzen des Eichhörnchens einem Todesurteil gleichkam.

Zudem hatten zu diesem Zeitpunkt alle jungen Katzen mit Ausnahme von Celeste ein neues Zuhause gefunden. Barney und Celeste waren unzertrennliche Freunde geworden. Sie spielten und schliefen zusammen und jagten einander durch das ganze Haus. Wenn Mary die beiden voneinander fernhielt, hörte Celeste nicht mehr auf zu jammern. Außerdem zeigte sich Barney nicht im Geringsten an einem Leben in freier Wildbahn interessiert.

Mary wandte sich erneut an die Zeitung. Vielleicht konnte Barneys Berühmtheit, die ihn in diesen Schlamassel gebracht hatte, auch dazu beitragen, zu einer vernünftigen Lösung zu kommen.

Die Geschichte von Barneys Misere lief über die Nachrichtenkanäle der Associated Press. Anfang Dezember wurde Mary erneut von Anrufen und Briefen aus dem ganzen Land überschüttet, in denen Gebete und moralische Unterstützung angeboten wurden. Einige Anrufer, die in Staaten mit einer anderen Gesetzgebung lebten, boten sogar an, Barney und Celeste aufzunehmen.

Auch die Forstverwaltung erhielt Anrufe und Briefe aus dem ganzen Land. Da ihre Mitarbeiter nicht herzlos erscheinen wollten, schlugen sie vor, Barney in den Zoo von Garden City zu überführen. Der Generalbevollmächtigte des Staates Kansas rief Mary an und machte ihr das Angebot, dass sich ein »Rehabilitator« um Barney kümmern sollte, um ihn auf das Überleben in freier Wildbahn vorzubereiten.

Mary fürchtete jedoch auch dann um die Sicherheit ihres geliebten Haustieres. Weder wollte Barney sein glückliches Leben aufgeben, noch war Mary bereit ihn auszusetzen.

Als Neujahr immer näher rückte, witterten die Guys eine kleine Chance, denn mit dem Jahreswechsel zog eine neue Verwaltung in das Regierungsgebäude der Hauptstadt. Mary überredete ein paar Freunde, die zur Feier des Amtsantritts des neuen Gouverneurs eingeladen waren, Informationen über Barney mitzunehmen.

Und so bestand eine der ersten Amtshandlungen des neuen Gouverneurs von Kansas zu Beginn des Jahres 1995 darin, eine Ausnahmeregelung zu erlassen, sodass die Guys ihr Eichhörnchen behalten durften.

Barney war so das erste Eichhörnchen in der Geschichte, das nicht nur eine nationale Berühmtheit wurde, sondern auch von einem Gouverneur »begnadigt« worden war. Nein, Barney war wirklich kein gewöhnliches Eichhörnchen.

Gregg Bassett
(Präsident des Klubs der
Eichhörnchenliebhaber)

Mäusehaltung

Bislang hatte ich nie direkt etwas mit Mäusen zu tun, aber das sollte sich an einem sonnigen Septembermorgen gründlich ändern, als mich mein Mann Richard in die Scheune unserer Farm auf Rhode Island rief. Er blickte mit neugierigem Vergnügen in eine Blechdose, die er in der Hand hielt. Als ich neben ihm stand, reichte er mir die Dose in einer Weise, als enthielte sie etwas, das er eben erst bei Tiffany's erstanden hatte.

In der Dose befand sich eine junge Maus, nicht größer als ein Daumen. Sie starrte mich mit Augen an, die wie dunkle, frisch polierte Samen aussahen. Sie war ein wunderschönes kleines Geschöpf und mit Sicherheit zu jung, um es mit der großen, gefährlichen Welt aufnehmen zu können.

Richard hatte sie auf der Türschwelle gefunden. Als er sie in die Hand nahm, dachte er, dass die kleine Maus am Ende sei. Zufälligerweise hatte er jedoch ein Gummibonbon in seiner Tasche, das er neben die regungslose Maus auf seinen Handteller legte. Und siehe da – der süße Duft wirkte als Muntermacher. Die Maus stürzte sich unvermittelt auf das Bonbon und fing gierig an zu fressen. Von einem Moment auf den anderen schien sie wieder völlig in Ordnung zu sein.

Richard baute Mausi, wie wir sie nun nannten, einen Drahtkäfig, den wir in die Küche stellten. Ich beobachtete sie, während ich

198

Gemüse zubereitete, und war völlig fasziniert. Ich hätte nie gedacht, dass es an einer Maus so viel zu beobachten gibt.

Ihr Babyfell war ein stumpfes metallenes Grau, das sich aber schnell in ein rötliches Braun mit dunkelgrauen »Söckchen« und weißen Füßen wandelte. Ich hatte immer gedacht, der Schwanz einer Maus sei haarlos und schlaff, aber das war nicht der Fall. Mausis Schwanz war behaart und anstatt ihn einfach nur hinter sich herzuziehen, konnte sie viel mit ihm anfangen. Manchmal hielt sie ihn so über den Rücken, dass er wie ein Fragezeichen wirkte.

Sie putzte sich wie eine Katze und saß dabei auf ihrem kleinen Hinterteil (das bequem auf einer Briefmarke Platz gefunden hätte). Sie leckte sich die Flanken und befeuchtete ihre Pfoten, mit denen sie dann über Ohren, Nacken und Gesicht fuhr. Mit affenartigem Geschick ergriff sie ein Hinterbein und leckte sich die Füße. Zum Finale nahm sie den Schwanz und machte ihn mit der Zunge sauber. Es sah aus, als fräße sie einen Maiskolben der Länge nach ab.

Schon nach wenigen Tagen war Mausi zahm geworden. Sie knabberte an meinen Fingern und bearbeitete mich verspielt mit ihren kleinen Pfoten. Sie liebte es sehr, auf die Hand genommen und liebkost zu werden. Wenn ich sie in der Hand hielt und sie vorsichtig mit dem Zeigefinger streichelte, reckte sie den Hals wie eine Katze, um auch unter dem Kinn gekrault zu werden. Sie legte sich dann auf meinem Handteller auf den Rücken und genoss das Gekrailtwerden mit geschlossenen Augen, bewegungslosen Pfoten, die Nase steil nach oben in die wohlige Glückseligkeit gereckt.

Unsere kleine Freundin schlief im Plastikbecher einer Thermoskanne, den sie sich mit einem Flaum ausgelegt hatte, der so weich wie eine Daunendecke war und den sie dadurch erhielt, dass sie ein Stück Stoff in kleine Stücke zernagte. Nach einer Weile ersetzte ich den Becher durch eine umgedrehte Kokosnussschale, in die ich einen Eingang geschnitten hatte. Das Mäusehaus hatte nun ein attraktives tropisches Flair und Mausi stopfte es randvoll mit Flaum.

Der Käfig verfügte über dicke Kletteräste und ein Laufrad, in dem Mausi kilometerweit ins Nichts lief. Ihre körperliche Fitness war erstaunlich. Einmal säuberte ich Mausis Käfig und setzte sie solange in einen leeren Papierkorb. Sie machte einen gewaltigen Sprung von fast 40 Zentimetern und schaffte es beinahe bis über den Rand des Korbes.

Mausis Futter befand sich in einem kleinen Aluminiumbehälter, den wir an der Wand des Käfigs befestigt hatten. Richard und ich nannten ihn die oberste Mäusenationalbank, denn immer wenn wir Samen in den Käfig streuten, stopfte Mausi sich die Leckerbissen in die kleinen Backen, um sie zur Bank zu schaffen und dort zu deponieren.

Obwohl Mausi gut beschäftigt war, hatte ich bald den Eindruck, dass sie sich einsam fühlte, und so bat ich einen befreundeten Biologen um Hilfe. Zunächst bestimmte er Mausis Geschlecht (denn für einen Laien sind die hinteren Körperöffnungen einer Maus ziemlich rätselhaft). Danach besorgte er eine männliche Labormaus als Partner.

Die neue Maus hatte einen gedrungenen Körper und einen haarlosen Schwanz und roch wie eine Maus – im Gegensatz zu Mausi, die beinahe geruchlos war. Wir nannten ihn Stinky und setzten ihn trotz einiger Befürchtungen zu Mausi in den Käfig.

Stinky durchstöberte behäbig und ziellos den Käfig, bis er über ein paar von Mausis Samen stolperte. Sofort stürzte er sich auf diese Köstlichkeiten. Wie der Blitz kam Mausi von ihrem Kletterast herunter und biss Stinky in den Schwanz, was ihn aber nicht davon abhielt, einen Samen nach dem anderen zu verschlingen. Angewidert kroch Mausi in ihr Haus und legte sich schlafen.

Trotz dieses missglückten Starts entwickelte sich zwischen beiden eine herzliche Beziehung. Die beiden Mäuse schliefen eng umschlungen und Mausi verbrachte viel Zeit damit, Stinky zu lecken, wobei sie ihn niederhielt und mit ihren Pfoten durchknetete. Er erwiderte ihre Zärtlichkeiten, jedoch mit weniger Leidenschaft, denn die bewahrte er sich auf fürs Fressen.

Eines Tages machte ich ein Experiment. Ich legte Mausis Nahrungsnationalbank auf den Boden des Käfigs und Stinky kam sofort an, um an der Öffnung zu schnüffeln. Mausi beobachtete ihn dabei mit aufgestellten Schnurrhaaren und ich glaubte einen Ausdruck der Bestürzung auf ihrem Gesicht wahrzunehmen. Mit beeindruckender Geschwindigkeit kratzte Mausi einen großen Haufen Streu zusammen und stopfte ihn in die Bank. Auf diese Weise hatte sie ihren Schatz in Windeseile verkorkt. Es war eine brillante Aktion. Stinky war völlig baff und schlich verwundert von dannen.

Obwohl sie sich gegenseitig nichts gönnten, hatte ich das Gefühl, dass Mausi und Stinky glücklich waren. Waren sie einmal getrennt und sahen sich dann wieder, waren sie immer außer sich vor Freude. Mausi erdrückte Stinky bei solchen Gelegenheiten fast und schien ihn ganz auflecken zu wollen. Selbst der schwerfällige Stinky zeigte dann deutliche Zeichen von Erregung.

Es war mir zuerst nicht aufgefallen, dass Stinky nach ungefähr einem Jahr krank geworden war. Eines Tages sah ich Mausi zu einer Zeit zitternd auf ihrem Ast sitzen, zu der sie sonst immer schlief. Ich schaute in den Käfig und sah, dass Stinky tot war.

Mausi blieb für den Rest ihres Lebens allein und wurde älter als drei Jahre. Ich denke, das ist ein ganzes Stück länger als jene Lebensspanne, die einer Maus sonst zusteht. Sie zeigte keine Anzeichen von Alter oder Gebrechlichkeit. Eines Tages fand ich jedoch auch sie tot im Käfig.

Ich nahm ihren beinahe gewichtslosen Körper in die Hand und trug ihn hinaus auf die Wiese. Ich war sehr traurig, denn die kleine Maus hatte mir viel gegeben. Sie hatte meine Phantasie beflügelt und mir ein Fenster in die Welt der Liliputaner eröffnet. Darüber hinaus gab es Momente, in denen sich ihr zartes Wesen mit dem meinen verband. Manchmal, wenn ich sie liebevoll streichelte und sie mir am Finger knabberte, tauschten wir gefühlvolle Botschaften.

Ich legte Mausis Körper ins Gras und ging zurück ins Haus. Ich trauerte – nicht um Mausi, sondern um mich. Die Größe eines geliebten Wesens steht in keinem direkten Verhältnis zu der Lücke, die es hinterlässt. Ich wusste in diesem Moment, dass ich mein kleinstes Haustier sehr vermissen würde.

Faith McNulty

Der Kater und der Grizzly

Katzen scheinen nach dem Prinzip zu leben, dass nichts Schlimmes passiert, wenn man um das bittet, was man haben möchte.

Joseph Wood Kruth

»Guten Morgen, David, man hat uns schon wieder ein paar kleine Katzen über den Zaun geworfen«, begrüßte mich eines Morgens einer unserer freiwilligen Helfer und ich merkte, wie ich innerlich stöhnte. Als Gründer eines Rehabilitationszentrums für wild lebende Tiere hatte ich schon genug damit zu tun, die Tiere zu betreuen, die aus der Wildnis stammten. Aber es gab immer wieder Einheimische, die es nicht übers Herz brachten, ihre ungewollten Kätzchen ins Tierheim zu bringen, und sie stattdessen einfach über unseren Zaun warfen. Sie wussten, dass wir die Tiere einfangen, sterilisieren und über unser Netzwerk von fast 100 freiwilligen Helfern an Aufnahmewillige verteilen.

Der Wurf, den wir an jenem Tag »geschenkt« bekommen hatten, umfasste vier Katzen. Es gelang uns, drei von ihnen wieder einzufangen, aber eine blieb verschwunden. Unser Tiergehege war knapp zehn Hektar groß und so bestand wenig Hoffnung, das fehlende Kätzchen zu finden – zumal viele andere Tiere unsere Aufmerksamkeit forderten. Es dauerte nicht lange und ich hatte die verschwundene Katze über meinem täglichen Arbeitsablauf völlig vergessen.

Ungefähr eine Woche später hielt ich mich gerade bei einem meiner Lieblings-»Gäste« auf – einem großen Grizzlybären mit Namen Griz.

Der Grizzlybär war vor sechs Jahren in Montana von einem Zug angefahren worden und als verwaistes Junges zu uns gekommen. Ein Schwarzfußindianer hatte ihn gerettet und nachdem er sechs Tage lang bewusstlos auf der Intensivstation einer Tierklinik gelegen hatte, kam er mit einem neurologischen Schaden und einem blinden rechten Auge wieder zu sich. Nach seiner Genesung wurde klar, dass er sich zu sehr an die Menschen gewöhnt hatte und geistig nicht mehr fit genug war, um in die Wildnis zurückkehren zu können. Und so wurde er einer unserer ständigen Bewohner.

Grizzlybären sind nicht von Natur aus gesellig. Wenn sie sich nicht gerade paaren oder ihre Jungen aufziehen, sind sie strikte Einzelgänger. Unser Grizzly hatte jedoch gerne Menschen um sich. Auch ich fühlte mich in seiner Gesellschaft wohl und kümmerte mich daher regelmäßig um ihn. Aber dennoch musste selbst ich vorsichtig sein, denn ein 560 Pfund schweres Tier kann einem Menschen auch unbeabsichtigt allerhand Schaden zufügen.

An jenem Nachmittag im Juli machte ich meinen täglichen Rundgang zu seinem Käfig. Er hatte eben erst sein Fressen erhalten – eine Mischung aus Gemüse, Früchten, Hundefutter, Fisch und Huhn. Griz lag auf dem Boden und hielt den Eimer mit dem Fressen zwischen seinen Tatzen. Er kaute gerade, als ich etwas Orangefarbenes aus den Brombeerbüschen herausschleichen sah, die sich innerhalb des Geheges befanden.

Es war das verschwundene Kätzchen! Es war jetzt ungefähr sechs Wochen alt und so mager, dass es höchstens 300 Gramm wiegen konnte. Normalerweise hätte mir der Zustand des armen Tierchens große Sorgen bereitet, und ich wäre froh gewesen, wenn es etwas zu fressen gefunden hätte. Aber dieses Kätzchen hatte einen vollkommen falschen Weg eingeschlagen und würde vielleicht gar nicht mehr so lange leben, dass es verhungern konnte.

»Was soll ich nur tun?« Ich befürchtete, dass die kleine Katze Panik bekam und direkt auf den Grizzly zulief, wenn ich in den Käfig stürzte, um sie zu retten. So hielt ich mich also zurück und wartete ab, was geschah. Ich hoffte nur, dass das Kätzchen dem riesigen Grizzly nicht zu nahe kam.

Der kleine Kater scherte sich jedoch nicht um meine Befürchtungen, sondern lief weiter direkt auf den Bären zu. Während er sich ihm immer mehr näherte, schnurrte und miaute er. Ich hielt die Luft an. Bei jedem normalen Bären wäre der Kater verloren.

Griz schaute hinüber zu dem kleinen Kater. Ich duckte mich, als ich sah, wie er seine Tatze in Richtung des Katers hob und erwartete wie gebannt den tödlichen Schlag.

Aber anstatt zuzuschlagen, langte Griz mit seiner Pfote in den Fresskübel, holte ein Stück Huhn daraus hervor und warf es dem hungernden Kater vor die Füße. Der kleine Kater stürzte sich auf das Stück und trug es so schnell er konnte zum Fressen in die Büsche.

Erleichtert atmete ich auf. Dieser Kater hatte verdammt viel Glück! Unter unseren 16 Bären hatte er sich genau den ausgesucht, der ihm nichts antat. Und darüber hinaus war er unter einer Million Bären an denjenigen geraten, der auch noch sein Fressen mit ihm teilte.

Ein paar Wochen später sah ich den kleinen Kater wieder zusammen mit Griz fressen. Dieses Mal rieb er sich schnurrend gegen den Bären und Griz nahm ihn mit seinem Maul beim Nacken und hob ihn hoch. Von diesem Moment an waren die beiden unzertrennlich. Wir nannten die kleine Katze »Katerchen«.

Noch heute frisst Katerchen zusammen mit Griz. Er schmiegt sich an den Bären, stupst ihn an der Nase, springt ihn aus dem Hinterhalt an und schläft sogar neben ihm. Und obwohl Griz ein sanftmütiger Bär ist, ist die Sanftmütigkeit eines Bären alles andere als sanft. Einmal trat Griz aus Versehen auf Katerchen. Der große Bär sah bestürzt aus, als ihm klar wurde, was er getan hatte. Und manchmal, wenn Griz versucht, Katerchen am Nacken zu packen und hochzuheben, erwischt er nur seinen ganzen Kopf. Aber Katerchen scheint das nichts auszumachen.

Ihre gegenseitige Liebe ist direkt und unkompliziert. Sie geht über Körpergröße und Tierart hinaus. Beide Tiere haben früh äußerst schwierige Umstände überlebt. Aber nicht nur das scheint sie von Anfang an verbunden zu haben. Sie sind auch sichtlich froh, einen Freund fürs Leben gefunden zu haben.

Dave Siddon
(Gründer der Wildlife Images Rehabilitations Centers
aufgeschrieben von Jane Martin)

7

Abschied nehmen

Wie tief die Liebe ist, zeigt sich erst
in der Stunde der Trennung.

Khalil Gibran

Rocky lebt!

Es war ein grauer, nebliger Morgen und ich hatte mir freigenommen, weil heute unser Hund Rocky eingeschläfert werden sollte. Krankheit hatte seinen einst so starken und gesunden Körper schwer gezeichnet und obwohl wir alles getan hatten, um unseren geliebten Boxer zu heilen, nahmen seine Schmerzen ständig zu.

Ich weiß noch, wie ich ihn ins Auto rief... und wie er das Autofahren liebte! Aber diesmal schien er zu ahnen, dass etwas anderes in der Luft lag. Ich fuhr stundenlang umher, machte alle möglichen Besorgungen und fand immer wieder neue Gründe, um nicht beim Tierarzt anhalten zu müssen. Schließlich jedoch konnte ich das Unvermeidbare nicht länger hinauszögern. Als ich in der Praxis den Scheck für Rockys Einschläferung unterschrieb, tropften meine Tränen auf das Blatt Papier, sodass meine Unterschrift fast unleserlich war.

Wir hatten Rocky vor viereinhalb Jahren bekommen, kurz bevor unser erster Sohn Robert geboren wurde. Als ich aus dem Auto stieg, lief Robert freudig auf mich zu. Da er mich allein aussteigen sah, fragte er mich sofort nach unserem Hund, und ich antwortete, dass Rocky nun im Himmel sei. Ich erklärte ihm, wie krank Rocky gewesen war, und dass er jetzt wohlauf sei und wieder herumspringen und nach Herzenslust spielen könne. Der kleine Vierjährige hielt kurz inne und schaute mich mit seinen klaren blauen Augen an. Er zeigte mit einem unschuldigen Lächeln hoch zum Himmel und sagte: »Er ist jetzt da oben, nicht wahr, Dad?« Ich nickte zustimmend und ging ins Haus. Meine Frau sah mich nur an und fing leise an zu weinen. Dann fragte sie mich, wo Robert sei, und ich ging hinaus, um ihn zu holen.

Draußen auf dem Hof sprang Robert aufgeregt umher und warf dabei immer wieder einen großen Stock in die Luft. Mit jedem Wurf flog der Stock höher in den Himmel. Als ich ihn fragte, was er da mache, sah er mich an und meinte: »Ich spiele mit Rocky, Dad!«

S. C. Edwards

Mit diesen Händen

Den letzten Rest Erde schaufelte ich mit bloßen Händen über Pepsis Grab. Danach setzte ich mich hin und ließ die Vergangenheit noch mal in allen Einzelheiten an mir vorüberziehen.

Als ich mir meine schmutzigen Hände anschaute, standen mir Tränen in den Augen. Ich bin Tierarzt und hatte Pepsi, einen kleinen Zwergschnauzer, bei der Geburt mit diesen Händen von seiner Mutter übernommen. Er war zurückgeblieben und hätte allein nicht überlebt, und so musste ich buchstäblich Leben in diesen Hund atmen, der dazu ausersehen war, der beste Freund meines Vaters zu werden. Damals konnte ich noch nicht ahnen, wie nah sich die beiden einmal stehen würden.

Pepsi war mein Geschenk an Dad. Mein Vater hielt immer schon große Hunde auf unserer Farm im südlichen Idaho, aber Pepsi und Dad waren vom ersten Augenblick an ein unzertrennliches Paar. Zehn Jahre lang teilten sie sich dasselbe Essen, denselben Stuhl, dasselbe Bett. Es gab nichts, was sie nicht gemeinsam taten. Überall wo Dad war, war auch Pepsi. Sei es in der Stadt, auf der Farm oder auf Spaziergängen – sie waren immer Seite an Seite. Meine Mutter akzeptierte, dass Dad und der kleine Hund ihre eigene Ehe führten.

Nun war Pepsi tot. Und es war noch nicht einmal drei Monate her, als wir meinen Vater begraben hatten.

Dad litt schon seit Jahren unter Depressionen. Eines Nachmittags, nur wenige Tage nach seinem 80. Geburtstag, setzte er seinem Leben im Keller unseres Farmhauses ein Ende. Wir waren alle schockiert und niedergeschmettert.

Familienmitglieder und Freunde kamen am Abend seines Todes im Haus zusammen, um meine Mutter und mich zu trösten. Erst später, nachdem die Polizei und andere Menschen gegangen waren, bemerkte ich Pepsis ungestümes Bellen und ließ ihn ins Haus. Schlagartig wurde mir klar, dass der kleine Hund schon seit Stunden gebellt haben musste. Er war als Einziger an diesem Tag auf der Farm gewesen, an dem Dad sich entschloss, aus dem Leben zu treten. Wie ein Blitz schoss Pepsi sofort hinunter in den Keller.

Vorher hatte ich mir geschworen, niemals wieder in den Keller zu gehen. Es war einfach zu schmerzhaft. Jetzt aber folgte ich Pepsi voller Angst und Entsetzen die Kellertreppe nach unten. Als ich am Fuß der Treppe angekommen war, sah ich, dass Pepsi bewegungslos dastand und auf die Stelle starrte, an der Dad erst vor wenigen Stunden gestorben war. Ich nahm ihn behutsam in die Arme und ging die Treppe hoch. Als wir wieder oben waren, fing Pepsi am ganzen Körper an zu zucken, bis er schließlich reglos in meinem Arm lag und ein qualvolles Stöhnen von sich gab. Ich legte ihn vorsichtig in Dads Bett, wo er sofort einschlief.

Als ich meiner Mutter von Pepsis Verhalten erzählte, war sie sehr erstaunt. In den zehn Jahren, die Pepsi in diesem Haus lebte, war er kein einziges Mal im Keller gewesen. Sie erinnerte mich daran, dass Pepsi vor allen Treppen und Stufen eine Heidenangst hatte und wir ihn selbst die niedrigsten und breitesten Stufen hinauftragen mussten.

Warum war Pepsi jetzt diese enge, steile Kellertreppe hintergerannt? Hatte Dad früher am Tag um Hilfe geschrien? Hatte er seinem geliebten Freund ein Lebewohl zugerufen? Oder hatte Pepsi einfach gespürt, dass etwas mit Dad nicht in Ordnung war? Was hatte Pepsi so sehr angezogen, dass er gezwungen war, seine Angst zu überwinden und in den Keller zu laufen?

Als Pepsi am nächsten Morgen aufwachte, suchte er nach meinem Vater. Vollkommen verwirrt suchte ihn der kleine Hund noch wochenlang.

Pepsi erholte sich nicht mehr vom Tod meines Vaters. Er zog sich immer mehr zurück und wurde mit jedem Tag schwächer. Ich untersuchte ihn viele Male und zog auch die Meinung eines befreundeten Tierarztes hinzu. Aber immer wurde meine ursprüngliche Diagnose bestätigt: Pepsi starb langsam an einem gebrochenen Herzen. Trotz meiner tierärztlichen Ausbildung und meines ganzen medizinischen Wissens konnte ich den Tod des Hundes, den mein Vater so sehr geliebt hatte, nicht verhindern.

Als ich an Pepsis frischem Grab saß, wurden mir die Dinge plötzlich klar. Schon immer hatte ich die scharfen Sinne der Hunde bewundert. Ihr Gehör, ihre Sehkraft und ihr Geruchssinn waren dem von Menschen weit überlegen. Unglücklicherweise ist ihre Lebensspanne im Vergleich zum Menschen sehr kurz und ich habe tausende beraten und getröstet, die ein geliebtes Haustier verloren hatten.

Dennoch hatte ich mir nie zuvor darüber Gedanken gemacht, wie es wohl für die Tiere sein müsse, wenn sie sich von ihren menschlichen Begleitern verabschieden müssen. Nachdem ich Pepsis unentwegte Hingabe an Dad beobachtet hatte und sah, wie schnell es mit dem Hund nach dem Tod meines Vaters bergab ging, wurde mir klar, dass für Hunde ein Verlust mindestens so schmerzlich ist wie für uns.

Ich bin dankbar für die Liebe, die Pepsi über meinem Vater ausgeschüttet hat. Und für die Geschenke, die mir der kleine Hund gab – ein tieferes Mitgefühl und Verständnis für nicht menschliche Wesen, das mich zu einem besseren Tierarzt macht.

Pepsi muss nun nicht weiter nach Dad suchen. Mein Vater und sein treuer kleiner Hund sind wieder vereint und haben ihren Frieden gefunden.

Dr. med. vet. Marty Becker

Verknüpfte Seelen

Ich arbeite an der tierärztlichen Hochschule des Staates Colorado als Beraterin in einem Betreuungsprogramm für Menschen, die mit dem Tod eines geliebten Haustieres durch Krankheit, Unfall oder Euthanasie fertig werden müssen.

Unter meinen Klienten befand sich eine Frau namens Bonnie, die Mitte 50 war. Bonnie war aus Laramie in Wyoming angereist und hatte eineinhalb Stunden Fahrzeit auf sich genommen, um ihr 14-jähriges schwarzes Pudelweibchen Cassandra, das sie liebevoll Cassie nannte, von den Ärzten der Universitätstierklinik untersuchen zu lassen. Cassie zeigte schon seit über einer Woche nur noch schwache Lebenszeichen und schien manchmal sehr verwirrt zu sein. Der Tierarzt in Laramie konnte keine medizinische Ursache feststellen und so hatte sich Bonnie entschlossen, bei der tierärztlichen Hochschule in Colorado einen zweiten Befund einzuholen.

Leider erhielt Bonnie nicht die Antwort, auf die sie gehofft hatte. Bevor sie zu mir kam, hatte ihr unsere Neurologin Dr. Jane Bush eröffnet, dass Cassie einen Gehirntumor habe, der das Leben ihres geliebten Pudels akut bedrohe.

Bonnie hatte Schwierigkeiten zu akzeptieren, dass ihr Hund so krank war. Dr. Bush informierte sie ausführlich darüber, welche Behandlungsmöglichkeiten zur Verfügung standen. Aber für welche Behandlung sie sich auch entscheiden würde, Cassies unvermeidliches Ende ließ sich dadurch nur um ein paar Wochen hinauszögern. Es bestand keinerlei Hoffnung auf eine Genesung.

In dieser Situation wurde Bonnie an mich verwiesen. Das Programm, in dessen Rahmen ich mitarbeite, hilft Menschen bei der schwierigen Entscheidung, ein geliebtes Tier entweder einzuschläfern oder der Natur ihren Lauf zu lassen.

Bonnie hatte hellbraunes, gewelltes Haar mit grauen Strähnen, das sie hinten mit einer großen Haarspange zusammenhielt. An dem Tag, als ich sie kennen lernte, trug sie Jeans, Tennisschuhe und eine weiße Bluse mit rosa Streifen. Ihre wachen hellblauen Augen zogen mich sofort in ihren Bann und sie strömte eine große innere Ruhe aus. Sie wirkte auf mich wie eine Person, die die Dinge bis zu Ende durchdenkt und keine voreiligen Entscheidungen trifft. Ihre bodenständige Art war mir vertraut, denn sie erinnerte mich an die Menschen, mit denen ich in Nebraska aufgewachsen bin.

Ich begann unser Gespräch damit, dass ich ihr erzählte, wie gut ich ihre gegenwärtige Situation nachempfinden könne. Ich erklärte ihr, dass mich die Ärzte hinzugezogen hätten, weil viele schwerwiegende Entscheidungen anstanden. Als ich mit meinen Worten am Ende war, meinte sie nur nüchtern: »Ich weiß, was Kummer bedeutet, und dass wir manchmal Hilfe brauchen, um ihn zu überwinden.«

Bonnie war 20 Jahre lang mit einem Mann verheiratet gewesen, der sie misshandelte. Er demütigte und vernachlässigte sie, wo er nur konnte. Da er Alkoholiker war, ließ sich oft nicht voraussehen, was am nächsten Tag geschehen würde. Bonnie hatte mehrmals versucht ihn zu verlassen, es aber nie wirklich übers Herz gebracht. Erst als sie 45 geworden war, hatte sie den Mut zu verschwinden. Sie zog mit Cassie, die damals vier Jahre alt war, nach Laramie, begann dort ein neues Leben und versuchte die alten Wunden zu heilen. Cassie liebte und brauchte Bonnie und Bonnie ging es umgekehrt genauso. Es lagen damals noch viele schwierige Phasen vor ihnen, aber Bonnie und Cassie hatten sie gemeinsam bewältigt.

Sechs Jahre später lernte Bonnie ihren zweiten Mann Hank kennen, der sie so liebte, wie sie noch nie geliebt worden war. Sie lernten sich kennen, weil sie derselben Religionsgemeinschaft angehörten, und fanden schnell heraus, dass sie viele Dinge gemeinsam hatten. Ihre Ehe hatte viele Facetten – lange Gespräche, körperliche Zuneigung, Alltagsroutine und Glück zu zweit. Bonnie führte endlich das Leben, das sie sich immer erträumt hatte.

Eines Morgens war Hank gerade dabei, aus dem Haus zu seiner Arbeit bei einem Unternehmen zu gehen, das sich auf den Beschnitt von Bäumen und Gehölzen spezialisiert hatte. Wie immer hatten er und Bonnie sich zum Abschied umarmt und einander gestanden, wie gesegnet sie sich fühlten, dass sie einander hatten. Es war nicht ungewöhnlich, dass sie sich solche Dinge sagten, denn beide waren sich über den »Wert« des jeweils anderen sehr bewusst.

Bonnie arbeitete an jenem Tag zu Hause und nicht im Büro, wo sie einen Job als Sekretärin hatte. Am späten Nachmittag klingelte das Telefon. Am anderen Ende war die Leiterin eines freiwilligen Erste-Hilfe-Dienstes, zu dem Bonnie gehörte. Oft war Bonnie die Erste, die angerufen wurde, wenn irgendjemand in Schwierigkeiten steckte. Margie erzählte Bonnie, dass nur zwei Blöcke von ihr entfernt ein Mann in die Starkstromleitung geraten war. Bonnie ließ alles stehen und liegen und sprang in Windeseile in ihr Auto.

Als Bonnie am Unglücksort ankam, musste sie etwas mit ansehen, was sich ihr für den Rest ihres Lebens ins Gedächtnis brannte. Ihr geliebter Hank hing leblos in den Zweigen einer hohen Pappel.

In diesem Moment vergaß Bonnie alles, was sie über die sichere Rettung von jemanden gelernt hatte, der an einer Starkstromleitung hängt. Sie machte sich überhaupt keine Gedanken um ihre eigene Sicherheit, denn sie hatte nur eins im Sinn – Hanks Leben zu retten. Sie musste ihn da oben herunterholen. Also schnappte sie sich eine Leiter aus ihrem Pick-up, stellte sie ans Haus und kletterte nach oben. Bonnie stieg bis auf die Spitze des Daches und zog Hanks Körper aus dem Baum. Wie durch ein Wunder erhielt sie keinen Schlag, obwohl sein Körper noch die Stromleitung berührte. Sie hievte Hank auf die braunen Dachziegel und nahm seinen Kopf in den Arm. Als sie in sein aschgraues Gesicht blickte, schrie sie auf vor Schmerz. Seine Augen starrten geradeaus in den strahlend blauen Himmel über Wyoming. Er war tot und es gab keine Chance mehr, ihn wieder zu beleben. Ihr wurde mit einem Schlag klar, dass die gemeinsame Zeit unwiederbringlich vorbei war.

In den vier Jahren nach Hanks Tod hatte Bonnie versucht, ihrem Leben einen neuen Halt zu geben. Sie durchlebte Höhen und Tiefen, aber meistens ging es ihr schlecht. Sie lernte alle Seiten des Leids kennen – Depression, Wut, das Gefühl des Betrogenwerdens und die endlosen Fragen, warum Hank sie so gewaltsam und so unvermittelt verlassen hatte. Sie musste damit leben, sich nicht von ihm verabschiedet zu haben und nie mehr in der Lage zu sein, ihm die Dinge zu sagen, die sie ihm noch sagen wollte. Sie hatte ihn nicht trösten, beruhigen und dabei helfen können, dieses Leben hinter sich zu lassen und in ein anderes einzutreten. Auf so ein Ende war sie nicht vorbereitet gewesen. Sie wurde einfach nicht damit fertig, dass ihr bester Freund, ihr Liebhaber und ihr Lebenspartner auf diese schreckliche Weise gestorben war.

Als Bonnie aufgehört hatte zu reden, saßen wir eine Weile schweigend da. Schließlich sagte ich: »Sicher möchten Sie, dass Cassies Tod anders wird als der von Hank. Ich meine damit, dass Sie diesmal den Todeszeitpunkt ihrer Hündin bestimmen und ihr Sterben vorbereiten können. Sie müssen dann nicht mit irgendwelchen unangenehmen Überraschungen rechnen und obwohl Sie damit Cassies Leben vielleicht um ein paar Tage verkürzen, werden Sie bis zum Ende bei ihr sein können. Was ich hiermit anspreche, Bonnie, ist der Bereich der Euthanasie. Wenn Sie sich bewusst dafür entscheiden, für Ihren Hund den Zeitpunkt des Todes zu bestimmen, müssen Sie nicht darauf gefasst sein, eines Tages von der Arbeit nach Hause zu kommen und Cassie tot aufzufinden. Und Sie können dafür sorgen, dass ihr Hund ohne Schmerzen einschläft. Wenn wir Cassie einschläfern, können Sie bei ihr sein. Sie können sie halten, mit ihr reden und sie trösten. Auf diese Weise helfen Sie, Cassie auf friedvolle Weise in das nächste Leben zu schicken. Sie müssen sich nur entscheiden.«

Bonnie blickte mich dankbar an. Ihre Schultern entspannten sich und sie wirkte sichtlich erleichtert. »Diesmal muss ich es selbst bestimmen können«, sagte sie. »Ich möchte, dass mein kleines Mädchen nicht so sterben muss wie Hank.«

Wir einigten uns darauf, Cassie noch am selben Tag einzuschläfern. Bonnie und Cassie verbrachten die nächsten Stunden außerhalb der Klinik unter einem großen Ahornbaum. Bonnie sprach zu Cassie, strich ihr durch das wellige schwarze Fell und half ihr, bequem zu liegen, wenn sie es nicht mehr selbst konnte. Eine sanfte Brise bewegte die Baumkronen und untermalte die friedliche Szenerie mit einem beruhigenden Rauschen.

Als die Zeit gekommen war, brachte Bonnie Cassie in einen angenehm gestalteten Raum, den die Mitarbeiter des Betreuungsprogramms als eine besondere Zone eingerichtet hatten, in der sich der sanfte Tod eines Tieres und die menschliche Trauer auf natürliche Weise miteinander verbinden konnten. Ich fragte Bonnie, ob es irgendetwas gäbe, was sie für Cassie noch vor ihrem Tod tun wolle. Sie lachte und sagte: »Cassie frisst gern Papiertücher. Ich würde ihr gern noch eins geben.« Auch ich musste lachen. »Eine Klinik hat eine große Auswahl an Papiertüchern.«

Die Pudelhündin legte sich neben Bonnie, die auf dem Fußboden auf einer weichen Matte saß. Bonnie streichelte ihre geliebte Hündin und sprach mit ihr. »Ist schon gut, mein Mädchen, Mama ist bei dir. Alles wird gut werden.«

Die nächste halbe Stunde lang »besprachen« Bonnie und Cassie das, was zwischen ihnen »noch offen« war. Alles, was gesagt werden musste, wurde gesagt.

Der Zeitpunkt der Euthanasie war gekommen. Cassie schlief friedlich, ihr Kopf lag dabei auf Bonnies Bauch. Sie wirkte zufrieden und schien sich wohl zu fühlen. Dr. Bush flüsterte: »Können wir anfangen?«, und Bonnie nickte zustimmend.

»Aber vorher«, sagte sie leise, »möchte ich noch ein Gebet sprechen.«

Sie streckte ihre Hände nach den unsrigen aus und wir umfassten uns mit ausgestreckten Armen. In diesem heiligen Kreis betete Bonnie leise: »Lieber Gott, ich danke Dir für diese wunderbare Hündin, die Du mir die letzten 14 Jahre anvertraut hast. Ich weiß, sie ist ein Geschenk von Dir. Und so schmerzvoll es auch sein mag, heute ist der Tag gekommen, an dem ich Dir dieses Geschenk zurückgebe. Ich danke Dir auch für diese beiden Frauen. Sie haben mir unendlich viel geholfen und ich spüre Deine Gegenwart in ihnen. Amen.«

Mit Tränen in den Augen flüsterten auch wir unser »Amen« und drückten uns die Hände in diesem vollkommenen Moment der Harmonie.

Während Cassie weiterhin friedlich auf Bonnies Bauch vor sich hinschlummerte, gab die Tierärztin der Hündin die tödliche Spritze. Cassie wachte weder durch den Einstich noch durch etwas anderes auf. Sie schlüpfte einfach aus diesem Leben in das nächste. All das geschah schnell, friedlich und schmerzlos, genauso wie wir es vorhergesagt hatten. Sofort nachdem Cassie tot war, machte ich einen Gipsabdruck von ihrer Vorderpfote und überreichte ihn Bonnie, die ihn zärtlich gegen ihre Wange hielt. Wir saßen eine Weile ruhig da, bis Bonnie das Schweigen brach und sagte: »Ich wünschte nur, dass mein Mann auf diese Weise hätte sterben können.«

»Ich auch, Bonnie«, dachte ich. »Auch ich hätte es mir gewünscht.«

Sechs Wochen später erhielt ich einen Brief von Bonnie. Sie hatte Cassies Überreste auf demselben Berg verstreut, auf dem sie auch schon Hanks Asche verteilt hatte. Nun waren ihre beiden besten Freunde wieder vereint. Sie schrieb, dass Cassies Tod, und insbesondere die Art und Weise, wie sie starb, ihr geholfen habe, den Tod ihres Mannes zu verarbeiten.

»Cassies Tod war die Brücke zwischen Hank und mir«, schrieb sie. »Durch ihren Tod ließ ich ihn wissen, dass ich auch in seinem

Fall – wenn es mir möglich gewesen wäre – den notwendigen Mut und die Entschlossenheit aufgebracht hätte, ihn im Sterben zu begleiten. Es war mir wichtig, ihm das mitteilen zu können, aber ich wusste lange nicht wie. Cassie stellte schließlich eine Verbindung zwischen mir und Hank her. Ich glaube, darin liegt der Grund und die Bedeutung ihres Todes. Irgendwie muss sie gewusst haben, dass sie unsere Seelen miteinander verknüpfen konnte.«

Acht Monate später fuhr Bonnie wieder von Wyoming zur tierärztlichen Hochschule in Colorado. Diesmal brachte sie Clyde, ihren neuen, gesunden Hund mit. Es war ein neun Monate alter Labradormischling, voller Lebenslust und Liebe. Bonnie hatte einen neuen Anfang gemacht.

Carolyn Butler mit Laurel Lagoni

Die Hündin, die als Antwort kam

> Zu schaffen den Trauernden zu Zion,
> dass ihnen Schmuck statt Asche,
> Freudenöl statt Trauerkleid,
> Lobgesang statt eines betrübten
> Geistes gegeben werden…
> *Jesaja 61:3*

Am Weihnachtsmorgen des Jahres 1958 war mein Vater mit uns Kindern in die Kirche gegangen und ich sang mein erstes Solo. Ich war damals elf Jahre alt. Nachdem der Gottesdienst vorbei war, beugte sich mein Vater auf dem Parkplatz zu mir herab, nahm meine Hand und erzählte mir, wie stolz er sei, mein Vater zu sein. Ich liebte ihn aus ganzem Herzen und erinnere mich noch an diesen Moment, als wäre es gestern gewesen.

Am nächsten Tag war mein Vater gerade von einer kurzen Besorgung im Eisenwarengeschäft zurückgekehrt. Da er sich unwohl fühlte, ging er sofort ins Schlafzimmer und legte sich auf sein Bett, wo er einen schweren Schlaganfall erlitt. Unsere Familie musste hilflos mit ansehen, wie dieser Mann, der unser Leben zusammengehalten hatte, tapfer um sein eigenes Leben kämpfte. Der Notarzt erschien zu spät, denn die Tragödie, die die Zukunft unserer Familie so entscheidend beeinflussen sollte, war in weniger als 20 Minuten zu Ende.

Die nordamerikanischen Indianer haben ein Sprichwort, mit dem sie Kinder beschreiben, die schon früh intensive Trauer erfahren haben. Es besagt, dass ein solches Kind *Himmelsaugen* bekommen habe. Ich erinnere mich nur schwach an die schmerzvollen Jahre unmittelbar nach dem Tod meines Vaters, aber auf Fotos aus jener Zeit schaue ich abwesend und distanziert in die Kamera, so als ob mein Blick einen Teil des Himmels mit einschlösse.

Als ich 24 war, verlobte ich mich mit einem schönen und charismatischen jungen Mann aus Europa. Die Kraft unserer Liebe überdeckte die betäubenden Nachwirkungen, die der Tod meines Vaters in mir hinterlassen hatte. Ich fing an, von den wunderbaren Möglichkeiten zu träumen, die vor uns lagen. Bis ich eines Morgens einen Telefonanruf erhielt, in dem mir mitgeteilt wurde, dass mein Verlobter in Los Angeles ausgeraubt und erschossen worden war. Diese Nachricht kam so unvermittelt, dass mir die Luft wegblieb.

Diese zweite Tragödie meines Lebens ereignete sich genauso unvorhergesehen wie die erste und war ebenso verheerend. Sie zementierte meine Vorstellung, dass das Leben immer am seidenen Faden hing und man sich besser nicht darauf einließe. Ich verschloss mein Herz und unterdrückte meine Lebendigkeit. Ich konnte nicht länger wirkliche Freude empfinden und fand – was noch schlimmer war – keinen Zugang mehr zum Gebet.

Ich funktionierte, als ob ich aus zwei unterschiedlichen Personen bestand – eine öffentliche und eine private. Nach außen hin ging es mit meiner Gesangskarriere steil bergauf – ich gewann den Grammy für den Song »Up Where We Belong«, den ich zusammen mit Joe Cocker sang. Das Singen war für mich schon immer ein »Freiraum« gewesen und so war meine Musik die einzige Freude, die mir blieb. Aber privat verkümmerte ich zunehmend. Ich fühlte, wie der Groll mich zuschnürte und ich mich zutiefst von Gott betrogen glaubte.

Ich überlebte sieben Jahre in diesem Zustand, bis mir eine einfühlsame Freundin eine kleine Hündin schenkte – einen Golden Retriever ohne Stammbaum. Ich konnte mir zwar nichts Unerwünschteres vorstellen als einen Hund, entschloss mich dann aber doch widerwillig, die junge Hündin zu behalten.

Ich nannte sie Emma und fing wie jeder andere Hundebesitzer an, ihr zu sagen, was sie tun sollte, und häufiger noch, was sie *nicht* tun durfte.

»Kau nicht darauf herum, geh hier lang, friss das hier, furz woanders, mach Platz, geh von meinem Bett runter, hör auf zu bellen…« Bewaffnet mit einem ganzen Arsenal von Büchern über Hundeerziehung wurde ich zur Hundepolizei, die aufpasste, dass dieses kleine Geschöpf auch ja all die lächerlichen Regeln einhielt und die ganzen verrückten Kunststücke ausführte, die ich von ihm erwartete. Während Emma alle Übungen zur Zufriedenheit ausführte, blickte sie mich an, als ob sie sagen wollte: »Das alles ist vollkommmen unnötig.« Ihr unerschrockener Gleichmut brachte mich zum Lachen. Heute weiß ich, dass sie sich mit ihrem Gehorsam einfach nur die Zeit vertrieb und darauf wartete, dass ich verstehen würde, worum es eigentlich ging.

Als Emma vier Jahre alt geworden war, begannen sich unsere Rollen umzukehren. Irgendetwas in mir öffnete sich ihr und ich merkte, dass sie mir oft »erzählte«, was ich tun sollte, zum Beispiel: »Steh vom Schreibtisch auf, setz dich hier zu mir und beobachte die Schmetterlinge« oder »Geh nach Hause und leg dich ins Bett« oder »Lausche dem Gesang der Vögel«. Ich wurde auf ihr natürliches Verhalten und ihre angeborenen Impulse aufmerksam und bemerkte, mit welcher Anmut sie jeden einzelnen Tag willkommen hieß. Sie zeigte mir eine Weltsicht, gegenüber der die meine ziemlich einfältig war.

Ich begann Emma auf kurzen Reisen mitzunehmen. Ich spürte, dass sie *etwas wusste,* und wollte unbedingt herausfinden, was es war. Wir fuhren die kalifornische Küste hoch und immer wenn sie Interesse an irgendeiner Umgebung zeigte, hielt ich an und ließ sie umherlaufen. Ich überließ ihr die Führung und folgte ihr auf alten Pfaden durch die Redwoods und in verborgene Buchten des Pazifiks. Wir spielten im Mondlicht mit Seesternen und bellten freudig mit den Seehunden um die Wette. Wir rannten und sprangen die Küste so lange auf und ab, bis wir völlig erschöpft waren. Ich fing an, den Duft der unberührten Natur wahrzunehmen – frischen Klee, Tang, Salbei. Mein Gehör, das von den vielen Studioaufnahmen überlastet war, begann sich zu verfeinern, und ich hörte wieder die unscheinbaren Naturklänge, wie das Trippeln der Mäuse oder das Rascheln einer Eidechse.

Emma war mein Lehrer. Ich beobachtete sie dabei, wie sie jeden Fremden mit Neugier und Wärme begrüßte und auch mich auf diese Weise immer wieder dazu brachte, Kontakt mit diesen häufig sehr interessanten Menschen aufzunehmen. Je mehr ich mich für Emma öffnete, desto mehr liebte ich ihren unverstellten und freundlichen Charakter. Und indem ich die einfachen Freuden eines Hundelebens schätzen lernte, verschwanden nach und nach die scheinbar unheilbaren Narben, die meinem Herzen durch die abrupten Verluste zugefügt worden waren.

Emmas Anwesenheit beeinflusste schließlich auch meine musikalische Karriere. Zu den Aufnahmen von zwei meiner erfolgreichsten CDs waren wir im Studio ein Herz und eine Seele. Die Aufnahmesessions verliefen reibungsloser in ihrer Gegenwart. Egal ob sie zwischen meinen Füßen schlief oder unermüdlich die Leute begrüßte: Emma brachte die Musiker zusammen und gab ihnen Gelegenheit, sich zu entspannen. Wenn sie mit dabei war, lachten wir häufiger, was auch unsere Musik positiv beeinflusste.

Es gibt im Booklet einer meiner CDs ein Foto von Emma und mir auf offener Landstraße, das unser Verhältnis zueinander widerspiegelt: Unterwegs in der großen weiten Welt, waren wir einfach glücklich, zusammen zu sein.

Als Emma acht Jahre alt war, wurde sie krank. Ein medizinischer Eingriff brachte an den Tag, dass sie Krebs im fortgeschrittenen Stadium hatte. Ihr Tierarzt, ein wundervoller Mensch namens Dr. Martin Schwartz, meinte, dass sie nur noch eine Überlebenschance von höchstens einem Monat hätte.

In der nachfolgenden Woche schwiegen wir mehr als sonst. Wir saßen abends zusammen auf der Veranda und warteten darauf, dass sich die Sterne zeigten. Wie in vielen friedvollen Momenten vorher, saßen wir Schulter an Schulter und lauschten auf das, was uns die Blätter mitzuteilen hatten. Wir beobachteten die Dämmerung und genossen die Gesellschaft des anderen. Es gab keinen Grund, etwas zu sagen. Nur manchmal sang ich ihr etwas vor und sie schien zu lächeln.

Als ich merkte, dass sie nicht mehr fressen wollte, brachte ich sie für einen Tag zum Tierarzt, um sie intravenös zu ernähren, damit sie wieder zu Kräften komme. Ich musste den ganzen Tag daran denken, dass ich Emma am Abend abholen würde, um mit ihr im Sonnenuntergang einen Spaziergang am Meer zu machen. Ich wollte gerade aufbrechen, um sie abzuholen, als ich in einer Schublade eine alte Krawattennadel von Daddy fand. Ich steckte sie in meine Jeanstasche als eine Art Talisman gegen das Unvermeidliche, denn ich spürte, dass wir uns dem Ende näherten.

Als ich in der Tierklinik nach Emma fragte, sagte die Krankenschwester nur leise: »Der Doktor möchte gern mit Ihnen sprechen.« Obwohl ihre Worte freundlich gemeint waren, hatte ich das Gefühl, als schlage sie mir mit dem Hammer über den Kopf. Ich setzte mich auf einen Stuhl und fing an zu weinen. Die Tränen brachen aus Schleusen hervor, mit denen ich vor langer Zeit meine Gefühle verriegelt hatte.

Dr. Schwartz meinte, Emma sei nicht stark genug, um die Klinik zu verlassen. Er nahm mich mit ins Hinterzimmer, wo meine beste Freundin auf einer Decke auf dem Fußboden lag und ließ uns allein. Ich legte mich neben sie.

Emma lag den ganzen Tag schon im Sterben, aber sie schien erst bereit zu sein zu gehen, wenn auch ich es war. Ich empfand tiefe Dankbarkeit darüber, dass sie auf mich gewartet hatte, um ihren Tod mit mir zu teilen. Ich legte mein Gesicht auf ihren Nacken und fing an zu singen, während meine Hand sanft auf ihrem Herzen ruhte.

Eine einfache Melodie kam spontan in mir hoch. Es war ein Liebeslied, das ich lange vergessen hatte. Es ging darin um eine Liebe, die so groß war wie die Welt.

Ich konnte nicht mehr viel für sie tun, aber sie sollte irgendwie wissen oder fühlen, dass ich mit dem Herzen immer bei ihr war. Ein Lied kann dorthin gehen, wo ein Wort oder eine Geste niemals hingelangt, und obwohl Emma sehr schwach war, hatte ich den Eindruck, dass ihre Augen strahlten.

Dann begann ihr Körper zu zucken und ich wusste, dass nun das Ende kam. Auf Grund meiner früheren Erfahrung eines plötzlichen Todes erwartete ich einen Kampf, ein gewaltsames Aufbäumen gegen das Lebensende. Ich hielt Emma mit geschlossenen Augen im Arm und spürte, wie ich mich selbst verkrampfte. Plötzlich jedoch durchströmte uns eine Welle der Erleichterung und des Wohlbefindens. Sie wusch meine Angst hinfort und ich war erstaunt über die friedvolle Stimmung, in welcher Emma in meinen Händen starb.

Als ich meine Augen wieder öffnete, erblickte ich nur ihren leblosen und leeren Körper. Die Freude der Funken, der so viel in mir entfacht hatte, war erloschen. Emma war tot.

Früher, in meinen bitteren Jahren, hätte ich von Gott jetzt wütend Rechenschaft gefordert. Aber an diesem Abend war mir ganz und gar nicht danach, mich mit dem Himmel zu streiten. Die göttliche Antwort war, vollkommener als ich mir sie jemals hätte vorstellen können, durch diese kleine Hündin gekommen. Es war Emmas sanfter Tod, der mich von dem immer noch vorhandenen Schmerz meiner früheren Tragödien befreit hatte. Und es war ihre für mich überraschend weise Art zu leben, die mir mein eigenes Leben zurückgab.

Jennifer Warnes mit Shawnacy Kiker

Übergangszeremonien

Als Tierarzt erlebe ich die schmerzhaftesten Momente dann, wenn ich meinen Klienten dabei helfe, ihre geliebten Tiere von dieser Welt in eine andere ziehen zu lassen. Wenn das Leben zur Last wird, sei es durch Schmerzen oder durch den Ausfall normaler Funktionen, helfe ich einer Familie in erster Linie dadurch, dass ich ihnen versichere, dass ihr geliebtes Tier einen schmerzlosen und schnellen Übergang haben kann. Es ist nicht leicht, diese endgültige Entscheidung zu treffen, und oftmals konnte ich den trauernden Besitzern nur wenig tröstenden Zuspruch geben. Mit Shane wurde jedoch alles anders.

Ich war zu einem zehnjährigen Australischen Schäferhund namens Belker gerufen worden, der ernsthafte Gesundheitsprobleme hatte. Die Besitzer des Hundes – Ron, seine Frau Lia und ihr kleiner Sohn Shane – standen Belker allesamt sehr nahe und hofften auf ein Wunder. Ich untersuchte Belker und stellte fest, dass er Krebs hatte.

Ich machte der Familie klar, dass Belker auch kein Wunder mehr helfen könne und bot ihnen an, die Einschläferung des alten Hundes bei ihnen zu Hause vorzunehmen. Als wir die Vorbereitungen dafür trafen, wollten Ron und Lisa auch den vierjährigen Shane dabeihaben. Sie hatten das Gefühl, dass es auch Shane gut tun würde, Belker im Sterben zu begleiten.

Am nächsten Tag hatte ich den gewohnten Kloß im Hals, als Belkers Familie um mich herum saß. Shane streichelte den alten Hund zum letzten Mal und war dabei so ruhig, dass ich mich fragte, ob er verstand, was geschah.

Es dauerte nur ein paar Minuten und Belker war friedlich eingeschlummert. Der kleine Junge hatte keine Probleme mit Belkers Übergang und war nicht im Geringsten verwirrt. Nach Belkers Tod saßen wir noch eine Weile zusammen und sprachen darüber, dass die Lebensspanne von Tieren in der Regel viel kürzer ist als beim Menschen.

Shane hörte uns aufmerksam zu und meinte plötzlich: »Ich weiß, warum Menschen länger leben als Tiere.«

Erstaunt sahen wir ihn an. Und was dann aus seinem Mund kam, war erstaunlich – ich hatte niemals zuvor eine bessere Erklärung gehört: »Wir werden alle geboren, damit wir lernen, ein gutes Leben zu führen. Wir sollen andere Menschen lieben und immer freundlich sein, nicht wahr?« Und dann sagte der Vierjährige: »Die Tiere wissen bereits, wie man ein gutes Leben führt und daher müssen sie nicht so lange bleiben.«

Dr. med. vet. Robin Downing

Wirklich Abschied nehmen

Am meisten machte mir zu schaffen, dass ich einen ständig wiederkehrenden Gedanken nicht loswurde: »*Ich habe es nicht mehr geschafft, Lebewohl zu sagen.*«

Ich war an dem Wochenende, an dem es geschah, nicht zu Haus. Irgendwer hatte die Tür aufgelassen und so waren unsere beiden Schäferhundmischlinge Lucy und Hannah nach draußen gelangt. Am Samstagabend rief mich mein Mann an, um mir zu sagen, dass Lucy von einem Auto angefahren worden war. Sie hatte den Unfall überlebt, aber ihre Hinterläufe waren schwer verletzt. Die Tierärzte behielten sie unter Beobachtung und würden am Montag über den nächsten Schritt entscheiden. Mein Mann meinte, ich bräuchte nicht extra nach Hause zu kommen, da ich sowieso nichts anderes tun könne, als abzuwarten.

Als ich am Montagmorgen nach Hause fuhr, rief ich alle paar Stunden von unterwegs an, um mich über den Fortgang der Ereignisse auf dem Laufenden zu halten. Bei meinem ersten Anruf erfuhr ich, dass die Ärzte Lucy eins ihrer Hinterbeine abgenommen hatten. Viele Anrufe später – ich hatte jedes Mal voller Angst den Hörer in die Hand genommen – erhielt ich die Information, dass die Operation glatt verlaufen und Lucy wohlauf sei. Leider würde ich nicht mehr rechtzeitig zu Hause sein, um sie noch am gleichen Tag sehen zu können, aber man sagte mir, dass ich sofort am Dienstagmorgen kommen könne.

Am nächsten Morgen wollte ich gerade das Haus verlassen, als das Telefon klingelte. Es war der Tierarzt.

»Es tut mir sehr Leid, aber Lucy hat die Nacht nicht überstanden«, sagte er. »Ich war so gegen zwei Uhr wegen eines Notrufs in der Klinik und habe bei der Gelegenheit nach Ihrem Hund gesehen. Sie rang nach Atem und so gab ich ihr eine Medizin. Danach setzte ich mich zu ihr und hielt sie im Arm, als sie starb.«

Mir stockte der Atem und ich fühlte mich innerlich leer. Ich legte den Hörer auf und mein Mann nahm mich in den Arm. Während er versuchte mich zu trösten, dachte ich: »*Oh, Lucy, wie froh ich bin, dass du nicht allein gestorben bist. Hast du geglaubt, ich hätte dich vergessen? Nun bist du tot und ich werde dich niemals wiedersehen.*« Und noch ein Gedanke schwirrte in meinem Kopf herum: »*Nicht schon wieder.*«

Erst vor zwei Wochen hatte ich Sandie, eine meiner besten Freundinnen, bei einem Autounfall verloren. Ich erhielt den gleichen schockierenden Telefonanruf und stürzte in tiefe Trauer. Sie war tot und ich würde sie niemals wiedersehen. Ich hatte große Schwierigkeiten, mit der Nachricht fertig zu werden, denn sie erschien mir so unwirklich. Und Lucys dauerhafte Abwesenheit aus meinem Leben war genauso unwirklich.

Hannah, unser zweiter Hund, sah, wie Lucy angefahren wurde. Sie war verwirrt und aufgeregt und suchte draußen unaufhörlich nach Lucy. Ich hatte den Eindruck, wir beide brauchten eine hohe Dosis Realität. Ich rief den Tierarzt an und bat ihn, nichts mit Lucys Körper zu tun – ich wollte vorbeikommen und meinen Hund ein letztes Mal sehen.

Obwohl ich fühlte, dass es richtig war, hatte ich doch Bedenken, denn ich hatte noch nie einen toten Körper gesehen – und schon gar nicht von einem Wesen, das ich gekannt und geliebt hatte. Würde ich damit klarkommen?

Hannah und ich fuhren zur Tierarztpraxis. Ich hatte Hannah an der Leine, als wir den Raum betraten, in dem Lucy lag. Ich wusste nicht, was mich erwartete, aber die weiße Gestalt, die dort auf dem Tisch lag, sah immer noch umwerfend schön aus. Hannah wurde anfangs von all den neuen Gerüchen abgelenkt und hielt ihre große Schnauze in Bodennähe, bis ich sie vorsichtig zu dem kleinen hüfthohen Tisch herüberzog, auf dem Lucy lag. Lucys Schwanz, ihre drei verbliebenen Pfoten und ihre Nasenspitze ragten über den Rand des Tisches hinaus. In dem Moment, in dem Hannahs Nase Lucys Schwanz roch, wurden ihre Augen ganz groß. Sie ging langsam um den Tisch herum und beschnüffelte jeden Teil von Lucy, der für sie erreichbar war. Als sie damit fertig war, nahm sie zu meinen Füßen Platz, legte ihren Kopf auf die Pfoten und stieß einen lauten Seufzer aus.

Ich streichelte Lucy und fühlte das Gewebe ihrer aufgerichteten Ohren, ihr weiches Fell und die Kompaktheit ihres muskulösen Körpers. Obwohl sie aussah wie immer, fühlte sie sich anders an, nämlich kalt und irgendwie fester als sonst. Es war zwar noch ihr Körper, aber Lucy wohnte nicht mehr darin. Ich beugte mich über sie und küsste ihren Kopf. Als Hannah und ich wieder nach draußen gingen, rannen mir Tränen übers Gesicht.

Hannah war beruhigt für den Rest des Tages, ihr aufgeregtes Verhalten war verschwunden. Die nächsten paar Wochen kümmerten wir uns intensiv um sie, wir gingen mehr als sonst mit ihr spazieren, gaben ihr zusätzliche Streicheleinheiten und ließen sie sogar auf dem Sofa schlafen, das vorher eine absolute Tabuzone war. Sie schien sich schnell an die neue Situation zu gewöhnen und bald schon genoss sie ihren neuen Status als einziger Hund.

Für mich war der fast gleichzeitige Verlust von Sandie und Lucy ein harter Schlag. Erst nachdem ich mir Lucys toten Körper angesehen hatte, war die Vorstellung ihres Todes für mich real geworden. Danach verarbeitete ich die Verluste in meinem Leben – Lucy, Sandie und selbst den Tod meines Vaters vor 20 Jahren – auf andere Weise und im Laufe der Zeit fühlte ich immmer deutlicher, dass etwas in mir heilte und ich immer mehr über den Schmerz hinausgehen konnte. Hannah zu haben, war eine große Hilfe, denn wir trösteten uns gegenseitig. Auch die Unterstützung und Liebe durch meinen Mann und enge Freunde halfen mir sehr.

Inzwischen ist es drei Jahre her, seit Sandie und Lucy von uns gegangen sind. Ich bin erstaunt, wie oft ich noch an sie denke. Mittlerweile erinnere ich mich jedoch nur noch an die schöne Zeit, die wir miteinander hatten, der Schmerz ist längst verflogen. Ich bin froh, dass ich den Mut hatte, Lucy ein letztes Mal zu sehen, denn durch sie lernte ich, wirklich Abschied zu nehmen.

Carol Kline

Totos letzter Heiligabend

Draußen rieselte der Schnee, als ich am Heiligabend die letzte Runde bei meinen Patienten machte. Der alte Kater schlief. Er wirkte so zerbrechlich in seinem flauschigen weißen Fell. Vor ein paar Tagen wurde er bei uns abgegeben, um die Weihnachtsferien mit uns zu verbringen. Mit trauriger Stimme hatte seine Besitzerin gesagt, dass er vielleicht nicht mehr so lange leben würde, um sie im neuen Jahr begrüßen zu können. Und in der Tat, schon am nächsten Tag musste ich ihr mitteilen, dass sich der Gesundheitszustand ihres Katers verschlechtert hatte. Ihre tränenerstickte Stimme gab mir zu verstehen, dass sie auf alles vorbereitet war. »Ich erwarte keine Wunder von Ihnen, Dr. Foley, aber machen Sie es ihm bitte so angenehm wie möglich. Und lassen Sie ihn viel schlafen.«

Ich wickelte den gebrechlichen Kater zusammen mit einer Heizdecke in weiche Decken. Er hatte das pürierte Hühnchen und den Tunfisch nicht angerührt, sondern war fest eingeschlafen. Da ich Toto nicht über die Weihnachtstage in seinem Zustand allein lassen wollte, legte ich ihn in einen großen Weidenkorb und nahm ihn mit nach Haus.

Eine heftige Windböe schlug mir die Tür aus der Hand, als ich ins Haus trat. Mein Kater Aloysius begrüßte uns, während Daphne, meine zweite Katze, uns ängstlich aus einer Ecke des Zimmers beobachtete und in Richtung der kalten Winterluft schnupperte. Beide Katzen wussten, was ein Weidenkorb bedeutete, an dem ein elektrisches Kabel herunterhing, und so zog sich mein Kater stolz zurück.

Aloysius war ausgesetzt worden und in einer Tierklinik gelandet, in der ich früher gearbeitet hatte, und so nahm ich ihn eines Tages einfach mit nach Haus. Das war vor zwölf Jahren. Er hat meine Ausbildung zur Tierärztin, meine erste Arbeitsstelle und mein erstes Zuhause miterlebt. Für andere ist er einfach nur ein Kater, aber für mich wurde seine Anwesenheit zu einer Konstante in meinem Leben. Aloysius ist derjenige, der sich all meine Klagelieder anhören muss. Zu seiner negativen Seite gehört, dass er sehr besitzergreifend ist und alle gering schätzt, die in sein Territorium eindringen – seien es Katzen oder Menschen.

Daphne war zu mir als ängstliches, aber trotzdem lebhaftes Kätzchen gekommen, das niemand zähmen konnte. Zehn Jahre

Liebe, Geduld und viele Roastbeef-Leckerbissen hatten sich bezahlt gemacht. Sie war inzwischen ein rundes, freches Dickerchen und ihr Herz gehörte mir. Um den häuslichen Frieden zu bewahren, ließ sie Aloysius gewöhnlich den Vorrang, wenn es darum ging, ungeladene Gäste in Augenschein zu nehmen. Als sie seine hochmütige Geringschätzung des Korbinhalts sah, kam sie gnädig aus ihrer Ecke heraus.

»Hört mal zu, ihr beiden Tyrannen«, sagte ich. »Das hier ist Toto. Er ist schon alt und wird vielleicht schon bald nicht mehr unter uns sein. Wir wollen ihn doch nicht an Heiligabend allein lassen, oder?«

Ohne jede Regung starrten sie mich von unterhalb des Weihnachtsbaums an.

Der alte Toto schlief derweil immer noch in seinem Korb. Ich stellte ihn neben den Küchentisch und steckte das Kabel der Heizdecke in die Steckdose. Während Toto einfach weiterschlief, bereitete ich zusammen mit meinem Mann Jordan das Abendessen vor. Ab und zu sah ich nach, ob alles mit Toto in Ordnung war. Daphne und Aloysius waren unserem Gast gegenüber immer noch misstrauisch eingestellt, aber der Duft von gegrillten Steaks lockte sie in die Küche. Ich ermahnte sie, gute Gastgeber zu sein und den alten und gebrechlichen Kater in Ruhe zu lassen.

Toto schlief immer noch.

Das Abendessen war fertig und Jordan und ich saßen am Tisch. Wir entspannten uns nach einem langen Arbeitstag und fingen schon bald an, uns gegenseitig mit den Geschenken aufzuziehen, die in den glitzernden Paketen unter dem Baum lagen. Dann wies Jordan plötzlich ohne ein Wort zu sagen in Richtung des Weidenkorbs und ich drehte langsam meinen Kopf, um die Katzen beobachten zu können.

Zuerst näherte sich Aloysius und dann auch Daphne vorsichtig dem Korb. Während Toto immer noch schlief, setzte sich Aloysius auf seine Hinterbeine, schaute in den Korb und machte einen langen und tiefen Atemzug. Er duckte sich sanft und setzte sich an eine Ecke des Korbs. Dort rieb er seine Wange gegen das Weidengeflecht und begann leise zu schnurren. Daphne folgte ihm und beugte sich in den Korb. Sie beschnupperte Totos Gesicht und legte eine Pfote auf seinen mit weichen Decken eingewickelten Körper. Jordan und ich beobachteten das Ganze mit wortlosem Staunen. Niemals zuvor hatten diese beiden Katzen irgendeine andere Katze in unserem Haus willkommen geheißen.

Ich stand schließlich auf und ging hinüber, um nach Toto zu sehen. Während die beiden Katzen immer noch an je einer Seite des Korbes saßen, schaute Toto zu mir hoch, nahm einen tiefen Atemzug und entspannte sich. Ich fühlte mit der Hand unter die Decken und spürte, wie sein Herz langsam aufhörte zu schlagen. Mit Tränen in den Augen schaute ich Jordan an, um ihm zu verstehen zu geben, dass Toto tot war.

Später am Abend rief ich Totos Besitzerin an, um ihr mitzuteilen, dass ihr Kater sanft in unserem Haus entschlafen war. Zwei Katzen waren an seiner Seite, um ihm Lebewohl zu sagen und ihm an seinem letzten Heiligabend eine glückliche Reise zu wünschen.

Dr. med. vet. Janet Foley

8

Weitere bemerkenswerte Geschichten

… ein morgendlicher Kuss, eine vorsichtige Berührung seiner Nase irgendwo in meinem Gesicht. Weil seine langen weißen Schnurrhaare mich kitzeln, beginne ich jeden Tag mit einem Lachen.

Janet F. Faure

Gute Nachbarn

Das alte Gebäude hinter unserem Haus war nicht mehr bewohnt. Meine Nachbarn, ein älteres Ehepaar, das dort viele Jahre lang gelebt hatte, waren innerhalb von einem Jahr gestorben. Ihre Kinder und Enkel hatten sich getroffen, gemeinsam getrauert und waren wieder verschwunden.

Als ich eines Morgens aus dem Küchenfenster schaute, sah ich, dass wir immer noch »Nachbarn« hatten. Zwei weiße Katzen saßen auf der Veranda des alten Hauses in der Sonne. Nicht nur ihr Lieblingssessel war nicht mehr da – alles war verschwunden. Selbst von meinem Küchenfenster aus konnte ich sehen, dass beide Katzen erbärmlich dünn waren. *»Niemand kümmert sich um die Katzen«*, dachte ich. *»Sie wurden einfach ihrem Schicksal überlassen. Dabei werden sie sich niemals ein neues Zuhause suchen, denn sie sind genauso scheu, wie ihre Besitzer es waren.«*

Ich wusste, dass die beiden Katzen niemals im Inneren eines Hauses waren. Selbst in bitterkalten Wintern mussten sie draußen bleiben. Einmal hatte ein Hund alle Jungen der weiblichen Katze getötet. Danach brachte die Katzenmutter ihre Jungen nur noch auf dem Dachboden des hundertjährigen Hauses zur Welt, den sie von oben durch ein Loch im Blechdach erreichte. Mehrere Male fielen die kleinen Kätzchen in den schmalen Zwischenraum zwischen den Wänden. Einmal sagte mein Nachbar zu mir: »Wir haben fast den ganzen Nachmittag gebraucht, um die Jungen dort herauszuholen. Hätten wir es nicht geschafft, wären sie verhungert.«

Wehmütig beobachtete ich die hungrigen Katzen auf der Veranda und spürte den alten Zwiespalt. Ein Teil in mir wollte den Katzen sofort zur Hilfe eilen. Ein anderer wollte sich abwenden und sie nie wieder zu Gesicht bekommen. Es war frustrierend, dass ich inzwischen eine vierzigjährige Mutter war und immer noch den Wunsch verspürte, mich um herrenlose Tiere zu kümmern. Lange habe ich gehofft, dass ich aus meinem Zwang, verlassene Tiere retten zu müssen, herauswachsen würde. Jetzt wusste ich, dass dieser Zwang mit der Zeit nur noch schlimmer wurde.

Ich stieß einen tiefen Seufzer aus und wischte mir die Hände an meiner Schürze ab. Dann nahm ich zwei Pakete mit Katzenfutter und ging hinüber zum alten Haus. Die beiden Katzen huschten schnell unter die Veranda, als ich näher kam. Ich kroch halb unter das Haus, das auf Betonpfeilern stand, und rief nach ihnen. Vier Augen funkelten mir entgegen. Ich hatte das Gefühl, es würde noch einige Zeit dauern, bis ich mit *diesen* Nachbarn ein freundliches Verhältnis hatte.

Mehrere Monate lang fütterte ich die Katzen auf diese Weise. Eines Tages kam die weibliche Katze vorsichtig auf mich zu und rieb ihr Gesicht für einen kurzen Moment an meiner Hand. Aber sofort bekam sie Angst und lief weg. Nach diesem Ereignis traf sie mich jedoch immer um fünf Uhr am Zaun. Die andere Katze, ein Kater, rannte gewöhnlich bei meinem Anblick davon. Er versteckte sich in den Büschen und wartete nur darauf, dass ich wieder verschwand. Ich glaube, er war der Sohn der weiblichen Katze. Immer wenn ich den beiden Katzen ihr Fressen hinstellte, rief ich sie bei den Namen, die ich ihnen gegeben hatte – Mama Kitty und Brother.

Eines Tages rieb sich Mama Kitty genüsslich an meinem Bein. Ihre Augen waren fest geschlossen und es war das erste Mal, dass ich sie zufrieden schnurren hörte. Mein Herz öffnete sich ihr, aber ich wagte es noch nicht, meine Hand nach ihr auszustrecken. Nach dieser ersten körperlichen Begegnung rieb sie sich öfter an mir und gestattete es mir, sie zu streicheln – sogar bevor sie anfing zu fressen. Brother blieb widerspenstig und erlaubte mir nur hin und wieder, ihn zu berühren. Aber obwohl er meine Zuneigung nicht erwiderte, ließ er sie doch über sich ergehen.

Die Katzen wurden mit der Zeit richtig dick. Eines Tages sah ich Mama Kitty auf unserer Terrasse. »Mama Kitty«, flüsterte ich. Sie war noch nie zuvor auf unser Grundstück gekommen, da unsere eigenen Katzen es niemals zulassen würden – und dennoch war sie da. »Das tut dir gut, Mama Kitty«, sagte ich zu mir selbst. Plötzlich sprang sie in die Luft und für einen Moment dachte ich, sie würde ersticken. Dann sah es so aus, als jagte sie auf der Terrasse hinter einem bestimmten Gegenstand her. Vielleicht das erste Mal in ihrem Leben hatte Mama Kitty zu spielen angefangen. Sie warf eine Eichel in die Luft und sprang ihr hinterher. Meine Katzen kamen von innen an die Terrassentür und versuchten Mama Kitty zu verscheuchen. Sie schaute jedoch nur kurz zu ihnen hinüber und spielte weiter mit der Eichel in der Sonne. Brother saß derweil, wie so oft, auf dem Zaun und wartete auf das Abendbrot.

Im Sommer brachte Mama Kitty wieder Junge zur Welt – natürlich auf dem Dachboden. Sie kam an die Hintertür unseres Hauses, um mich zu holen. Der Immobilienmakler hatte mir für den Notfall einen Schlüssel für das leere Haus hinterlassen. Ich ging mit der Katze hinüber und kroch widerwillig auf dem dunklen Dachboden herum. Ich ignorierte dabei die Spinnen, den Staub, die Hitze und das Rascheln der Mäuse. Schließlich fand ich drei junge Kätzchen, bei denen Brother Wache stand. Ich brachte die kleinen Katzen nach unten und legte sie im leeren Schlafzimmer des alten Hauses in eine Kiste, die ich vorher für sie zurechtgemacht hatte. Mama Kitty war nicht gerade begeistert, dass ich ihren Nachwuchs umquartierte, aber sie beließ die Jungen dort, wo sie waren – wenn auch nur, wie sich herausstellen sollte, für eine kurze Weile.

Eine Woche später waren auf einmal menschliche Nachbarn da! Von einem Tag auf den anderen zog wieder eine Familie in das Haus. Der Umzug verängstigte Mama Kitty und so brachte sie ihre

236

Jungen zurück an den einzigen sicheren Platz, den sie kannte – den dunklen und fürchterlich stickigen Dachboden.

Ich lief schnell hinüber, stellte mich kurz vor und erzählte der einziehenden Familie alles über Mama Kitty. Sie erlaubten mir auf ihren Dachboden zu steigen und die kleinen Kätzchen in Sicherheit zu bringen. Ich musste jedoch feststellen, dass Mama Kitty sie an eine andere Stelle gebracht hatte. Der alte Dachboden war ein Eldorado für Verstecke und so gelang es mir nicht, sie aufzuspüren.

Ich kehrte dreimal zurück, um nachzuschauen, und entschuldigte mich jedes Mal bei den neuen Bewohnern. Dreimal hatte ich jedoch kein Glück. Wenn ich von unserem Haus auf das Blechdach schaute, sah ich eine flimmernde Hitze über ihm stehen. Die Außentemperatur lag weit über 30 Grad Celsius und ich fragte mich, wie lange die kleinen Katzen so eine Hitze wohl überleben würden.

Ich konnte mich einfach nicht mit der Situation abfinden, denn ich betrachtete es als meine Pflicht, mich um die Katzen zu kümmern. Eines Morgens lag ich im Bett und betete: »Herr, ich bitte Dich, die Katzen vom Dachboden herunterzuholen. Ich kann sie nicht finden und ich weiß auch nicht, wie Du sie herunterholen kannst. Aber bitte tue es einfach. Wenn sie nicht von dem heißen Dachboden herunterkommen, werden sie sterben.« Ein solches Gebet mag einfältig klingen, aber für eine Tierliebhaberin wie mich waren das keine dummen Worte. Ich sprang aus dem Bett und lief zur Hintertür, halb in der Annahme, ich würde die Katzen dort finden. Aber niemand war da, keine Anzeichen von Mama Kitty oder Brother. Dennoch war ich mir sicher, die Katzen retten zu können.

Besorgt über den Eindruck, den ich bei meinen neuen Nachbarn hinterlassen musste, ging ich zum letzten Mal hinüber, um nach den Kätzchen zu suchen. Als die Frau die Tür aufmachte und sah, dass ich schon wieder aus dem gleichen Grund geklingelt hatte, sagte sie völlig emotionslos, dass ich ruhig hoch auf den Dachboden gehen könne. Sobald ich oben angelangt war, hörte ich sie miauen!

»Ich komme! Ich komme!«, schrie ich und mein Herz pochte vor Freude.

Was dann geschah, verwirrte mich total. Der Putz brach auf und ich schien zu fallen. Ich war nicht mehr auf dem dunklen, heißen Dachboden, sondern baumelte in der Küche. Ich hatte vergessen, auf die Dachbalken zu treten, und war durch die Decke gebrochen. Ich zog mich wieder an einem Balken hoch und brach erneut an einer anderen Stelle durch.

Gründlich durchgeschüttelt, hangelte ich mich nach unten. In der Küche sah ich mir zusammen mit meiner neuen Nachbarin den Schaden an. Ich war entsetzt und es war klar, dass ich nicht den besten Eindruck auf diese Frau machte. Aus reiner Verlegenheit ergriff ich ihren Besen und begann zu fegen. Mehr Deckenmaterial fiel auf uns herab und wirbelte so viel Staub auf, dass wir husten mussten. Ich entschuldigte mich wieder und wieder und erzählte ihr, dass wir die Decke schon wieder in Ordnung bringen würden. Ich versprach ihr zurückzukehren und mit ihrem Mann zu sprechen. Sie nickte zustimmend und starrte mich ungläubig und schweigend mit verschränkten Armen an. Zutiefst gedemütigt, machte ich, dass ich nach Hause kam.

Als ich meiner Familie beim Abendbrot erzählte, was geschehen war, starrten mich alle mit offenem Mund an – genauso, wie es meine neue Nachbarin getan hatte. Ich war den Tränen nahe, teils wegen der schlimmen Situation, in der sich die kleinen Katzen befanden, teils wegen meiner eigenen Dummheit.

Am nächsten Morgen ging ich wieder zu meinen Nachbarn, um mit ihnen über die Decke zu sprechen. Als ich eintrat, waren gerade alle beim Essen, auch die Kinder. Sie starrten mich alle an, während sie stur weiteraßen. Ich wurde vorgestellt als »die Frau, die immerzu auf den Dachboden klettert und gestern durch die Decke gekracht ist«. Ich lächelte ihnen freundlich zu.

Der Mann schaute mich an und während er weiterkaute, sagte er: »Nehmen Sie ruhig mein Gewehr.«

Einen schrecklichen Moment lang blieb mein Herz stehen. Dann grinste er mich wie ein kleiner Junge an und meinte: »Vergessen Sie es. Ich bin Zimmermann und die Decke musste sowieso renoviert werden.«

Ich lächelte zurück und fügte hinzu: »Ich bin gekommen, um Ihnen zu sagen, dass ich nie wieder auf Ihren Dachboden steigen werde – niemals.«

»Okay«, grinste er und mir war, als hörte ich, wie seine Frau aufatmete. Am Nachmittag saß unsere Familie im Wohnzimmer und las die Sonntagszeitung. Ich war die Einzige, die nicht las, sondern hinter ihrem Zeitungsteil betete. »Herr, ich weiß, es scheint aussichtsloser als je zuvor, aber ich habe nicht vor aufzugeben. Gib mir bitte die Katzen.«

Als ich betete, sah ich innerlich die Katzen in einer finsteren Ecke auf dem Dachboden hocken. Ich war mir ziemlich sicher, dass Mama Kitty sie schon wieder woandershin geschafft hatte. Ich stellte mir dann eine große, gütige Hand vor, die die Katzen an einen helleren und kühleren Ort setzte. Ich sah dieses Bild immer wieder vor meinem geistigen Auge, während ich betete. Dann hatte ich plötzlich den Eindruck, als hörte ich das zarte und hilflose Miauen der kleinen Kätzchen.

»Das ist doch verrückt«, sagte ich zu mir selbst. »Immer wenn du betest, geht deine Phantasie mit dir durch.«

Jerry legte den Sportteil der Zeitung, den er gerade las, beiseite, und die Kinder schauten von ihren Comics auf. Wir waren plötzlich alle mucksmäuschenstill und lauschten. »Miau, miau, miau.« Die Katzen waren wirklich da!

Es klingelte und alle stürzten zur Tür. Vor der Tür stand mein Nachbar, mit Spinnweben im Haar und staubiger Jacke, und grinste schelmisch wie ein kleiner Junge. Wir schauten an ihm herab und sahen die jungen Katzen auf seinem Arm. »Sie brauchen nicht mehr nach ihnen zu suchen, ich habe sie für Sie gefunden.«

Diesmal beliess Mama Kitty ihren Wurf in einem kleinen Lager-

raum neben dem Carport, wo ich einen Platz für die Katzen eingerichtet hatte. Wir fanden wunderbare Katzenliebhaber als neue Besitzer für die wohlernährten und verspielten Katzenjungen. Und
ich fand eine dauerhafte Lösung für das Problem, wo Mama Kitty
ihren Nachwuchs zur Welt bringen konnte: Ich ließ sie sterilisieren.

Inzwischen ist ein Jahr vergangen. Brother sitzt immer noch
zurückhaltend auf unserem Zaun im Hinterhof, wo er oft friert und
hungert. Ich gebe mir weiterhin Mühe mit ihm, aber er weiß offenbar noch immer nicht so recht, ob er mir trauen kann.

Im Gegenteil zu Mama Kitty. Sie kommt mittlerweile in die
Küche und frisst aus den Schalen unserer eigenen Katzen. Sie reibt
sich an meinem Bein, wenn ich sie hereinlasse, und in kalten Nächten schläft sie zusammengerollt auf einem Küchenstuhl. Oft sitzt
sie neben mir und beobachtet mich am Schreibtisch. Zuerst versuchten unsere Katzen, Mama Kitty zu vertreiben, aber irgendwann gaben sie auf und akzeptierten sie.

Wenn ich nun aus meinem Fenster zum alten Haus hinüber-
schaue, muss ich schmunzeln. Ich freue mich über das Licht in der
Küche und das Spielzeug auf dem Hof. Mit den neuen Bewohnern
ist eine gute nachbarschaftliche Beziehung entstanden. Es ist
nicht schwer, das Eis zu brechen, wenn man schon durch die Decke
gebrochen ist.

Marion Bond West

Die Katze und der Einbrecher

Ich lebte viele Jahre lang in New York City, denn für eine profes-
sionelle Tänzerin und Tanzlehrerin wie mich ist das der beste Platz
zum Arbeiten. Die Stadt hat viele gute Seiten, zum Beispiel schöne
Museen, große Theater, wundervolle Lebensmittelmärkte und
grenzenlose Einkaufsmöglichkeiten. Sie hat jedoch auch ihre

Schattenseiten, nämlich hohe Preise, Menschenmassen, Lärm und Verbrechen. Die hohe Kriminalität machte mir am meisten zu schaffen, denn als allein stehende Frau fühlte ich mich besonders angreifbar. So spielte ich ernsthaft mit dem Gedanken, mir einen Hund zu meinem Schutz anzuschaffen. Ich war mit Deutschen Schäferhunden aufgewachsen und liebte sie. Aber ich konnte mich nicht mit der Vorstellung anfreunden, einen großen Hund in eine kleine Wohnung zu sperren. Und so hatte ich nur, wie jede andere allein stehende Frau in New York, mehrere Schließbolzen an meiner Tür und passte auf der Straße auf, was hinter mir geschah.

Eines Tages drängte ich mich mit vielen anderen Leuten auf dem St. Mark's Place unter einer Markise. Wir waren von einem plötzlichen Wolkenbruch überrascht worden und hatten alle keinen Schirm. Inmitten der kleinen Menschenansammlung befand sich ein Obdachloser mit faltigem Gesicht. Er hielt ein junges Kätzchen hoch und rief: »Diese Katze ist für zehn Dollar zu haben.«

Die kleine Katze war wunderschön. Sie hatte einen hellbraunen Bauch und einen schokoladenfarbenen Schwanz und Rücken. Ihre Gesichtsfarbe war dunkler Kakao und ihre Schnurrhaare waren leuchtend weiß. Ich war auf der Stelle fasziniert, aber eine Katze passte nicht zu meinen Vorstellungen von einem Wachhund. Ich überlegte einen kurzen Moment, dann holte ich meine Geldbörse hervor und zählte alles Bargeld, das ich bei mir hatte – sieben Dollarscheine und ein paar Münzen. Einen Dollar brauchte ich für die U-Bahn nach Hause und so sagte ich: »Reichen Ihnen auch sechs Dollar?«

Dem Mann muss klar gewesen sein, dass ich nicht mehr Geld bei mir hatte, oder er war in einer verzweifelten Lage, in der er sich mit dem zufrieden geben musste, was er bekommen konnte. Er gab mir die kleine Katze, nahm mein Geld und verschwand.

Ich nannte meine neue Mitbewohnerin Seal, denn ihre Schnurrhaare sahen aus wie bei einer Robbe. Sie schien in meiner kleinen

Wohnung glücklich zu sein und ich fühlte mich äußerst wohl in ihrer Gesellschaft.

Nachdem Seal schon über zwei Jahre bei mir war, wachte ich plötzlich mitten in der Nacht von einem lauten Geräusch auf. Laute Geräusche sind in New York nichts Ungewöhnliches, selbst nicht um 2 Uhr nachts. Ich legte mich also wieder hin und versuchte weiterzuschlafen. Sofort nachdem ich wieder lag, sprang Seal auf meine Brust und stampfte mit allen vier Pfoten auf mir herum. Diesmal ging es nicht um ein Spiel, denn Seal wollte mich offensichtlich auf etwas aufmerksam machen. Sie sprang vom Bett und ich folgte ihr. Wir schlichen beide durch die Dunkelheit in Richtung Küche. Ich achtete auf Seal und als sie an der Türschwelle zur Küche innehielt, blieb auch ich stehen. Als sie nur ihren Kopf um den Türrahmen herum in die Küche streckte, tat ich dasselbe.

Wir sahen die Gestalt eines Mannes vor dem Rahmen des zerbrochenen Fensters. Er war in meiner Küche.

Ich konnte mich gerade noch zurückhalten, einen hohen und daher sofort erkennbaren weiblichen Schrei von mir zu geben. Stattdessen atmete ich tief ein. Beim Ausatmen stellte ich mir den Opernstar Luciano Pavarotti vor, und ein tiefes »WHAAAA« platzte aus mir hervor. Ich wollte danach eine Frage stellen wie: »Was glauben Sie, was Sie da tun?«, aber sie war nicht mehr notwendig. Selbst mir kam der Schrei vor wie von einem kräftigen Footballspieler und der Typ war blitzschnell wieder außen und kroch wie eine menschliche Fliege an der Mauer des Lüftungsschachts hinunter. So schnell wie ihn seine Einbrecherbeine tragen konnten, war er um die nächste Ecke verschwunden.

Seit jener Nacht fühlte ich mich in New York City sicherer. Ich legte mir einen Baseballschläger neben das Bett und trainierte den schnellen Griff zum Schläger und die verschiedensten Formen seines Einsatzes.

Seal und ich wurden zu einem Team. Ich merkte, dass ich ihr immer mehr vertraute. Wenn ich ein Geräusch hörte, schaute ich hinüber zu Seal. Wenn sie beunruhigt schien, ging ich der Sache auf den Grund. Wenn nicht, kümmerte auch ich mich nicht weiter darum. So wurde Seal zu meiner Beschützerin, in deren Nähe ich mich sicher fühlte.

Seal lebt immer noch mit mir zusammen. Sie ist inzwischen 18 Jahre alt und noch ziemlich lebhaft. Ich habe inzwischen eine größere Wohnung und spiele mit dem Gedanken, mir einen Deutschen Schäferhund zuzulegen. Jedoch nicht mehr als Schutz, denn dieses Problem haben Seal und ich erfolgreich gelöst.

Laya Schaetzel-Hawthorne

Noel

> Glück ist, das Herz eines jungen
> Hundes schlagen zu spüren.
> *Charles Schulz*

Das Jahr, in dem ich zehn Jahre alt wurde, war das erste Jahr, in dem die gesamte Familie Arbeit hatte. Die feste Arbeitsstelle meines Vaters war zwar gekündigt worden, aber er verdiente jetzt sein Geld mit Maler- und Tischlerarbeiten für die verschiedensten Auftraggeber. Meine Mutter nähte phantasievolle Kleider und backte Kuchen für wohlhabende Leute und ich arbeitete nach der Schule und an den Wochenenden für unsere Nachbarin Mrs. Brenner, die Cockerspaniels aufzog. Ich liebte meinen Job, besonders wenn ich mich um die wuseligen kleinen Welpen kümmern und sie füttern durfte. Stolz gab ich meine Einkünfte meiner Mutter als Zuschuss in die Familienkasse, aber die Arbeit machte mir so viel Spaß, dass ich sie auch ohne Bezahlung getan hätte.

Es machte mir während dieser »harten Zeit« nichts aus, billige Kleider und ausgewaschene Jeans zu tragen. Ich winkte den jungen Hunden ohne Wehmut hinterher, wenn sie von ihren neuen

Besitzern mitgenommen wurden. Aber als der letzte Wurf vor Weihnachten im Welpenhaus eintraf, änderte sich alles. Diese sechs Welpen waren die einzigen Hunde, die noch vor dem Fest zu haben waren.

Als ich sie zum ersten Mal fütterte, schlug mein Herz vor Aufregung. Ein rot-brauner Welpe mit traurigen braunen Augen wedelte freudig mit dem Schwanz und stürmte auf mich zu, um mich zu begrüßen.

»Du scheinst ja schon eine kleine Freundin zu haben«, meinte Mrs. Brenner schmunzelnd. »Ab jetzt bist du verantwortlich für ihr Futter.« – »Noel«, flüsterte ich und drückte die kleine Hündin an mein Herz. Ich spürte sofort, dass sie etwas Besonderes war. Von nun an wuchs unsere Verbindung mit jedem Tag.

Weihnachten stand vor der Tür und eines Abends erzählte ich beim Essen zum hundertsten Mal, was für ein besonderer Hund Noel war. »Hör mir gut zu, Kindchen«, sagte mein Vater und legte seine Gabel beiseite. »Vielleicht kannst du irgendwann einmal selbst einen Hund haben, aber im Augenblick sind die Zeiten sehr hart. Du weißt, dass ich meine alte Arbeitsstelle verloren habe. Hätte ich im Moment nicht Mrs. Brenners Küche zu renovieren, wüsste ich nicht, woher unser Geld kommen sollte.«

»Schon gut, Dad. Ich weiß das alles ja«, sagte ich leise mit gesenktem Kopf, denn ich konnte das Leid in seinem Gesicht nicht ertragen.

»Wir müssen dieses Jahr erst einmal überstehen«, seufzte er.

Heiligabend waren nur Noel und ein großer männlicher Welpe übrig. »Beide werden später noch abgeholt«, erklärte Mrs. Brenner. »Ich kenne die Familie, die Noel nimmt. Deine kleine Hündin wird mit Liebe überschüttet werden.«

»Niemand wird sie so lieben können wie ich«, dachte ich, *»niemand.«*

»Kannst du morgen früh vorbeikommen? Ich will am Tag nach Weihnachten neue Welpen entwöhnen. Wisch gründlich den Fußboden und verteil frisches Lagerstreu. Vielleicht bist du auch so nett und fütterst die Hunde im Zwinger? Ich habe das ganze Haus voller Gäste. Oh und bring deinen Vater mit! Eine Tür vom Küchenschrank klemmt ein wenig. Dein Vater hat ihn so schön wieder hergerichtet, dass ich ein bisschen mit dem guten Stück angeben will.« Ich nickte und hatte Mühe, ihr überhaupt zuzuhören. Die neuen Welpen waren bestimmt niedlich, aber es würde nie wieder eine Noel geben. Niemals. Die Vorstellung, dass jemand anderes meine kleine Hündin großzog, war unerträglich.

Am Weihnachtstag öffneten wir nach dem Kirchgang unsere mageren Geschenke. Mom band sich die Schürze um, die ich ihr selbst genäht hatte und die schick wie eine Robe aus Paris war. Dad freute sich über das Armband, das ich ihm schenkte. Obwohl es nur aus Kunstleder war, machte er es sich sofort an seine Uhr und bewunderte es, als wäre es aus Gold. Er schenkte mir das Buch *Beautiful Joe* und ich umarmte meinen Vater und meine Mutter. Gegenseitig machten sich meine Eltern keine Geschenke. Es war ein ziemlich trauriges Weihnachtsfest, aber keiner wollte es zugeben.

Nach dem Frühstück zog ich mich zusammen mit meinem Vater um und wir gingen beide zu Mrs. Brenner. Auf dem kurzen Weg unterhielten wir uns mit Nachbarn oder winkten ihnen zu. Wir vermieden es auf diese Weise tunlichst, auf Weihnachten und die jungen Hunde zu sprechen zu kommen.

Dad winkte mir zum Abschied zu, als er sich zu Mrs. Brenners Küchentür aufmachte. Ich ging direkt zum Welpenhaus im Hinterhof. Dort war alles merkwürdig ruhig. Kein Knurren, kein Bellen und kein raschelndes Papier. Ich war traurig und hatte keine Lust, etwas zu tun. Mein Kopf gab mir den Befehl, mit dem Saubermachen anzufangen, aber tief im Herzen wollte ich mich einfach hinsetzen und losheulen.

Es ist schon seltsam, sich an die eigene Kindheit zu erinnern. Einige Ereignisse sind verschwommen, die Einzelheiten bruchstückhaft und die Gesichter nicht zu erkennen. Aber an diesen

Weihnachtstag erinnere ich mich noch ganz genau. Ich kehrte nach Hause zurück und betrat die Küche, in der es nach dem Braten roch, der auf dem Herd vor sich hin brutzelte. Mom räusperte sich und rief nach meinem Vater, der plötzlich in der Tür des Esszimmers stand.

Mit einer gespielten Ernsthaftigkeit in seiner Stimme flüsterte er »fröhliche Weihnachten, Kindchen« und legte mir Noel, die eine rote Schleife trug, lächelnd in die Arme. Die Liebe meiner Eltern vermischte sich mit meiner überschwänglichen Liebe für Noel und brach als glitzernde Freudenfontäne aus meinem Herzen. Dies war das mit Abstand wunderbarste Weihnachtsfest, das ich jemals erlebt hatte.

Toni Fulco

Marty und das kleine Lamm

Es war gerade die Zeit, in der bei uns in Idaho die Schafe ihre Jungen zur Welt bringen. Unser Nachbar hatte uns angerufen und Dad und ich liefen hinüber zur Scheune, um bei einer schwierigen Geburt zu helfen. Als wir ankamen, war das Mutterschaf bereits tot. Das verwaiste Lamm war schwach und ganz kalt. Es konnte sich kaum auf seinen wackeligen Beinen halten und an vielen Stellen hing noch Plazenta in seinem Fell. Ich wickelte das Neugeborene in meine Jacke und legte es für die kurze Rückfahrt zu unserer kleinen Familienfarm auf die Ladefläche des Pick-up.

Auf unserem Familiengelände angekommen, fuhren wir vorbei an Kühen, Schweinen, Hühnern, Hunden und Katzen. Dad hatte es eilig und nahm den kürzesten Weg zum Haus. Ich wusste in diesem Augenblick noch nicht, dass aus dem Lamm kein normales Schaf werden sollte, genauso wie ich dazu bestimmt war, mehr als nur ein siebenjähriger Junge zu sein – ich sollte nämlich seine Mutter werden.

Ich nahm das kleine Lamm auf den Arm und trug es in die Küche. Während ich es zusammen mit meiner Mutter mit Handtüchern abtrocknete, legte mein Vater Kohlen aufs Feuer, damit sich das Neugeborene aufwärmen konnte. Als ich den kleinen lockigen Kopf des Lamms streichelte, versuchte es an meinen Fingern zu saugen. Es hatte Hunger! Wir zogen einen Saugaufsatz über eine warme Milchflasche und steckten sie ihm ins Maul. Sofort begannen seine kleinen Kiefer, wie eine Maschine zu pumpen, und beförderten die nahrhafte Milch in seinen Bauch.

Kaum hatte das Lämmchen angefangen zu trinken, schlug der Schwanz wie wild hin und her. Dann öffnete es zum ersten Mal seine Augen. Es schaute mich mit jenem wunderbaren Blick an, den Neugeborene so an sich haben und den jede Mutter kennt. Mit diesem unzweideutigen Blick sagte das kleine Schaf: »Hallo Mama! Du bist meine Mutter und ich bin dein Kind. Ist das Leben nicht schön?«

Ein ungekämmter Junge mit blonden Haaren und einer schwarzen Brille mit dicken Gläsern sieht nicht gerade wie ein Schaf aus. Aber das Lamm scherte sich überhaupt nicht darum. Für das kleine Schaf war nur wichtig, dass es eine Mutter hatte – mich!

Ich gab ihm den Namen Henry und Henry folgte mir auf Schritt und Tritt. Die spontane Verbindung, die sich am ersten Tag zwischen uns entwickelt hatte, verwandelte sich in die gleiche tiefe Beziehung, die zwischen einer Mutter und ihrem Kind entsteht. Wir waren immer zusammen. Ich fütterte und badete Henry und tobte mit ihm herum. Ich schimpfte mit ihm, wenn er von unserem Grundstück auf die Straße gelaufen war. Meine Klassenkameraden freuten sich immer, wenn sie sahen, dass ich am Schulbus von ein paar Hunden *und einem Schaf* abgeholt wurde. Henry und ich spielten nach der Schule oft so lange miteinander, bis wir uns beide Seite an Seite ins hohe, kühle Gras der Weide fallen ließen und einschliefen.

Ich wuchs heran und auch Henry wurde immer älter. Niemals

jedoch vergaß er auch nur für einen Moment, dass ich seine Mama war. Selbst als voll ausgewachsener Bock stupste er mich zärtlich mit der Nase und rieb seinen großen Wollkopf gegen mein Bein, sobald er mich entdeckte. In seiner Funktion als vierbeiniger Rasenmäher und Hund in Schafsgestalt führte Henry ein glückliches und gesundes Leben auf der Beckerfarm.

Manchmal fragen mich die Leute, warum ich Tierarzt geworden bin. Die Antwort ist: wegen Henry. Im Alter von sieben Jahren war meine Liebe zu Tieren nur ein kleiner Funke. Aus diesem Funken wurde eine lodernde Flamme in jenem magischen Augenblick, in dem ich für ein kleines hungriges Lamm zur Mutter wurde.

Dr. med. vet. Marty Becker

Der Eisbrecher

Alles war perfekt. Wir besaßen ein wunderschönes Holzhaus auf einem 16 Hektar großen Grundstück und führten eine glückliche Ehe. Wir hatten sogar einen treuen Familienhund. Das Einzige, was uns fehlte, waren Kinder. Wir haben jahrelang versucht, Kinder zu bekommen, aber ich wurde einfach nicht schwanger. Und so bewarben mein Mann Al und ich uns schließlich als Pflegeeltern.

Aus vielerlei Gründen wollten wir gern ein älteres Kind zu uns nehmen. Da wir beide arbeiteten und auch beide nach der Adoption weiterarbeiten wollten, war ganztägige Kinderbetreuung ein Problem. Außerdem konnte es sein, dass Corby, unser Springerspaniel und bislang einziges »Kind«, für einen Säugling zu lebhaft war. Da wir auf elterlichem Gebiet blutige Anfänger waren, waren wir ehrlich gesagt auch zu nervös, um ein kleines Kind aufzunehmen. Wir waren daher bereit, die paar Monate zu warten, die es dauerte, bis wir ein Kind im Schulalter adoptieren konnten. Umso mehr überraschte es uns, als uns die Agentur schon nach wenigen Wochen unmittelbar vor dem Weihnachtsfest anrief und fragte, ob wir bereit wären, den zweieinhalbjährigen Kaleb für ein paar Monate in Pflege zu nehmen. Es handele sich um einen Notfall und der kleine Junge bräuchte auf der Stelle ein Zuhause.

Das Angebot entsprach überhaupt nicht der rationalen Diskussion, die wir bislang geführt hatten, sondern warf viele ungelöste Fragen auf. Wir hatten keine Zeit mehr, uns innerlich auf die veränderte Situation einzustellen, und hatten zudem konkrete Urlaubspläne. Außerdem handelte es sich um ein Kleinkind, das wir aus guten Gründen nicht haben wollten. Die Überlegungen gingen hin und her, aber am Ende konnten wir einfach nicht Nein sagen. »Es ist ja nur für ein paar Monate«, versicherte mir mein Mann. Es würde schon alles gut gehen, redeten wir uns gegenseitig ein, aber tief im Innern war ich voller Zweifel.

Wir setzten den Zeitpunkt fest, an dem Kaleb zu uns kommen sollte. An dem verabredeten Tag hielt ein Auto vor unserem Haus und ich sah Kaleb durch das Autofenster. Er war nun wirklich da! Ich fühlte, wie sich mein Magen verkrampfte. *Was taten wir überhaupt? Es kam gleich ein Kind zu uns, über das wir absolut nichts wussten. Waren wir wirklich auf alles vorbereitet?* Ein Blick auf meinen Mann bestätigte mir, dass in seinem Kopf die gleichen Gedanken schwirrten.

Wir gingen nach draußen, um unseren kleinen Gast zu begrüßen. Aber noch bevor wir das Kind erreicht hatten, hörte ich hinter mir ein Geräusch. Als ich mich umdrehte, sah ich Corby die Treppe hinunterspringen und geradewegs auf den kleinen Jungen zulaufen. In unserer Aufregung hatten wir die Tür einen Spalt offen gelassen. Ich hielt die Luft an. Corby war so außer sich, dass sie Kaleb bestimmt Angst einjagen oder ihn sogar umreißen würde. »Oh nein«, dachte ich, »muss unser erster Kontakt gleich so daneben gehen? Kaleb wird sich zu Tode erschrecken und nicht mehr bereit sein, mit ins Haus zu kommen. Die ganze Sache kann einfach nicht funktionieren!«

Corby war bei Kaleb, noch bevor sie einer von uns beiden daran hindern konnte. Sie sprang an ihm hoch und leckte sein Gesicht im Freudentaumel. Als Antwort auf die stürmische Begrüßung legte der süße kleine Junge seine Arme um den Hals des Hundes und blickte uns an. Mit strahlendem Gesicht rief er: »Kann dies mein Hund sein?«

Mein Mann und ich schauten uns erleichtert an. Unsere Unsicherheit war mit einem Schlag verflogen und wir wussten, dass alles gut werden würde.

Kaleb kam zu uns für ein paar Monate. Heute, achteinhalb Jahre später, ist er immer noch bei uns. Wir haben Kaleb adoptiert, er ist unser Sohn geworden. Und Corby… Sie könnte nicht glücklicher sein. Sie ist wirklich Kalebs Hund geworden.

Diane Williamson

Weck keine schlafenden Hunde!

Eines Nachmittags war ich gerade draußen und hängte Wäsche auf, als ein alter, müde aussehender Hund in den Hof getrottet kam. Er hatte bestimmt ein Zuhause, denn er trug ein Halsband und sah wohlernährt aus. Aber anstatt wieder zu verschwinden, folgte er mir, als ich ins Haus ging. Er schnüffelte ein wenig in der Diele umher, legte sich dann in eine Ecke und schlief ein. Nach einer Stunde ging er an die Tür und ich ließ ihn wieder hinaus. Am nächsten Tag war er wieder da. Er legte sich an denselben Platz und schlief ein.

Dieser Ablauf wiederholte sich mehrere Wochen lang. Neugierig geworden, heftete ich eine Notiz an sein Halsband. »Jeden Nachmittag kommt Ihr Hund in mein Haus, um ein Mittagsschläfchen zu halten.«

Am nächsten Morgen befand sich am Halsband eine Antwort: »Er lebt in einem Haus mit zehn Kindern und versucht nur, seinen fehlenden Schlaf nachzuholen.«

Susan F. Roman

Das Vermächtnis

In meiner Kindheit hatten wir zu Hause immer Boxer als Hunde, die für ihre Kinder- und Familienfreundlichkeit bekannt sind. Einmal verliebte sich mein Vater, der ansonsten eine ziemlich harte Schale hatte, spontan in einen schwarz-braunen Dobermann, der gerade von einer Vorführungstournee kam. Dad musste dieses schöne Tier einfach besitzen und so kaufte er ihn und brachte ihn mit nach Hause.

Sein Name war Baron. Er war ein junger, nicht sterilisierter Rüde, ungefähr elf Monate alt. Da er für Vorführungen erzogen war, hatte er keine Erfahrungen mit Kindern. Ich war damals fünf und das Zweitälteste von fünf Kindern. Wie in den meisten Familien mit kleinen Kindern bestimmten Lärm und Aktivität das Leben in unserem Haus. Meine Eltern glaubten, dass Baron noch jung genug war, um sich schnell an die neue Situation anpassen zu können.

Eines Tages, Baron war noch nicht lange bei uns, kam ich warm angezogen vom Spielen im Schnee ins Haus gerannt. Ich sah nicht, dass Baron auf dem Fußboden lag und schlief, und trat aus Versehen auf ihn. Dobermänner sind sehr empfindsame Hunde – daher eignen sie sich auch besonders zum Wach- und Streifendienst. Aber in diesem Fall zog die Empfindsamkeit Unheil nach sich. Baron sprang erschreckt auf und schnappte in einem Angstreflex nach meinem Kopf. Seine oberen Zähne drangen durch meine linke Wange und unmittelbar unterhalb der Nase durch meine Oberlippe, während seine unteren Zähne sich in mein Kinn bohrten. Meine Eltern brachten mich auf die Notfallstation, wo ich sofort operiert wurde. Als sie mich nach Hause zurückfuhren, war alles vernäht und verbunden, und sie steckten mich gleich ins Bett.

Als mein Vater ein wenig später hochkam, um nach mir zu sehen, hielt er an der Türschwelle verwundert inne. Baron war nämlich, nachdem ich eingeschlafen war, ins Zimmer geschlichen. Der Hund hatte sich so lange mit seiner Schnauze unter meinen Ellbogen geschoben, bis sein Kopf ganz unter ihm hindurch war und mein Arm schließlich auf seinen Schultern lag. Sein großer schwarzer Kopf ruhte auf meiner Brust und er verharrte unbeweglich wie eine Statue in dieser Position. Er wachte auf diese Weise über mich und brachte zum Ausdruck, wie Leid ihm das tat, was geschehen war, und wie sehr er mich liebte. Mein Vater erzählte, dass Baron absolut reglos dasaß und sich die ganze Nacht über nicht von der Stelle rührte.

Es ist erstaunlich, aber Barons Biss hinterließ keinerlei Spuren in meinem Gesicht. Ich hatte auch keine bleibende Angst vor Hunden, wie es oft nach solch einem traumatischen Ereignis der Fall ist. Wenn ich heute an Baron denke, erinnere ich mich kaum noch an seine heftige Reaktion. Stattdessen spüre ich noch das Gewicht seines Kopfes auf meiner Brust und den sorgenvollen Blick in seinen Augen. Schon vor dem unglücklichen Vorfall hatte ich davon geträumt, Tierarzt zu werden. Indem ich Barons Trauer am eigenen Leib erfuhr, wuchs meine Liebe für Tiere. Selbst jetzt noch muss ich jedes Mal innerlich schmunzeln, wenn ich einen Dobermann behandle.

Die Geschichte mit Baron wurde zur Familienlegende. Meine Mutter nahm einen ausgewachsenen Dobermann in Pflege und behielt ihn bis zu seinem Tod. Natürlich gab sie ihm den Namen Baron. Meine jüngere Schwester hat ebenfalls zwei Dobermänner und einer von ihnen heißt selbstverständlich auch Baron.

Baron war ein guter Hund, dessen Lebensumstände nicht zu ihm passten. Wir fanden neue Besitzer für ihn, die keine Kinder hatten und ihn sehr liebten. Er verbrachte bei ihnen den Rest seines Lebens als glücklicher Hund.

Dr. med. vet. Jeff Werber

Die Wahrheit über Annie

Taco, ein Amazonenpapagei mit orangefarbenen Flügeln, kam zu uns als Pflegefall, denn er hatte angefangen, sich die Federn auszureißen. Er hackte sich mit solcher Verbissenheit auf den Rücken, dass er sich immer stärker verletzte. Die bisherige Besitzerin konnte nicht länger für die ärztlichen Behandlungskosten aufkommen und daher nahmen wir den Papagei zu uns. Wir empfingen ihn im Büro des Tierarzts, nachdem sich seine bisherige Besitzerin von ihm verabschiedet hatte.

Die Grundlage für einen gesunden Vogel mit schönen Federn ist eine ausgewogene Ernährung und viel Zuwendung. Wir gaben Taco das gleiche Futter, das wir auch unseren anderen Vögeln gaben. Schon nach wenigen Tagen verlor er das Interesse an seinem Rücken und begann mit dem Holzspielzeug in seinem Käfig zu spielen.

Nach einer Woche hatte er sich an das neue Futter, den neuen Käfig und seine neuen Nachbarn gewöhnt: Gideon, einen gelbköpfigen Amazonenpapagei, und Tutt, einen mexikanischen Rotkopf-Amazonenpapagei. Taco akzeptierte die neuen Lebensbedingungen und hatte nichts dagegen, dass um ihn herum emsige Betriebsamkeit herrschte, die sich darin ausdrückte, dass nahezu ständig gespielt, gebadet oder geredet wurde.

Nach zwei Wochen verhielt sich Taco wie ein normaler Amazonenpapagei – mit einer Ausnahme: Er sprach nicht. Er blieb völlig stumm und gab keinen einzigen Laut von sich. Ein solches Verhalten ist für einen Amazonenpapagei höchst ungewöhnlich. Die meisten Papageien imitieren die Geräusche, die sie in ihrer Umgebung hören, zum Beispiel das Miauen einer Katze, das Knarren einer Tür oder sogar – je nach Papagei – ganze Abfolgen von unterschiedlichsten Klängen. Aber Taco pfiff und kreischte nicht, sondern war vollkommen still. Ich wollte noch eine Woche abwarten und danach mit ihm zum Tierarzt gehen, sollte er bis dahin immer noch »sprachlos« sein.

Freitagmorgen ist bei uns immer die Zeit, in der das Bad und der Käfig sauber gemacht werden. An diesem besonderen Freitag hatte ich den Eindruck, als sei Taco bereit für sein erstes Gemeinschaftsbad mit Gideon und Tutt. Ich öffnete seinen Käfig und streckte meine Hand hinein. Ohne zu zögern, kletterte er auf meinen Finger. Ich hielt ihn in Augenhöhe und meinte: »Taco, wirst du denn niemals sprechen?« Er legte seinen Kopf auf die Seite, plusterte seine Federn und sagte: »Annie ist gestorben. Arme Annie. Annie blutet.« Völlig verblüfft starrte ich den Papagei mit offenem Mund an und spürte die Gänsehaut auf meinen Armen.

Ich beeilte mich mit dem Baden der Vögel und dem Saubermachen ihrer Käfige. Als ich fertig war, rief ich den Tierarzt an, um ihn nach der Telefonnummer von Tacos Vorbesitzerin zu fragen. Ich musste wissen, wer Annie war. War Taco Zeuge eines Verbrechens geworden? War jemand aus seiner näheren Umgebung gestorben? Vielleicht sprach er von einem anderen Tier, das er von seinen früheren Lebensumständen her kannte.

Ich rief Tacos letzte Besitzerin an und erzählte ihr, was Taco gesagt hatte. Sie sagte, sie habe Taco während der vier Jahre, in denen er bei ihr war, weder das noch irgendetwas anderes sprechen hören. Sie habe keine Ahnung, wer Annie sein könne. Dann gab sie mir die Nummer der Person, von der sie Taco erworben hatte.

Auch dieser Besitzer hatte Taco niemals irgendetwas sagen hören. Das war auch einer der Gründe, weshalb er den Amazonenpapagei wieder verkauft hatte. Er wollte einen sprechenden Vogel, aber Taco hat niemals ein Wort gesagt. Der Mann hatte Taco von einem Züchter in der Nähe von Chico in Kalifornien erworben, konnte sich aber nicht mehr an dessen Namen erinnern. Ich war anscheinend in einer Sackgasse gelandet.

In der Zwischenzeit wurde Taco immer gesprächiger und erzählte immer mehr über Annie. Seine neueste Version lautete:

»Annie ist tot. Annie ist tot. Arme Annie, sie blutet. Oh, arme Annie.«

Der Vorsitzende unseres Vogelclubs gab mir ein paar Namen und Telefonnummern von Züchtern aus der Gegend, aus der Taco ursprünglich stammte. Kein Anruf führte weiter und dennoch konnte ich nicht einfach aufgeben. Ich war fest entschlossen, der Sache auf den Grund zu gehen.

Mein Mann machte den Vorschlag, die Bücherei in Chico anzurufen und sie zu bitten, die Todesanzeigen in der lokalen Zeitung in dem Zeitraum zu überprüfen, in dem Taco dort gelebt haben könnte. Die Büchereiangestellte war fasziniert von Tacos Geschichte und sehr hilfsbereit. Sie sagte, sie wolle ihren Bruder anrufen, der bei der Polizei sei, und ihn bitten, auch die Polizeiberichte von damals durchzugehen.

Nach zwei Tagen hatte die Frau aus der Bücherei noch immer nicht zurückgerufen. Taco wiederholte seine Geschichte inzwischen so oft, dass auch unsere Kongograupapageien Jack and Jill anfingen, »arme Annie« zu sagen.

Angespornt von einem anschwellenden Chor »armer Annies« hielt ich es nicht länger aus und rief die Bücherei an. Schon nach dem ersten Klingeln wurde der Hörer abgenommen. »Haben Sie etwas herausgefunden?«, fragte ich. »Nein, tut mir Leid«, sagte die Frau am anderen Ende, »mein Bruder ist in den Polizeiberichten 15 Jahre zurückgegangen und konnte auch keinen Hinweis finden.« Sie atmete tief durch und fragte: »Sind Sie sicher, dass der Vogel ›Annie‹ sagt?« Ich antwortete, das sei im Moment das Einzige, was ich mit absoluter Gewissheit sagen könne. Ich dankte ihr für ihre Hilfe und legte auf.

Und noch eins war mir klar – Taco musste irgendwo von Annie gehört haben, denn Papageien erfinden keine Geschichten. Irgendwie hatte sich Annies Schicksal in seinem Gedächtnis festgesetzt. Mir blieb nichts anderes übrig, als zu akzeptieren, dass ich niemals herausfinden würde, wer Annie war und was mit ihr geschah.

Zwei Monate vergingen. Taco nahm weiterhin an Gewicht zu und wurde immer zutraulicher. Sein Federkleid mauserte sich zu einem leuchtenden Grün und seine Augen glänzten wieder. Auch sein Rücken war inzwischen völlig ausgeheilt. Dennoch sprach er immer noch den ganzen Tag lang von Annie. Wir bekamen davon schon lange keine Gänsehaut mehr, sondern nahmen einfach hin, was Annie zugestoßen war.

Eines Abends fand das Mitgliedertreffen des Vogelclubs bei mir statt. Kaffee und Kuchen standen schon bereit, als alle ankamen. Wir saßen im Wohnzimmer, das direkt neben dem Raum mit den Vogelkäfigen liegt, und diskutierten über eine anstehende Geldsammlung.

Plötzlich hörten alle eine laute und klare Stimme, die sagte: »Arme Annie. Annie ist tot. Annie blutet. Arme Annie.«

Erstaunt hörten alle auf zu reden und lauschten. Ein Clubmitglied wandte sich mir zu und sagte: »Ich denke, du magst keine Seifenopern.« »Mag ich auch nicht. Aber wovon sprichst du?«, fragte ich. »Annie«, sagte sie. »Annie ist tot. Ich glaube, Robert hat sie getötet.« »Nein«, fiel ihr eine andere Vogelzüchterin ins Wort, »es war nicht Robert, sondern James. Erinnerst du dich nicht? Er hatte eine Affäre mit der Nachbarin von Annies Schwester...«

Ich ließ die Vogelliebhaber für einen Moment mit ihrer Seifenoper allein und ging zu Tacos Käfig. Irgendeiner seiner Besitzer muss dieselbe Fernsehserie gesehen haben und auch Taco muss sie gehört haben. Als er mich kommen sah, legte er seinen Kopf auf die Seite und sagte deutlich: »Hat Taco Hunger? Möchtest du am Kopf gekrault werden?« Das Rätsel um Annie hatte sich am Ende doch aufgelöst und so war er bereit, über etwas anderes zu sprechen.

Heute hat Taco einen weiblichen Amazonenpapagei mit orangefarbenen Flügeln als Partnerin. Sie heißt Bell. Der Name ihres ersten Babys steht schon jetzt fest – Annie.

Judy Doyle

Der Lohn des Tierarzts

Ein praktizierender Tierarzt muss akzeptieren, dass die meisten seiner Patienten nicht begreifen können, was er für sie tut. Seien es Routineimpfungen oder Notfallbehandlungen, die meisten Tiere verbinden mit dem Besuch beim Tierarzt Befürchtungen und Unbehagen. Im Rückblick erinnere ich mich an zahllose große und kleine Tiere, denen ich das Leben gerettet oder die ich von schwerer Krankheit und schmerzhafter Verletzung befreit habe. Die meisten von ihnen würden nicht lange zögern und ihren Wohltäter beißen, treten oder aufspießen, sollten sie die Gelegenheit dazu haben. Einige scheinen jedoch auch zu verstehen, dass ihnen geholfen wird. Aber kaum ein Tier vertraut einem Tierarzt jemals vollkommen und ist ihm dankbar für seine Bemühungen.

Vor einigen Jahren brachte ein älterer Farmer an einem warmen Nachmittag im Herbst einen verletzten schwarzen Labrador in unsere Praxis. Der Farmer hatte mit einem Traktorrasenmäher Unkraut geschnitten und sein Hund war in die Schneidevorrichtung geraten. Obwohl der Farmer die Maschine sofort stoppte, war das hintere Bein des Hundes schwer verletzt worden.

Wir trugen ihn von der Ladefläche des Pick-up in die Praxis und legten ihn auf den Behandlungstisch. Schock und Blutverlust hatten den Labrador schon stark geschwächt, aber dennoch leckte er seelenruhig sein verletztes Bein. Schon nach einer kurzen Untersuchung war klar, dass das Bein nicht gerettet werden konnte. Ich erklärte dem Besitzer, dass wir das Bein amputieren müssten, um dem Hund eine Überlebenschance zu geben. Er war damit einverstanden, alles zu tun, was notwendig war, um seinen Hund zu retten. Ich gab dem Hund eine Bluttransfusion und je eine Spritze gegen die Schmerzen und eine gegen den Schock und bestimmte als Zeitpunkt für die Operation den nächsten Morgen. Der schwarze Labrador ließ alles ruhig und ohne zu wimmern über sich ergehen.

Blackie überstand die Operation in guter Verfassung und humpelte am nächsten Morgen auf drei Beinen umher. Die folgenden Tage machte ich mit ihm kurze Spaziergänge und half ihm, wenn es notwendig war, sein Gleichgewicht zu halten. Er war ein sehr guter Patient und schien dankbar für meine Hilfe. Als ich ihm später die Fäden aus seinem Bein zog, ließ er alles stoisch über sich ergehen, und ich musste ihm keinen Maulkorb anlegen.

Ich hielt ihn nur für einen sehr guten Patienten und glaubte nicht, dass er sich von den anderen Hunden unterschied, die in meiner Behandlung waren, bis der Tag kam, an dem er nach Hause entlassen wurde. Nachdem wir ihn auf die Ladefläche des Pick-ups gelegt hatten, unterhielt ich mich noch für ein paar Minuten mit dem Farmer über den Gesundheitszustand des Hundes. Als ich wieder in die Praxis gehen wollte, begann Blackie zu jaulen und versuchte vom Wagen herunterzuspringen und mir zu folgen, worauf sein Besitzer, Mr. Burson, meinte: »Ich glaube, er hat einen Narren an Ihnen gefressen und will hier bleiben.« Ich war überrascht, sagte aber nur: »Ja, scheint so. Aber sobald er wieder zu Hause ist, wird er mich schnell vergessen.« Ich wusste, das der Hund gut behandelt wurde, denn Mr. Burson war ein freundlicher Mensch, der sich liebevoll um seine Tiere kümmerte.

Etwa ein halbes Jahr später wurde ich zur Bursonfarm gerufen, um dabei zu helfen, ein Kalb auf die Welt zu bringen. Ich stellte meinen Wagen ab und war gerade dabei, meine ärztlichen Instrumente auszuladen, als ein großer schwarzer Hund um die Ecke bog. Er bellte lautstark und auf seinem Nacken und seinen Schultern sträubte sich sein Fell. Es war Blackie. Er kam auf seinen drei Beinen angelaufen, blieb aber auf einmal regungslos in ungefähr zwei Meter Entfernung von mir stehen.

Blackie schaute mir direkt in die Augen und wedelte mit dem Schwanz, als er sich langsam näherte. Dann nahm er vorsichtig eine Hand von mir in seine Schnauze und hielt sie so, während er zu mir hochschaute und leise winselte.

Ich war überwältigt und fühlte einen Kloß in der Kehle. Ich strich ihm über den Kopf und sprach kurz mit sanfter Stimme zu ihm. Als ich aufgehört hatte, blickte er mich warmherzig an und bellte zum Abschied. Danach wandte er sich abrupt den Reifen meines Wagens zu, um sie einer gründlichen Inspektion zu unterziehen.

Unter den zahllosen Tieren, die ein Tierarzt während der Ausübung seines Berufs behandelt, bleiben nur wenige in dauerhafter Erinnerung. Für mich ist Blackie immer »der Hund, der sich an mich erinnert hat«.

Dr. med. vet. George Baker

Danksagung

Das vorliegende Buch ist entstanden durch die engagierte Mithilfe unserer Familien, unserer Freunde, unserer Mitarbeiter, unserer Geschäftspartner sowie berühmter Persönlichkeiten und der einen oder anderen lokalen Berühmtheit.

Als Erstes, ein großes Dankeschön an unsere Familien!

An Jacks Frau Georgia und seinen Sohn Christopher, die ihn in den hektischen Wochen vor der Fertigstellung dieses Buches immer wieder daran erinnert haben, die Ruhe zu bewahren, den Duft der Rosen wahrzunehmen, mit Daisy Fangen zu spielen, die Fische zu füttern und mit den Katzen zu schmusen. An Jacks Mutter Ellen, die in ihm die Liebe für alle großen und kleinen Geschöpfe geweckt hat, und an seinen Stiefvater Fred, der hart gearbeitet hat, um all die Tiere zu erwerben, unterzubringen und zu füttern – angefangen bei den reinrassigen – bis hin zu den zahllosen Streunern, die vor ihrer Haustür aufkreuzten.

An Marks Frau Patty, die vielleicht das größte Herz für Tiere auf der ganzen Welt hat. An seine Tochter Elisabeth, die Chirotherapeutin für Tiere werden will, und an seine Tochter Melanie, die sich als Lebensziel gesetzt hat, zu helfen, die Elefanten dieser Erde zu retten.

An Martys geliebte Frau Teresa und seine wunderbaren Kinder Mikkel und Lex, ohne deren Liebe, Lachen und Lebendigkeit dieses Buch nicht möglich gewesen wäre, geschweige denn lohnenswert. An Virginia Becker und den verstorbenen Bob Becker, die Marty gelehrt haben, alle Geschöpfe Gottes zu lieben, zu ehren und ihnen offen und rückhaltlos zu dienen. An Valdie, Jim und Rockey

Burkholder, deren Herzenswärme, Gelassenheit und Unterstützung für Marty immer eine heimatliche Oase voller Schönheit, Einfachheit und Güte war.

An Carols Mann Larry für seine große Liebe und seine Unterstützung auf allen Ebenen sowie an ihre Stiefkinder Lorin und McKenna, die immer eingesprungen sind, wenn Not am Mann war, und die durch ihre Hilfe im Haushalt dazu beigetragen haben, dass dieses Buch zu Stande kommen konnte.

Ihr alle wart eine große Hilfe und Inspiration! Eure Liebe und Unterstützung sind uns sehr viel wert. Wir schätzen eure Geduld und eure unermüdliche Begeisterungsfähigkeit von ganzem Herzen.

Unser besonderer Dank gilt Marci Shimoff für die große Unterstützung und die ständige Ermunterung in allen Produktionsphasen dieses Buchs. Deine Freundschaft ist ein großes Geschenk. Wir lieben dich, Marci.

Ein großes Dankeschön geht an Heather McNamara, unsere Cheflektorin, die immer hilfreich war und hart daran gearbeitet hat, dieses Buch herauszubringen.

Dank auch an Nancy Mitchell, die mit unglaublicher Effektivität all die Abdruckgenehmigungen eingeholt hat, die wir brauchten, ohne dadurch die Fertigstellung des Buchs zu verzögern.

Dank an Patty Auberry, die die einzelnen Schritte der Produktion mit Wärme, Humor und Geschick überwacht hat. Du bist eine außergewöhnliche Frau.

Wir bedanken uns außerdem bei unserer Lektorin Kimberley Kirberger, die das Manuskript in den einzelnen Entstehungsphasen gelesen und kommentiert hat und bei Ro Miller, die die Korrespondenz erledigt und die Telefongespräche mit all den Autoren geführt hat, die zu diesem Buch beigetragen haben (sowie für ihre Geschichte über die wilden Geburtstagspartys, die sie für ihren Hund Clayboy gegeben hat).

Darüber hinaus möchten wir uns herzlich bei folgenden Mitwirkenden bedanken:

Veronica Romero, Leslie Forbes, Lisa Williams, Laurie Hartman und Teresa Esparza, die immer ansprechbar waren, während der Rest von uns geschrieben oder die Texte überarbeitet hat.

Linn Thomas, Carole Kasel, Bonnie Dodge und J. J. Aanest, die Marty dabei geholfen haben, tausende von Telefonanrufen, Briefen, Faxmitteilungen und E-Mails entgegenzunehmen und auszuwerten.

Judy Palma, eine wirkliche Tierliebhaberin, die jede Geschichte gelesen und uns liebevoll ihr Feedback gegeben hat.

David Sykes, Direktor der Arche-Noah-Stiftung, für sein unermüdliches Engagement, sich für die Belange der Tiere einzusetzen, sowie für seine aufrichtige Unterstützung dieses Projekts.

Jennifer Read Hawthorne für ihren Beistand und Rat in kritischen Momenten. Wir haben ihn sehr geschätzt.

Fred C. Angelis, Jacks Stiefvater, der jede Geschichte des Buchs gelesen und kommentiert hat. Dein Feedback war unbezahlbar.

Dr. med. vet. Tami Wells für ihre Hilfe als fachkundige Beraterin.

Sharon Linnea und Ann Reeves für ihre großartige und termingerechte Hilfe beim Herausgeben dieses Buches.

All den lieben Menschen, die aus ganzem Herzen dazu beigetragen haben, dass unsere Buchidee Verbreitung fand und Tierliebhaber dazu aufgerufen wurden, uns ihre Geschichten zu schicken. Wir möchten in dieser Hinsicht den Magazinen *Dog Fancy, Veterinary Economics* und *PetLife* danken. Unser besonderer Dank gilt Lucille Deview vom *Orange County Register*, die in ihrer Kolumne dazu aufgerufen hat, Geschichten einzusenden, weil sie weiß, wie wichtig Haustiere gerade für ältere Menschen sind.

Allen, die bereit waren, sich für ein paar Wochen mit dem Inhalt dieses Buches zu beschäftigen und ihre Kommentare und konkreten Verbesserungsvorschläge zu machen. Ohne ihre Hilfe wäre niemals die hohe Qualität dieses Buches zu Stande gekommen. Zu den Lesern gehören: Judy Palma, Fred C. Angelis, Virginia Becker, Elizabeth Brown, Patty Burlingame, Valdie Burkholder, Diana Chapman, Joanne Clevenger, Dr. vet. med. Robin Downing, Lisa Drucker, Pam Finger, Mary Gagnon, Sally Davre, Karyn Gavzer, Suzanne Giraudeau, Nancy Richard Guilford, Elinor Hall, Allison Janse, Rita M. Kline, Robin Kotok, Hale und Dolores Kuhlman, Dr. vet. med. Roger Kuhn, Nancy Leahy, Dr. med. vet. M. B. Leininger, Wendy S. Myers, Holly Moore, Ann Reeves, Karen Robert, Maida Rogerson, Marci Shimoff, Annie Slawik, Laura May Story, Carolyn Teale, Anne Tremblay, Susan B. Tyler, Hilda Villaverde, Elizabeth Walker, Celeste Wallace, Patricia Wallis, Dottie Walters, Wendy Warburton, Luree Welch, Diana und Ted Wentworth, Terry Wilson und Rachel Zurer.

Allen Mitarbeitern unseres Herausgebers Health Communications Inc. – besonders Peter Vesgo und Gary Seidler – Dank dafür, dass sie an dieses Buch geglaubt haben und es in die Hände von Millionen Lesern bringen.

Christine Belleris, Matthew Diener, Allison Janse und Lisa Drucker, unseren Editoren bei Health Communications, und Randee Goldsmith, unserem Produktmanager für *Hühnersuppe für die Seele*. Sie haben uns in jeder Phase der Fertigstellung dieses Buches unterstützt und ermutigt.

Unseren unglaublich kreativen und wirksamen Publizisten Kim Weiss und Ronni O'Brien.

Claude Choquette, der dafür gesorgt hat, dass unsere Bücher schon in 20 Sprachen übersetzt worden sind.

Anna Kanson von *Guideposts* und Taryn Phillips von *Woman's World*, die all unsere Projekte immer unterstützt haben.

Allen Tierarztkollegen von Marty auf der ganzen Welt, die durch ihre Arbeit dazu beigetragen haben, die liebevolle Beziehung zwischen Mensch und Tier zu verstärken: R. K. Anderson, Scott Campbell, Rich Ford, Ray Glick, Bob Kibble, Mary Beth Leininger, Brad Swift, Chuck Wayner und James Wight, um nur ein paar von ihnen zu nennen.

Unsere besondere Anerkennung gilt dem Vater des Bandes zwischen Mensch und Tier, Leo Bustad, der für Marty und viele andere ein großes Vorbild war und sie gelehrt hat, worauf es wirklich ankommt.

Allen Nichtveterinären, die uns inspiriert und berührt haben und denen somit ein direkter und spürbarer Einfluss auf den Erfolg dieses Buches zukommt: Ron Butler, Ben Coe, Don Dooley, Bill Mason, Clay und Mary Mathilde, Susan Morgenthaler, Jana Murphy, Anne Sellaro, Gina Spadafori, Becky Turner-Chapman und viele andere.

Unser besonderer Dank gilt schließlich den mehr als 3000 Menschen, die sich die Zeit genommen und Geschichten, Gedichte oder andere Werke zur Begutachtung eingeschickt haben. Obwohl alle Geschichten, die wir erhielten, einen speziellen Wert hatten, konnten wir leider nur einen kleinen Teil davon in das Buch aufnehmen.

Da das Projekt so umfangreich war, ist es möglich, dass einige Personen nicht namentlich erwähnt wurden, die uns ebenfalls bei der Arbeit geholfen haben. Sollte dies der Fall sein, so bitten wir um Entschuldigung. Wir bedanken uns für die Hilfe, die uns von allen Seiten zuteil wurde und dieses Buch möglich machte.

Wir lieben und schätzen euch alle!

Schreiben Sie uns

Wir würden gerne wissen, wie Ihnen die Geschichten in diesem Buch gefallen haben. Schreiben Sie uns, welches Ihre Lieblingsgeschichte ist und was Sie besonders beeindruckt hat. Senden Sie uns bitte auch die Geschichten, die Sie gerne in *Noch mehr Hühnersuppe für die Seele – Für Tierfreunde* veröffentlicht sehen möchten. Es können Geschichten seinen, die Sie selbst erlebt und aufgeschrieben haben oder auf die Sie beim Lesen gestoßen sind. (Bitte nicht länger als 1200 Wörter.)

Kontakt:

Chicken Soup for the Pet Lover's Soul
P.O. Box 30880
Santa Barbara, CA 93130
Website (mit E-Mail)
http://www.chickensoup.com

Wir hoffen, Sie werden beim Lesen dieses Buches so viel Freude haben, wie wir sie beim Schreiben und Zusammenstellen der Geschichten hatten.

Adressen für Tierliebhaber

Vielleicht haben Sie die Geschichten dieses Buches so berührt, dass Sie sich selbst ein Haustier anschaffen und/oder sich für die Belange der Tiere einsetzen möchten. In Ihrem örtlichen Tierheim warten zahlreiche Hunde und Katzen darauf, ein neues Zuhause zu finden. Nähere Informationen erhalten Sie außerdem bei den folgenden Organisationen:

Deutscher Tierschutzbund e. V.
Baumschulallee 15
53115 Bonn
Tel. 0228-604960
Fax 0228-6049640
Website: www.tierschutzbund.de
E-Mail: bg@tierschutzbund.de

Bundesverband Tierschutz e. V.
Walpurgisstr. 40
47441 Moers
Tel. 02841-25244
Fax 02841-26236
Website: www.bv-tierschutz.de

Bundesverband der Tierversuchsgegner
Menschen für Tierrechte e. V.
Roermonder Str. 4a
52072 Aachen

Tel. 0241-157214
Fax 0241-155642
Website: www.tierrechte.de
E-Mail: info@tierrechte.de

Bund gegen Missbrauch der Tiere e. V. (BMT)
Viktor-Scheffel-Str. 15
80803 München
Tel. 089-3839520
Fax 089-38395223
Website: www.bmt-tierschutz.dsn.de
E-Mail: office@bmt-tierschutz.dsn.de

Deutsches Tierhilfswerk e. V.
Waldmeisterstr. 95b
80935 München
Tel. 089-35752-0
Fax 089-35752-200
Website: www.tierhilfe.de
E-Mail: dthwdokumentation@t-online.de
Hotline: 01805-843744

PETA Deutschland e. V. (People for Ethical Treatment of
Animals – weltweit größte Tierrechtsorganisation)
Postfach 311503
70475 Stuttgart
Tel. 0711-8666165 (Harald Ullmann)
Fax 0711-8666166
Website: www.peta.de
E-Mail: info@peta.de

Infos & News im Internet zum Thema Tierschutz und Tierrechte:
Website: www.tierschutz-online.de
Herausgeber: Ralf Maubach, Tel. 08372-98117
Übersicht Tierheime / Tierschutzorganisationen /
Magazine und Zeitschriften:
www.tierschutzvereine.de

Wer ist Jack Canfield?

Jack Canfield ist einer von Amerikas führenden Experten in der Entwicklung menschlichen Potenzials und persönlicher Effektivität. Er ist sowohl ein dynamischer, unterhaltsamer Redner als auch ein gefragter Trainer. Er ist Koautor zahlreicher Bücher, unter anderem von denen der Reihe »Hühnersuppe für die Seele«, von »Date to Win« und »Der Aladin-Faktor« (alle mit Mark Victor Hansen und von »Geben wir der Arbeit Herz und Seele zurück« mit Jacqueline Miller).

Jack leitet ein jährlich stattfindendes achttägiges Programm zur Schulung von Trainern in den Bereichen Selbstbewusstsein und individuelle Höchstleistung. Es zieht Pädagogen, Berater, Unternehmenstrainer, Berufsredner, Geistliche und andere an, die daran interessiert sind, ihr rednerisches Talent und ihre Befähigung, Seminare zu leiten, zu entfalten.

Für weitere Informationen über Jacks Bücher, Audio- bzw. Videokassetten und Trainingsprogramme wenden Sie sich bitte an:

The Canfield Training Group
P.O. Box 30880 · Santa Barbara, CA 93130
Tel.: 800-237-8336 · Fax: 805-563-2945
Web-Seite: http:/www.chickensoup.com
E-Mail (Sendeadresse): soup4soul@aol.com
E-Mail (Empfangsadresse für Informationen via E-Mail):
chickensoup@zoom.com

Wer ist Mark Victor Hansen?

Mark Victor Hansen ist ein Berufsredner, der in den letzten zwanzig Jahren über 4000 Präsentationen vor mehr als zwei Millionen Menschen in 32 Ländern durchführte. Seine Präsentationen behandeln Verkaufsoptimierung und Verkaufsstrategien, persönliche Kraftentfaltung und Weiterentwicklung und wie Sie Ihr Einkommen verdreifachen und Ihre Freizeit verdoppeln können.

Mark hat sich der Aufgabe gewidmet, eine grundlegende und positive Veränderung im Leben von Personen herbeizuführen. Während seiner ganzen Laufbahn hat er hunderttausende von Menschen dazu inspiriert, eine kraftvollere und sinnvollere Zukunft für sich zu gestalten.

Mark ist ein produktiver Schriftsteller und der Verfasser von »Future Diary«, »How To Achieve Total Prosperity« und »The Miracle of Tithing«. Er ist Koautor der Reihe »Hühnersuppe für die Seele«, von »Dare to Win« und »Der Aladin-Faktor« (alle in Zusammenarbeit mit Jack Canfield).

Wer ist Marty Becker?

Dr. Marty Becker ist Tierarzt und hat sich als Autor, Universitätslehrer und Medienpersönlichkeit einen Namen gemacht. Er ist bekannt durch seine Vorträge und Seminare und gilt als der herausragendste Fürsprecher einer Integration der Haustiere in die Familie. Im Laufe seiner abwechslungsreichen Karriere stand Dr. Becker immer in vorderster Reihe, wenn es darum ging, die Beziehung zwischen Mensch und Tier zu vertiefen und weiterzuentwickeln. Dr. Becker hat den Bestseller Becoming Your Dog's Best Friend geschrieben und ist Herausgeber des Veterinary Economics Magazine. Er schreibt regelmäßig eine Kolumne für das Magazin PetLife und lehrt an vielen Tierarztschulen in Nordamerika. Dr. Becker setzt sich in seiner inspirierenden, unterhaltsamen und dynamischen Art dafür ein, dass Menschen und Tiere in Harmonie und Freiheit zusammenleben. Seiner Meinung nach fördert das nicht nur ihre gegenseitige Beziehung, sondern erhöht auch die gesellschaftliche Lebensqualität insgesamt. Dr. Becker gibt überall auf der Welt erfolgreiche Präsentationen, Seminare und Schulungskurse für städtische Organisationen sowie für Universitäten und Firmen. Themenschwerpunkte dabei sind Gesundheit, Selbstwertgefühl, persönliche Kraft, Teamarbeit und Menschenführung.

Wer ist Carol Kline?

Carol Kline leitet ehrenamtlich das Noah's Ark Animal Foundation Dog Rescue Program in Fairfield, Iowa, in dessen Rahmen herrenlose Hunde aufgenommen und versorgt werden, und kümmert sich in dieser Funktion auch um Tiere im städtischen Tierheim. Die Arche Noah ist ein Zufluchtsort für Hunde und Katzen, der ohne Käfige auskommt. Carol betreut die Hunde auf der Arche Noah, indem sie mit ihnen spazieren geht, sie füttert und »sozialisiert«. »Der Dank und die Liebe von diesen Tieren bedeuten mir mehr als jeder Scheck. Ich genieße es von Herzen, mit den Hunden zusammen zu sein, denn sie erfüllen mein Leben mit großer Freude.« Die Arbeit als Mitautorin dieses Buches hat ihre Beziehung zu allen nicht menschlichen Lebewesen vertieft und sie darin bestärkt, sich noch mehr für Tiere in Not einzusetzen. Carol hat Literatur studiert und arbeitet seit zehn Jahren als freie Schriftstellerin. Sie schreibt hauptsächlich für Zeitungen und Magazine und hat Geschichten zu weiteren Büchern der Reihe »Hühnersuppe für die Seele« beigetragen, die sie auch als Herausgeberin mitgestaltet hat. Zusätzlich zu ihrer schriftstellerischen Arbeit und ihrem Einsatz für Not leidende Tiere beschäftigt sich Carol mit Lernhilfen für Eltern und Erzieher. Seit 1975 lehrt Carol Programme zur Stressbewältigung und seit 1990 hilft sie Jack Canfield als Assistentin beim jährlich stattfindenden Workshop Train the Trainers. Carol ist mit Larry Kline verheiratet und Stiefmutter von Lorin und McKenna. Neben Hannah, ihrem Familienhund, beherbergt sie auch vorübergehend Pflegehunde, bis diese ein neues Zuhause gefunden haben.

Über die Autorinnen und Autoren

Viele Geschichten dieses Buches stammen aus den Büchern, die weiter unten im Nachweis der Abdruckgenehmigungen aufgeführt sind. Viele Geschichten sind jedoch auch ein Beitrag von normalen Lesern, die unserer Aufforderung gefolgt sind und uns ihre Story geschickt haben. Auch über diese Personen stellen wir Informationen bereit.

Vickie Lynne Agee machte im Jahre 1982 ihren Abschluss in Englisch und Psychologie an der Brigham Young University und hat in den vergangenen 14 Jahren diese beiden Fächer unterrichtet. Gegenwärtig lehrt sie Englisch an der Columbiana Middle School in der Nähe von Birmingham, Alabama. Sie liebt es, in ihrer Freizeit schriftstellerisch tätig zu sein.

Dr. med. vet. George Baker ist seit 34 Jahren Tierarzt auf dem Lande und hat hauptsächlich mit Pferden zu tun. Er sammelt gerade Material für ein Buch über seine jahrelange Arbeit und über spezielle Patienten, die ihm dabei in Erinnerung geblieben sind.

Jan K. Stewart Bass ist freie Schriftstellerin, Kolumnistin und Autorin des preisgekrönten Buches »At Home in the Heartland: Seasons of Serenity«. Sie ist Mitglied der National Federation of Press Women und Gründerin der Stillmeadow Society of Iowa.

Gregg Basset ist Gründer und Präsident des Squirrel Lover's Club und gibt auch den Rundbrief des Klubs – In a Nutshell – heraus. Der internationale Klub setzt sich für die Belange der Flughörnchen und Flughörnchenfreunde ein und hat die Anschrift: 318 W. Fremont Ave., Elmhurst, IL 60126.

Christine E. Belleris ist Cheflektorin des Verlages Health Communications, der die Reihe »Hühnersuppe für die Seele« herausbringt. Sie stammt aus Denver, Colorado, und lebt zusammen mit ihrem Mann Jeff in Boca Raton, Florida. Zu ihrer Tierfamilie gehören: Wilma, eine liebenswürdige Mischlingshündin; Rufus, ein lebhafter, grau gefleckter Kater; und Isis, ein schneeweißes, 21 Jahre altes Kätzchen. Als eingefleischte Tierliebhaberin opfert Christine viel Freizeit, um streunende Tiere zu füttern und für sie ein neues Zuhause zu finden.

Jean Brody schreibt Kolumnen in Zeitungen und Magazinen. Sie ist Lehrerin für kreatives Schreiben und hält Vorträge über Motivation und Inspiration. Sie lebt mit ihrem Ehemann, einem Neufundländer, drei Katzen und einer zahmen nubischen Ziege auf ihrem Vollblutpferde-Bauernhof, der Jean-&-Gene-Farm. Jean hat bislang dutzende von Kurzgeschichten und Artikeln veröffentlicht.

Carolyn Butler leitet am Colorado State University's Veterinary Teaching Hospital zusammen mit Laurel Lagoni das Projekt »Changes: The Support for People and Pets«. Sie ist Mitautorin der Bücher »The Human-Animal Bond and Grief« und »Friends for Life: Loving and Losing Your Animal Companion«.

Leona Campbell schreibt für Magazine und Zeitungen. Sie hat 1994 den Abschluss am Christian Writer's Institute gemacht und arbeitet gegenwärtig an einem Buch mit dem Titel »Talk to God – He Listens 24 Hours a Day«.

Dr. med. vet. Cerie L. Couture ist Tierärztin in Norwich, Vermont. Sie liebt es, mit ihrem shetländischen Schäferhund Mollie herumzutoben und mit ihrer Familie in den Green Mountains zu wandern.

Angel Di Benedetto stammt aus Manhattan und ist eine international anerkannte Feldenkraistherapeutin. Mithilfe der Feldenkraismethode lehrt sie Kreativität, Selbstvertrauen, persönliche Klarheit und Lebensqualität.

Karen Del Tufo wurde in Brooklyn, New York, geboren. Sie ging auf die John Adams High-School und auf das Brookdale Community College. Ihre schriftstellerische Ausbildung erhielt sie von der Long Ridge Writers Group. Sie hat zahlreiche Gedichte veröffentlicht.

Dr. med. vet. Robin Downing gehört die Windsor Veterinary Clinic in Windsor, Colorado. Es handelt sich dabei um eine moderne tierärztliche Einrichtung, die von der American Animal Hospital Association unterstützt wird. Robin ist viel in der Öffentlichkeit tätig und wurde 1995 in Colorado zur Tierärztin des Jahres ernannt. Im nachfolgenden Jahr wurde sie sogar Tierärztin des Jahres in ganz Nordamerika. Dr. Downing teilt ihr Haus und ihre Klinik mit einer ganzen Ansammlung von Tieren, darunter zehn Katzen, drei Hunde, mehrere Vögel, ein Kaninchen, ein Hängebauchschwein, ein Stachelschwein und ein graues Flughörnchen.

Judy Doyle nimmt schon seit zehn Jahren immer wieder Papageien auf und adoptiert sie. Sie besucht mit ihren gefiederten Freunden Grundschulen und veröffentlicht kleine Artikel in den Rundbriefen des örtlichen Vogelklubs. In ihnen macht sie darauf aufmerksam, dass Papageien gesünder und glücklicher sind, wenn man besser auf ihre Pflege und Ernährung achtet.

S. C. Edwards, der eigentlich »Robert« heißt, hält seine beiden Söhne und ihr fortwährendes Erstaunen über unsere Erde für die eigentliche Triebkraft seines Schaffens. Edwards glaubt, dass alle das Bedürfnis haben, sich mit Gleichgesinnten zu umgeben, um wirklich in die Tiefen der menschlichen Seele eintauchen zu können.

Dr. med. vet. Janet Foley lebt in Nordvirginia und hat sich als Tierärztin auf Kleintiere spezialisiert. Sie wohnt zusammen mit ihrem Mann und drei Katzen. In ihrer Freizeit schreibt sie Geschichten über ihre Erlebnisse mit kleinen Tieren.

Toni Fulco hat bislang mehr als 150 Artikel, Geschichten und Gedichte in bundesweiten Magazinen und Anthologien veröffentlicht. Sie züchtet zu Hause kleine australische Papageien und ist in ihrem Umfeld als »Bird Lady« bekannt.

David Gianelli ist seit 1975 Feuerwehrmann in New York City und war an der Rettung von zahllosen Menschen und Tieren beteiligt. David hatte schon immer ein Herz für Tiere und arbeitete als Jugendlicher in einer Tierklinik, wo er zum ersten Mal etwas über das Verhalten der Tiere lernte.

Bill Goss ist Autor von »The Luckiest Unlucky Man Alive« und seine Vorträge, Workshops und Seminare sind heiß begehrt. Seine wahre, wunderbar inspirierende und heitere Geschichte über einen Müllmann, der es bis zum Piloten bei der Navy gebracht hat, stieß im Radio und im Fernsehen auf internationales Interesse.

Bonnie Compton Hanson ist Mitautorin dreier Bücher und hat hunderte von Artikeln und Gedichten veröffentlicht. Ihre Familie umfasst Ehemann Don, ihre Söhne und Enkel sowie Katzen, Vögel und Opossums.

Earl Holliman ist Präsident der Tierschutzorganisation »Actors and Others for Animals«.

Bill Holton hat das Glück, sein Zuhause mit drei anspruchsvollen, aber dennoch liebenswürdigen siamesischen Katzen sowie mit seiner anspruchsvollen, aber dennoch liebenswürdigen Frau Tara teilen zu dürfen. Bill ist freier Schriftsteller und lebt in Richmond, Virginia. Wenn er nicht gerade fieberhaft Magazinherausgeber bearbeitet, ihm einen Auftrag zu geben, träumt er davon, sich auf der Inselkette südlich von Florida zur Ruhe zu setzen. Dort will er seine grenzenlose Energie aufs Fischen konzentrieren.

Roma Ihnatowicz ist Journalistin und war vier Jahre lang als Korrespondentin für amerikanische Nachrichtenagenturen in Kiew tätig. Roma schreibt gegenwärtig ein Buch über die ukrainische Küche.

Lynn A. Kerman hat eine tiefe mystische Ader und verbringt ihre freie Zeit zum größten Teil in der Wildnis, wo sie ausgelassen mit der Natur kommuniziert. Sie schreibt Artikel, hält Vorträge, leitet Workshops und bietet Einzelsitzungen über spirituelles Erwachen an.

Shawnacy Kiker ist 19 Jahre alt und besucht ein christliches College. Sie liebt Literatur und Gott als Schöpfer der Worte.

Dr. med. vet. Paul H. King arbeitet in leitender Funktion als tierärztlicher Berater für die Firma Ralston Purina. Paul ist ein erfahrener Redner und hat sowohl in den USA als auch weltweit auf unzähligen tierärztlichen Kongressen gesprochen. Er entwickelte für Purina die Produktlinie »Caring for Pets« und gibt die Zeitschrift Dietary Management in Small Animal Practice heraus.

Joe Kirkup hat Essays in vielen amerikanischen Magazinen veröffentlicht. Er erhielt zweimal die Sigma-Delta-Chi-Auszeichnung für die besten Feuilletonbeiträge.

Larry Paul Kline ist Pilot, Segler, Erfinder und Grundstücksvermittler und lebt derzeit zusammen mit seiner Frau Carol und den beiden Kindern Lorin und McKenna in Fairfield, Iowa. Obwohl seine Zeit als »Naturbursche« längst vorbei ist, liebt er immer noch Abenteuer und wilde Tiere. Er entwirft lebende Systeme auf der Grundlage vollständiger Selbstversorgung und erkundet die Welt am liebsten von einem Segelboot aus. Seine Lebenshaltung ist in jedem Moment ein Ausdruck innerer Freude und inneren Friedens.

Laurel Lagoni leitet am Colorado State University's Veterinary Teaching Hospital zusammen mit Carolyn Butler das Projekt »Changes: The Support for People and Pets«. Er ist Mitautor der Bücher »The Human-Animal Bond« und »Grief und Friends for Life: Loving and Losing Your Animal Companion«.

Mary Marcdante arbeitet auf den Gebieten persönliche Veränderung, Stressbewältigung und Kommunikation. Sie hält Vorträge, gibt Seminare und ist Autorin der Bücher »Inspiring Words for Inspiring People« and »Questions for my Mother«.

Dr. med. vet. Sara L. (Robinson) Mark führt eine Kleintierpraxis und interessiert sich für Tiertherapien sowie für Krankheitsvorbeugung durch Kontakt zu Tieren. Seit 1985 beteiligt sie sich am Children's Hospital Prescription Pet Program und ist bemüht, immer neue Krankenhäuser dazu anzuregen, ihren Patienten ähnliche Projekte anzubieten.

Yvonne A. Martell ist eine 96-jährige Rentnerin und lebt mit ihrem Hund in einer kalifornischen Kleinstadt. Sie hatte niemals zuvor etwas geschrieben, das veröffentlicht worden ist, wollte sich jedoch die Gelegenheit nicht entgehen lassen, allen Tierfreunden ihre wahre Geschichte mitzuteilen.

Jane Martin ist Autorin und Lektorin vieler Bücher, zum Beispiel »Cats in Love« und »Scarlett Saves Her Family«. Sie schreibt gerade an einem Roman und wohnt in Brooklyn in einem Lagerhaus, das sie sich mit ihrem Freund und einem Hund teilt.

Dr. med. vet. Dennis McIntosh ist seit über 30 Jahren Tierarzt und schreibt für mehrere tierärztliche Magazine. Er ist in tierärztlichen Vereinigungen aktiv und kümmert sich sehr um den Nachwuchs. Außerdem bietet er Trauerberatung an.

Faith McNultry begann ihren Weg zur Tier- und Naturschützerin im Jahre 1964, als die Geschichte von Mousie zum ersten Mal veröffentlicht wurde. In der Zwischenzeit sind viele Artikel von ihr erschienen, in Magazinen, aber auch in Buchform. Sie befasst sich darin in erster Linie mit bedrohten Tierarten, wie Kranichen, Walen und Schwarzfußmardern.

W. W. Meade fing mit dem Schreiben an, als er 14 war. Seine erste Geschichte veröffentlichte er mit 22 im Collier Magazin und schrieb fortan Geschichten für Zeitungen und Magazine. Schließlich stieg er ins Verlagsgeschäft ein und wurde zum geschäftsführenden Herausgeber der Cosmopolitan und später vom Reader's Digest Book Club. Bis zu seiner Pensionierung war er zehn Jahre lang Geschäftsführer und Cheflektor von Avon Books. Heute schreibt Walter Kurzgeschichten für Reader's Digest sowie für andere Magazine und Periodika.

Cathy Miller kommt aus Kanada und lebt dort als Lehrerin und freie Schriftstellerin. Mit ihrer Geschichte »Das vorzeitige Geschenk« gewann sie 1992 einen Kurzgeschichtenwettbewerb in ihrer Heimatstadt Sudbury, Ontario. Ihre Geschichte ist später noch in weiteren Anthologien und Magazinen erschienen.

Lori S. Mohr lebt als freie Schriftstellerin und setzt sich mit aller Kraft für eine verantwortungsbewusste Haustierhaltung ein. Ihre Vielseitigkeit erstreckt sich auf die unterschiedlichsten Gebiete, zum Beispiel Vegetarismus und Kurzbiografien berühmter Persönlichkeiten.

Kathleen M. Muldoon lebt als freie Schriftstellerin in San Antonio, Texas. Sie ist die Autorin des Bilderbuchs »Princess Pooh« und hat viele Geschichten und Artikel für Kinder geschrieben. Ralph starb im August 1996, aber inzwischen brabbelt sie wieder mit Prissy, einer vierjährigen Katze, die ihr letztes Jahr zugelaufen war.

Kathe Neyer arbeitet schon seit über 20 Jahren als Krankenschwester und unterstützt als freiwillige Helferin die Arizona Humane Society. In Phoenix hat sie sich ab 1993 in der Gesundheitsvorsorge engagiert und beteiligt sich an Hundetherapieprojekten. Sie ist fest davon überzeugt, dass die bedingungslose Liebe eines Tieres die körperliche und geistige Gesundheit derer beeinflusst, die mit ihm zusammenleben.

Penny Porter war früher als Lehrerin und in der Schulverwaltung tätig. Sie ist eine der erfolgreichsten freien Schriftstellerinnen, die jemals für Reader's Digest geschrieben haben, und hat ihre Geschichten und Artikel in unzähligen Magazinen veröffentlicht. Penny ist Autorin der Bücher »The Keymaker: Born to Steal« und »Howard's Monster« sowie der Biografie »Eugene Gifford Grace«. Sie lebt zusammen mit ihrem Mann in Tucson, Arizona, und veranstaltet dort auch Lese- und Schreibworkshops für Schüler und Erwachsene.

Susan Race, zu deren Familie vier Hunde und zwei Katzen gehören, begleitet in ihrer freien Zeit ungeliebte Tiere auf ihrem Weg durch eine Vielzahl von Organisationen im Einzugsbereich von Pittsburgh. Susan hilft gegenwärtig dabei, eine neue Organisation ins Leben zu rufen, die sich um wilde Singvögel kümmern will, die verletzt oder krank sind oder ihre Eltern verloren haben.

Roxanne Willems Snopek Raht lebt als Tierarzthelferin in Abbotsford, British Columbia (Kanada). Ihr Leben dreht sich um drei Töchter, einen Ehemann, der Tierarzt ist, drei Katzen, einen kleinen australischen Papagei und einen Windhund. Sie bildet Tierarzthelfer aus, kümmert sich um die gemeinsame Tierklinik und schreibt, wann immer sie Zeit dazu hat.

Dr. med. vet. Herbert J. (Reb) Rebhan diente von Juli 1984 bis Oktober 1986 in der UN-Friedenstruppe in Malawi. Neben der Arbeit als Tierarzt in seiner Praxis in Waianae auf Hawaii arbeitet er als Marketingberater.

Monty Roberts wuchs in Salinas, Kalifornien, auf. Nach dem High-School-Abschluss ging er auf das College, wo er Biologie, Tierhaltung und Landwirtschaft als Hauptfach belegte. 1956 heiratete er seine Frau Pat, mit der er zusammen drei Kinder hat. 1966 siedelten sie nach Flag Is Up Farms im Santa Ynez Valley über, einer weltweit einmaligen Pferdefarm, die Monty entworfen, gebaut und in den letzten 30 Jahren weiterentwickelt hat. Montys Lebensziel ist es, »eine bessere Welt für die Pferde zu schaffen«. Er hofft, dass seine Arbeit Auswirkungen auf unseren menschlichen Umgang miteinander hat.

Honzie L. Rodgers wuchs in Texas auf und diente im Zweiten Weltkrieg in einer Infanterieeinheit. Er schaffte es bis zum Leutnant und auch nach der Kapitulation von Deutschland und Japan blieb er in der Armee und diente in Frankreich, Deutschland, Alaska, Japan, China, Kambodscha, Korea, Laos und Thailand. Er lebte zusammen mit seiner Frau in Texas und starb dort am 15. August 1997 im Alter von 82 Jahren.

Susan F. Roman lebt als freie Schriftstellerin und Lektorin in New York. Sie absolviert gerade eine Schriftstellerausbildung und bereitet sich auf den Abschluss vor.

Laya Schaetzel-Hawthorne ist Künstlerin, Choreografin und

Heilerin und arbeitet in Europa und in Nordamerika. Sie heilt energetisch durch Handauflegen und lehrt das Zusammenspiel von Körperbewegung und Stimme. Ihre vielfältigen Erfahrungen und Fähigkeiten fließen in eine persönliche und spirituelle Integrationspraxis ein, die sie »SomaSoul« nennt.

Diane M. Smith ist freie Schriftstellerin und ausgebildete Tierarzthelferin. Ihr spezielles Interesse gilt dem Zusammenhang zwischen Gesundheit und Ernährung der Tiere. Das Ergebnis ihrer Arbeit ist in zahlreichen Publikationen erschienen. Diane ist Mitglied der Cat Writers Association.

Steve Smith schreibt hauptsächlich über die Natur und ist auf diesem Gebiet einer der erfolgreichsten US-amerikanischen Autoren. Er hat bislang mehr als ein Dutzend Bücher veröffentlicht und ist Herausgeber von »The Retriever Journal« und »The Pointing Dog Journal«.

David E. Sykes ist Mitbegründer und Leiter der Noah's Ark Animal Foundation und kümmert sich schon seit über zehn Jahren um herrenlose Tiere. Er leitet darüber hinaus einen Versand, der eng mit der Noah's Ark Animal Foundation verknüpft ist. Über diesen Versand werden gesunde und natürliche Produkte für Haustiere vertrieben.

Dawn Uittenbogaard arbeitet in einem Heim für behinderte Erwachsene und führt ein Zoogeschäft und eine Hundezucht. Sie ist verheiratet und hat zwei erwachsene Kinder. Die ganze Familie lebt im ländlichen Iowa in einem Haus, das natürlich voll von Tieren ist. »Peppers große Schuhe« ist ihre erste Geschichte, die veröffentlicht wurde.

Roberta (Rusty) VanSickle ist ausgebildete Physiotherapeutin und erfolgreiche Autorin vieler Artikel über Körperarbeit. Sie verfügt auf dem Gebiet der beruflichen Rehabilitation über große Erfahrung und koordiniert im Internet eine Selbsthilfegruppe für Schlaganfallpatienten. Besuchen Sie die Website der Gruppe unter rv51@aol.com.

Jennifer Warnes ist zweimalige Grammygewinnerin und hat drei Filmmelodien gesungen, die einen Oscar erhalten haben. Ihre Musik spricht seit zwei Jahrzehnten Herz und Verstand an.

Dr. med. vet. Jeff Werber arbeitet seit 14 Jahren als Tierarzt und ist in dieser Zeit in den Medien zu einem der bekanntesten Veterinäre geworden. Für ABC's Home Show war er der Haustierexperte, an den man sich direkt im laufenden Programm wenden konnte. Gegenwärtig hat er auf dem Animal-Planet-Kanal seine eigene Show Petcetera und steht den CBS Morning News in Los Angeles als Haustierexperte zur Verfügung.

Marion Bond West schreibt seit 25 Jahren für das Magazin Guideposts und ist die Autorin von sechs Büchern, unter ihnen »The Nevertheless Principle«. Zu ihren Haustieren gehören eine Katze aus dem Tierheim, ein Hund, »der sie gefunden hat«, sowie ein Golden-Retriever-Labrador-Mischling.

Diane Williamson wuchs im Mittleren Westen auf und machte ihren Abschluss an der Universität von Iowa. Zusammen mit ihrer Familie genießt sie das Landleben mit vielen Tieren. »Camp Williamson« hat sich zu einer Anlaufstation für viele Tierfreunde aus der Nachbarschaft entwickelt und steht deren vierbeinigen Lieblingen mit Rat und Tat zur Seite.

Dr. Bettie B. Youngs ist eine von Amerikas Kapazitäten auf dem Gebiet »Entwicklung des menschlichen Potenzials und der persönlichen Effektivität«. Sie hat bislang 15 Bücher geschrieben, die bereits in 29 Sprachen übersetzt wurden. Unter ihnen befinden sich die preisgekrönten Werke »Values from the Heartland«, »Gifts of the Heart: Stories That Celebrate Life's Defining Moments« und »Taste-Berry Tales«, aus dem ihre Geschichte entnommen wurde.

Rosamunde Layton Zielinski genießt die Freundschaft ihrer sieben erwachsenen Kinder, die magische Inspiration von 13 Enkeln und die liebevolle 41-jährige Partnerschaft ihres Mannes. In der Vergangenheit hat sie als Krankenschwester gearbeitet, aber inzwischen besitzt sie eine eigene Firma. Sie liebt es, Menschen zu beobachten, und glaubt, dass das Leben ein Geschenk Gottes ist. Was wir aus unserem Leben machen, ist ihrer Meinung nach dann unser Geschenk an Gott. Lynne versucht, nach dieser Maxime zu leben.

Abdruckgenehmigungen

Wir möchten den Herausgebern und Autoren für die Erlaubnis danken, das folgende Material nachzudrucken. (Die Geschichten von Marty Becker und Carol Kline sind hier nicht enthalten.)

Das vorzeitige Geschenk. Nachgedruckt mit Genehmigung von Cathy Miller. © 1997 Cathy Miller.

Becky und der Wolf und *Ein Engel besonderer Art.* Nachgedruckt mit Genehmigung von Penny Porter. © 1997 Penny Porter.

Freunde. Nachgedruckt mit Genehmigung von Karen Del Tufo. © 1997 Karen Del Tufo.

Als Schneeball schmolz. Nachgedruckt mit Genehmigung von Bonnie Campton Hanson. © 1997 Bonnie Campton Hanson.

Tiefe Gefühle. Nachgedruckt mit Genehmigung von Susan Race. © 1997 Susan Race.

Zu Hause angekommen und *Hunde des Krieges.* Nachgedruckt mit Genehmigung von Joe Kirkup. © 1997 Joe Kirkup.

Unschuldig obdachlos. Nachgedruckt mit Genehmigung von Lori S. Mohr. © 1997 Lori S. Mohr.

Peppers große Schuhe. Nachgedruckt mit Genehmigung von Dawn Uittenbogaard. © 1997 Dawn Uittenbogaard.

Vermisst! »Ein langer, langer Weg« von Donna Chaney, Januar 1983, erschienen als »Vermisst!« in *Positive Living Magazine,* November/Dezember 1997. Nachgedruckt mit Genehmigung des Magazins *Guideposts.* © 1982 *Guideposts,* Carmel, NY 10512.

Das Geschenk von Subira. Nachgedruckt mit Genehmigung der Health Communications Inc., Deerfield Beach, Florida. Aus: *Taste-Berry Tales* von Dr. Bettie B. Youngs. © 1997 Dr. Bettie B. Youngs.

Die Lust zu rennen. Nachgedruckt mit Genehmigung von W. W. Meade. © 1997 W. W. Meade. Eine Version dieser Geschichte erschien bereits in *Reader's Digest.*